Abbé BELLAMY

Aumônier à Vannes
Ancien Professeur du Grand Séminaire.

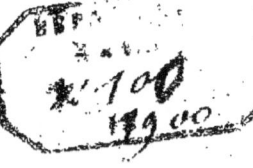

Les Effets
de la Communion

PARIS
Victor RETAUX
LIBRAIRE-ÉDITEUR
82, Rue Bonaparte, 82

1900

D

54763

LES EFFETS
DE LA COMMUNION

LES EFFETS
DE LA COMMUNION

CONSIDÉRÉS AU TRIPLE POINT DE VUE

THÉOLOGIQUE, HISTORIQUE, SOCIAL

PAR

L'Abbé BELLAMY

Aumônier à Vannes
Ancien Professeur du Grand Séminaire

PARIS

VICTOR RETAUX, LIBRAIRE-ÉDITEUR

82, Rue Bonaparte, 82

1900

LETTRE

DE

MONSEIGNEUR L'ÉVÊQUE DE VANNES

Bien cher Monsieur l'Aumonier,

Je vous félicite sincèrement du nouvel ouvrage que vous allez faire paraître, et dont j'ai pris connaissance avec un vif intérêt.

Vous n'êtes pas un inconnu pour les lecteurs des Revues Théologiques, non plus que pour les souscripteurs du Dictionnaire de la Bible et du Dictionnaire de Théologie catholique, auxquels vous apportez une collaboration très appréciée.

La Vie Surnaturelle que vous avez publiée, il y a déjà quelques années, a conquis à votre nom une légitime notoriété dans les milieux ecclésiastiques. Vous avez eu le grand mérite de mettre à la portée des intelligences peu familiarisées avec la scolastique, une doctrine substantielle et puisée aux meilleures sources.

Aujourd'hui, vous nous offrez Les Effets de la Communion, considérés au triple point de vue théologique, historique et social. L'Eucharistie, n'est-ce pas en effet la Vie surnaturelle coulant à pleins bords dans

Cette méthode aura, je l'espère, l'avantage d'attirer plus fortement l'attention des lecteurs sérieux et pieux, qui estiment avec raison que la vraie piété est inséparable de la doctrine, et que les deux réunies constituent la nourriture substantielle dont tout chrétien tant soit peu cultivé a un besoin indispensable, s'il veut apporter dans ses pratiques religieuses cette conviction profonde et raisonnée qui assure vraiment tout leur prix, leur dignité et leur valeur, devant Dieu et devant les hommes.

D'autre part, en évitant de donner à cet ouvrage les allures d'un sermonnaire ou d'un traité purement technique, on a l'espoir de le faire pénétrer plus facilement dans des milieux qui seraient peut-être réfractaires à une thèse un peu sèche ou à un sermon proprement dit, mais que n'effraie pas un exposé doctrinal, quand il est encadré par l'hagiographie et l'histoire.

On s'est efforcé à notre époque de vulgariser toutes les sciences, et la théologie elle-même a déjà bénéficié de cette méthode. L'auteur de ce modeste travail s'estimerait heureux, s'il pouvait contribuer quelque peu à cette œuvre de haute et large vulgarisation qui serait si nécessaire de nos jours. Notre siècle se meurt d'ignorance religieuse; et une foule de chrétiens, même, hélas! parmi les meilleurs, ne connaissent pas les magnifiques richesses de la doctrine catholique. N'est-ce pas une des grandes causes de l'affaiblissement général des croyances religieuses?

Et on avouera que le mal est profond et invétéré. Pour le guérir, il faut un remède intellectuel énergique, et autre chose que cette innombrable littérature qu'on est convenu d'appeler pieuse, et qui est trop souvent insignifiante. La doctrine catholique, seule, peut fortifier suffisamment l'intelligence, et produire ces convictions robustes qui sont la base de la vie chrétienne.

La théologie, c'est-à-dire la science du dogme, est donc appelée à jouer un rôle important dans cette restauration intellectuelle. Mais c'est à la condition de prendre un vêtement plus moderne, et d'éviter en même temps toute métaphysique nébuleuse. La clarté est faite, d'ailleurs, pour marcher de pair avec la précision et la justesse.

J'ai essayé d'appliquer cette méthode à la question théologique des effets de la Communion.

Ces effets ne sont pas toujours énumérés de la même manière par les théologiens. Il y a à ce sujet une variété de classification qui n'est pas sans inconvénient pour le lecteur. Il m'a semblé que le meilleur moyen d'y échapper était de suivre en pareil cas la règle en quelque sorte officielle qu'a tracée le concile de Florence, adoptant lui-même la doctrine et la classification de saint Thomas d'Aquin.

Puisse ce petit volume raviver dans un grand nombre d'âmes la ferveur eucharistique et l'amour de la sainte communion! Tout récemment, le pape Léon XIII encourageait les prédicateurs et les écrivains qui s'inspirent d'un zèle éclairé pour propager la pratique de la communion fréquente. « Ils ont bien raison, disait-il, ceux qui travaillent à l'affermissement de la foi et à la correction des mœurs, en prenant à tâche d'exciter les catholiques à s'approcher le plus souvent possible de la Table du Seigneur : plus on la fréquente, plus on en retire des fruits abondants de sainteté (1). »

Ma joie serait grande, s'il m'était donné d'être l'humble écho de la parole du Souverain-Pontife, en montrant les fondements théologiques où elle s'appuie, et les faits historiques qui la confirment d'une façon éclatante.

(1, Lettre au P. Coubé, S. J., à l'occasion de son ouvrage La Communion Hebdomadaire, Paris, 1899. Lettre du 12 janvier 1900.

LA COMMUNION

CHAPITRE PREMIER

TABLEAU GÉNÉRAL
DES EFFETS DE LA COMMUNION

Les chrétiens d'Afrique, au temps de saint Augustin, se servaient d'une expression magnifique pour désigner l'Eucharistie. Ils l'appelaient *la Vie*; et ils disaient sans doute, en s'excitant les uns les autres à s'approcher de l'auguste sacrement : « *Eamus ad vitam*, allons à la vie » (1).

Ce langage fait le plus grand honneur aux fidèles de cette époque, car c'est une preuve qu'ils comprenaient admirablement les effets de la sainte communion.

Etait-ce par une sorte d'intuition, dont les âmes simples et droites ont parfois le privilège? Peut-être. Il n'est pas rare que le sens surnaturel du peuple chrétien acquière, sous l'action du Saint-Esprit, une délicatesse et une pénétration remarquables, qui lui font deviner comme d'instinct les

---
(1) S. Aug., *De Merit. et Remiss. peccat.*, cap. 24.

sublimes merveilles de la grâce. Au reste, les fidèles dont nous parlons avaient le bonheur d'être à l'école de saint Augustin, et leur langage n'est sans doute qu'un écho de la doctrine que le grand évêque d'Hippone avait puisée lui-même dans son évangile favori, l'évangile de saint Jean.

Quelle que soit l'origine de cette formule, elle prouve que les chrétiens d'Afrique établissaient, avec infiniment de raison, des rapports intimes entre la sainte communion et la vie surnaturelle.

En quoi consistent ces rapports, et peut on en déterminer la nature d'une façon un peu précise ?

C'est la question qu'on se propose de résoudre dans cet ouvrage, en utilisant à la fois les données de la théologie proprement dite et les ressources précieuses qu'offrent dans l'espèce la vie des Saints et l'histoire de l'Église.

Il convient en effet d'étudier l'action de la grâce eucharistique à tous les points de vue qui peuvent la mettre en belle et haute lumière. Et voilà pourquoi, en même temps que la voix de l'austère théologie, il a paru utile de faire entendre le langage plus frappant, plus sensible et plus vivant *des faits*, surtout des faits contemporains.

On essaie précisément, dans ce chapitre, de montrer, d'une façon générale, comment les faits d'expérience viennent corroborer les documents théologiques. Qu'il s'agisse *de faits individuels*, comme dans la vie des Saints et de leurs imitateurs, ou *de faits collectifs et sociaux*, comme dans l'histoire ecclésiastique en général, il y a là une leçon de choses, ou plutôt une sorte de théologie en action, qui ne manque ni d'intérêt ni d'importance.

L'auguste sacrement de l'Eucharistie méritait ce triple hommage de la théologie, de l'hagiographie et de l'histoire. Chacune de ces trois sciences prouve, à sa manière, comment la sainte communion est la grande source de la vie surnaturelle.

La théologie a pour mission de formuler les rapports exacts de l'Eucharistie avec la grâce, et de montrer les fondements traditionnels et révélés où ils s'appuient.

L'hagiographie fait voir le rôle capital de la communion dans la vie des Saints et de leurs fidèles imitateurs.

Et enfin l'histoire de l'Église, étudiée au point de vue eucharistique, contient des enseignements précieux, qui sont comme un hommage public et social rendu à l'efficacité du corps et du sang de Jésus Christ.

§ I. — Les Données Théologiques.

La première question qui se pose est celle-ci : l'Eucharistie peut-elle revendiquer, à un titre tout spécial, le beau nom de Vie que lui donnaient les chrétiens d'Afrique ?

Si la réponse est affirmative, — et elle doit l'être — il ne sera pas difficile de conclure, ou du moins de soupçonner que l'Eucharistie est, par excellence, le *sacrement de la vie surnaturelle.*

Cependant, pour bien justifier cette formule et exposer plus clairement l'influence de la sainte communion sur l'âme juste, il conviendra de rappeler d'abord quels sont les divers éléments dont se compose la vie surnaturelle, — et de montrer ensuite comment l'Eucharistie fait sentir à chacun d'eux son action merveilleuse, assurant ainsi le fonctionnement normal de cette vie sublime que le divin Sauveur est venu nous apporter sur la terre : *Veni ut vitam habeant* (1).

I

Ce n'est pas sans raison que Notre-Seigneur présenta au monde la nourriture de son corps et de son sang comme un sacrement *de vie.*

En tenant ce langage, — et nous verrons tout-à-l'heure avec quelle insistance, — il voulait résumer les effets sacramentels de l'Eucharistie, dans une formule qui eût le double mérite de la simplicité et de la profondeur, afin de satisfaire à la fois les besoins intellectuels de ceux qui croient sans chercher l'explication du dogme, et de ceux qui veulent scruter humblement le mystère en même temps qu'ils l'adorent. *La Vie*, voilà le mot magique qui convient à toutes les intelligences. Simple et popu-

(1) Joa., X, 10.

laire, il parle à l'esprit et au cœur de la masse des fidèles, autrement que les formules plus techniques et plus savantes de la théologie. Car il désigne un fait primordial, dont tout le monde a conscience, et que le peuple ne sent pas le besoin d'analyser — ni dans l'ordre de la nature, ni dans l'ordre de la grâce, — parce qu'il le saisit suffisamment. A ce titre, c'est un mot qui convenait, mieux que tout autre, aux simples fidèles, pour exprimer la transformation de l'âme humaine et le jeu de ses facultés sous l'action des forces divines.

Toutefois, la simplicité de cette formule ne doit pas faire illusion : elle n'exclut pas la profondeur.

La *vie* est un problème qui renferme encore bien des inconnues pour les philosophes et les théologiens. Sans doute, même en ce qui concerne la vie de la grâce — la plus mystérieuse assurément, — la raison éclairée par la foi a pu obtenir des résultats précieux : mais il reste néanmoins, dans ce domaine spécial de l'économie rédemptrice, bien des terrains à défricher, où peuvent s'exercer les esprits qui aiment à creuser plus profondément les données de la Révélation. Jésus-Christ s'adresse à eux, tout aussi bien qu'aux simples fidèles, lorsqu'il présente l'Eucharistie comme le sacrement par excellence de la vie surnaturelle, dans le célèbre discours où il promet de donner aux chrétiens la nourriture de son corps et de son sang.

Il faut relire ici ces immortelles paroles, première et solennelle révélation du mystère eucharistique.

« Je suis le pain *vivant*, moi qui suis descendu du ciel.

« Si quelqu'un mange de ce pain, il *vivra* éternellement ; le pain que je donnerai pour la vie du monde, c'est ma chair...

« En vérité, en vérité je vous le dis : si vous ne mangez la chair du Fils de l'homme, et si vous ne buvez son sang, vous n'aurez pas *la vie* en vous.

« Celui qui mange ma chair et boit mon sang, a *la vie* éternelle, et je le ressusciterai au dernier jour.

« Car ma chair est véritablement une nourriture, et mon sang est véritablement un breuvage...

« De même que le Père qui est *vivant* m'a envoyé et que *je vis* par mon Père, ainsi celui qui me mange *vivra* par moi...

« Celui qui mange ce pain *vivra* éternellement (1). »

Pas une phrase, pas un verset de ces étonnantes déclarations qui ne parle de *la vie*.

Et pourquoi donc cette répétition calculée, cette insistance visible où se complait Notre-Seigneur, s'il n'y a pas un rapport spécial entre l'Eucharistie et la vie du chrétien ? Car aucun autre sacrement ne peut revendiquer l'honneur d'avoir été institué,

---

(1) Joa., vi, 51-59. La traduction que nous donnons du verset 58 est adoptée par plusieurs interprètes, dit le P. Corluy dans son récent et savant commentaire du quatrième Evangile. « Quæ expositio usui loquendi non obstat estque facilior et vere probabilis. » *(Comment. in Joa.*, p. 165).

en termes si formels et avec tant de solennité, comme une source de vie pour l'homme régénéré.

Et ce qu'affirme l'Ecriture, la Tradition le répète et l'explique. « De même, dit saint Cyprien, que le pain matériel et quotidien est la vie du corps, de même le pain qui est au-dessus de toute substance est la vie de l'âme et la santé de l'esprit » (1). Saint Cyrille d'Alexandrie, qu'on a surnommé quelquefois le docteur de la grâce sanctifiante, résume souvent les effets de la sainte communion par un seul mot, *la vie*. « Nous mangeons la chair du Christ, dit il, comme étant réellement vivifiante... Le corps du Sauveur est sans doute de la même substance que le nôtre, et formé dans le sein de la femme comme lui. Toutefois, il appartient au Verbe en personne : et le Verbe, étant la vie par essence, puisqu'il est engendré de Dieu le Père, a communiqué cette propriété à son corps; et voilà pourquoi l'Eucharistie nous *donne la vie*. » (2)

Saint Ambroise va jusqu'à dire que « notre vie réside dans le corps du Christ » (3), et saint Ephrem, dans un langage original, s'écrie : » Nous vous mangeons, Seigneur, et vous buvons, non

---

(1) *De Cœna Dom.*, 15. Sicut panis communis quem quotidie edimus vita est corporis, ita panis iste supersubstantialis, vita est animæ et sanitas mentis.

(2) Epist. Cyrill. in Conc. Ephes., et Apol. contr. Orient ad anath. 11.

(3) Serm. Dom. 4 Adv. « In Christi corpore vita nostra consistit. »

pour vous anéantir, mais pour vivre de vous. « (1)

Il y a donc, chez les écrivains ecclésiastiques des premiers siècles, une fréquente association d'idées entre l'Eucharistie et la vie de la grâce. Bien plus, au dire du savant Petau, qui connaissait si bien l'antiquité chrétienne, la sainte communion, considérée comme *source de vie*, fournissait aux Pères une base incontestée de démonstration, quand ceux-ci voulaient établir en général le pouvoir vivificateur de la chair du Christ ; tant il est vrai que tout le monde voyait là le sacrement par excellence de la vie surnaturelle (2).

L'Eglise, dans sa liturgie, appelle également l'Eucharistie *un pain vivant qui donne la vie aux âmes*, et elle supplie Notre-Seigneur de nous *faire vivre* de sa personne adorable. Rien de plus touchant que la strophe de l'office du Saint-Sacrement, où cette prière a été si bien exprimée par le docteur angélique :

O memoriale mortis Domini,
Panis vivus, vitam præstans homini,
Præsta meæ menti de te vivere
Et te illi dulce semper sapere (3).

---

(1) Bibl. Or. Assemani. 1. 101. « Comedimus te, Domine, et bibimus te, non ut te consumamus, sed ut per te vivamus. »
(2) Theol. Dogm., *De Incarn.* lib. X, cap. II. 7.
(3) Cf. la postcommunion du 6ᵉ Dimanche après l'Epiphanie : « Cælestibus, Domine, pasti deliciis, quæsumus ut semper eadem, *per quæ veraciter vivimus* appetamus. » C'est par l'Eucharistie que le chrétien est *vraiment vivant*.

Longtemps avant saint Thomas, une des liturgies les plus anciennes de l'Orient, celle qui est connue sous le nom de saint Marc, mettait, sur les lèvres du prêtre qui allait communier, cette belle profession de foi : « Je crois, oui, je crois et je confesse, jusqu'à mon dernier soupir, que voici la chair *vivifiante* de votre fils unique, notre Seigneur, notre Sauveur et notre Dieu, Jésus-Christ. » (1)

Lorsque la théologie scolastique voulut coordonner plus tard les affirmations révélées et l'interprétation des Pères en un corps de doctrine scientifique, elle eut recours à une terminologie spéciale ; et c'est alors qu'on voit apparaître, à propos de l'économie surnaturelle, des théories savantes sur la grâce, en même temps que des classifications plus nettes sur les effets *généraux* qui sont communs à tous les sacrements, et sur les effets *particuliers* dont chacun a le secret. Les premiers se ramènent à la communication de la *grâce sanctifiante*, avec les vertus et les dons qui en sont inséparables. Les autres portent le nom de *grâce sacramentelle*, terme générique qui sert à désigner tel ou tel effet spécial, suivant la nature et la fin de chaque sacrement.

C'est évidemment à ce dernier point de vue qu'on doit se placer, quand on examine les effets de l'Eucharistie. Comme tous les sacrements sans doute,

---

(1) Zaccaria, *Biblioth Ritual*, tome I, dissert. 2.

la sainte communion produit la grâce sanctifiante et les autres dons qui l'accompagnent, en particulier la plus sublime des vertus, la charité. Mais, si l'Eucharistie n'exerçait aucune action spéciale sur cette vertu, on ne voit pas trop comment elle mériterait son beau nom de *Sacrement de l'amour*. Pour justifier ce titre, elle doit communiquer sous ce rapport quelque chose de plus que les autres sacrements.

Et, de fait, les théologiens enseignent que l'effet spécial de la communion, sa grâce sacramentelle distincte, est de nous exciter et de nous aider à produire des actes d'amour divin ; autrement dit, de perfectionner en nous la vertu de charité, et, par conséquent, notre union avec Dieu, qui a sa plus haute expression dans l'amour (1).

Sous une forme un peu différente, on expose ici la même doctrine, en étudiant l'Eucharistie comme le sacrement par excellence *de la vie surnaturelle*.

Empruntée, presque mot pour mot, à l'enseignement de l'Écriture, et commentée ensuite par les Pères, cette formule repose sur le fondement le plus solide. Depuis longtemps d'ailleurs, elle a passé, avec quelques nuances, dans la langue plus

---

(1) S Thomas, *passim*. Per hoc sacramentum augetur gratia et perficitur spiritualis vita, ad hoc quod homo in seipso perfectus existat per conjunctionem ad Deum. *(Sum. Theol.* III. q. 79, a. 1) Res hujus sacramenti est charitas, non solum quantum ad habitum, sed etiam quantum ad actum. (III, q. 79 a 4).

austère de la théologie proprement dite (1). Saint Thomas l'a expliquée et développée de la façon la plus heureuse, en disant que « tous les effets produits par la nourriture matérielle sur la vie du corps, à savoir l'*entretien* le *développement*, la *réfection* et le *bien être*, sont produits par ce sacrement (l'Eucharistie) sur la vie spirituelle (2). » Et le concile de Florence, donnant une sanction solennelle à l'enseignement du Docteur angélique, lui a fait l'honneur de lui emprunter sa formule (3). A ce double titre, elle servira de guide à ce travail.

Mais, avant d'en aborder le commentaire, il n'est pas inutile d'exposer, en un tableau d'ensemble, les effets que produit la grâce sacramentelle de la sainte communion. Une vue générale de la question permettra au lecteur d'en saisir plus vite les faces principales (4).

---

(1) Un des théologiens les plus autorisés du XIX° siècle, le cardinal Franzelin, énonce et prouve cette thèse : « Effectus hujus SS. Sacramenti est supernaturalis vitæ perfectio et conservatio, per unionem cum Christo omnium gratiarum fonte. » *De Eucharistia*, Rome, 1887 ; cap. III, thes. 17, p. 293.

(2, III, q. 79, a. 1.

(3) *Decret. ad Armenos.* « Omnem effectum quem materialis cibus et potus quoad vitam agunt corporalem, sustentando, augendo, reparando et delectando, sacramentum hoc quoad vitam operatur spiritualem. »

(4) Cf. P. Billot, *De Ecclesiæ Sacramentis*, Rome, 1898 (2° édit.) ; thes. LI, p 499 et sq.

II

Il faut d'abord se rappeler en quoi consiste la vie surnaturelle, et savoir ensuite comment l'Eucharistie a le privilège d'en assurer le fonctionnement normal.

Dans tout être vivant, on peut distinguer trois choses : l'élément constitutif, qui est comme la source fondamentale de la vie ; le principe immédiat des opérations de l'être vivant ; et enfin l'acte vital proprement dit. Au sens complet, la vie renferme ces trois éléments, nécessaires tous trois pour le fonctionnement régulier de l'être vivant. Et la vie est plus ou moins intense, suivant que la substance soutient des facultés plus ou moins riches, et que celles-ci développent davantage leur activité normale, ou la laissent sommeiller.

L'ordre naturel servant, pour ainsi dire, de cadre à l'ordre de la grâce, il est tout simple que ce dernier comprenne aussi ces trois éléments, surajoutés à la nature et à l'activité humaine.

Et, en effet, dans l'essence même de l'âme, il y a un principe fondamental d'existence surnaturelle, qui est la grâce sanctifiante ; de même que, dans nos facultés, il y a des principes immédiats d'activité qu'on appelle les vertus et les dons du Saint-Esprit, et qui nous permettent d'accomplir les opérations vitales de la grâce, c'est-à-dire les bonnes œuvres. La vie surnaturelle de l'âme juste, prise dans sa signification complète, est tout cela à la fois. Elle résulte du jeu simultané de tous ces éléments, qui forment alors le chrétien total, en le conduisant à sa perfection définitive, c'est-à-dire à sa fin dernière.

L'Ecriture associe volontiers l'idée et même l'expression de *vie*, tantôt à la grâce sanctifiante, et tantôt aux vertus qui s'appuient sur elle, ou encore à nos bonnes œuvres en général. « *Vous étiez morts dans le péché; mais Dieu vous a donné la vie, en vous remettant toutes vos fautes... Le juste vit de la foi... Celui qui n'aime pas, est plongé dans la mort* (1) ».

Ce n'est pas le lieu de décrire ni d'examiner en détail l'organisme surnaturel que Dieu, dans sa bonté infinie, a voulu surajouter aux faiblesses de la nature humaine.

Nous avons expliqué ailleurs comment il fallait concevoir le principe vital de la constitution du chrétien (2). Si, dans son fond intime, il est forcément mystérieux, — puisqu'il n'est pas autre chose qu'une participation de la nature divine, — on peut arriver toutefois à déterminer ses principaux caractères et à marquer ses effets essentiels, en concentrant sur lui les rayons de la lumière révélée. Les théologiens le définissent « un don d'ordre divin, qui nous rend justes ou agréables à

---

(1) Col., II, 13 ; Rom., I, 17 ; I Joa., III, 14.
(2) Dans l'ouvrage qui a pour titre : *La Vie surnaturelle* (2ᵉ édit., Paris, 1895).

Dieu, et nous constitue dans un état de ressemblance et d'union avec lui, en faisant de nous ses enfants adoptifs et ses héritiers, capables de produire des œuvres méritoires de la vie éternelle. » Saint Denys avait dit auparavant, et en termes plus brefs, que « la déification est une ressemblance et une union aussi étroite que possible avec Dieu(1). »

Outre la grâce sanctifiante, qui est le fondement de l'être surnaturel, il y a en nous des principes divins d'opérations, qu'on appelle les vertus et les dons du Saint-Esprit. Leur rôle est analogue à celui de nos facultés purement humaines. De même que celles-ci produisent, par exemple, des actes d'intelligence et de volonté, de même nos puissances surnaturelles ont le privilège d'émettre des actes de foi, d'espérance, d'amour, en un mot d'ordre divin. Elles sont la source immédiate des bonnes œuvres que nous devons faire, si nous voulons posséder la plénitude de la vie que Dieu nous a communiquée en germe au baptême. Car les actes sont la floraison et l'épanouissement nécessaire de toute vie en général. Sans eux, le chrétien est incomplet, du moins quand il est parvenu à l'âge de raison. Les forces vives que Dieu a déposées en lui disparaîtront fatalement, s'il ne veut pas les utiliser. Quand la circulation de la sève est interrompue dans les branches d'un arbre, elles s'étiolent et se dessèchent. C'est donc par les bonnes œuvres

---

(1) Hierarch. Eccles. I, 3.

que la vie surnaturelle se manifeste et se maintient. Telle une source, qui est faite pour jaillir à l'extérieur et dont les eaux vivifiantes, au lieu de se perdre dans les profondeurs du sol, vont porter au loin la richesse et la fécondité.

Il importe maintenant d'attirer l'attention du lecteur sur un point capital de l'économie surnaturelle. Autre chose, dit avec raison le P. Dalgairns, est d'avoir une faculté, et autre chose s'en servir. La nature humaine contient des sources d'énergie et d'amour qui suffisent, si nous le voulons, à produire de grandes actions. Mais du moment que l'intelligence et la volonté existent à l'état concret, du moment qu'elles deviennent la propriété d'une personnalité humaine distincte, elles semblent frappées de la nielle, et ce qui paraissait si beau et si fort n'est plus quand on en fait l'expérience, que le mensonge et la faiblesse même. Nous avons des traîtres en nous et la puissance violente d'une passion impétueuse renverse bien vite les plus sages résolutions. Ainsi en arrive-t-il avec la grâce sanctifiante. Il y a toujours deux termes dans tout sacrement : le Dieu puissant et plein d'amour versant la grâce dans l'âme, et la pauvre créature usant de cette grâce comme elle le veut. Les sacrements n'ont pas affaire à la matière morte, mais à des âmes vivantes, et c'est précisément pourquoi il y a en eux tant de grandeur et de beauté. Sauver une âme n'est point une œuvre comme sculpter un marbre dur et froid. Notre-Seigneur a affaire à des âmes vivantes, ardentes, inquiètes, avec toutes leurs passions et leurs péchés ; il a affaire à la chair et au sang qui ne veulent point rester calmes, mais s'agitent, se remuent, ont une volonté propre, pendant que lui dans sa miséricorde les travaille pour leur bien (1).

La vie surnaturelle, au sens total du mot, comprend donc autre chose que la grâce sanctifiante et les vertus qui l'accompagnent. Elle demande encore et surtout la mise en œuvre de ces dons magnifiques. Et l'homme, abandonné à ses propres forces, ne serait pas capable de ce travail. Pour utiliser les richesses merveilleuses qu'il a reçues du ciel, il a besoin d'un secours spécial de Dieu, qui porte le nom de *grâce actuelle*, parce que c'est lui qui nous pousse et nous aide à agir dans l'ordre surnaturel. Dieu est ainsi le moteur indispensable de toutes nos puissances, et le collaborateur obligé de tous nos actes. Plus il intervient dans notre âme par des secours appropriés à nos besoins, plus il nous est facile de donner un libre essor à nos puissances surnaturelles et d'augmenter en nous l'intensité de la vie.

Au reste, toutes les bonnes œuvres n'offrent pas les mêmes ressources à cet égard, et ne contiennent pas, si l'on peut ainsi dire, la même somme de vitalité. Leur richesse se mesure à leur perfection,

---

(1) Dalgairns, *La Sainte Communion* (trad. Godard) Paris, 1868 ; tome 1, p. 205.

qui dépend à son tour de l'objet plus ou moins sublime qu'elles atteignent. Les actes qui se rapportent directement à Dieu l'emportent, toutes choses égales d'ailleurs, sur les œuvres extérieures qui sont faites en vue du prochain. Ils sont plus imprégnés, en quelque sorte, de la Divinité. Au premier rang de ces œuvres de vie, se place l'acte d'amour, le plus parfait, le plus méritoire, en un mot le plus vivant que l'on puisse poser ici bas. Sans doute, les actes de foi et d'espérance tendent, eux aussi, directement vers Dieu ; mais s'ils l'atteignent *en* lui-même, ce n'est pas *pour* lui-même, c'est plutôt pour nous, qui tirons de là double bénéfice : la connaissance du vrai, dont se nourrit notre intelligence, et l'acquisition du bien, dont s'enrichit notre volonté (1). L'acte d'amour, au contraire, nous attache à Dieu pour lui-même et pour lui seul, c'est-à-dire comme à l'objet souverainement aimable où notre cœur se complaît et se fixe, sans aucune recherche d'intérêt personnel, subjugué par les seuls charmes de l'Infini. C'est alors que notre union avec Dieu s'élève à sa plus haute puissance.

Saint Paul, dans un passage célèbre, où il montre l'excellence incomparable de la charité, a tracé du

---

(1 S. Thom. II. II. q 13. a. 6. Fides et spes attingunt quidem Deum secundum quod ex ipso provenit nobis vel cognitio veri vel adoptio boni ; sed caritas attingit ipsum Deum, ut in ipso sistat, non ut ex eo aliquid nobis proveniat · et ideo caritas est excellentior fide et spe.

même coup un magnifique portrait de l'âme qui agit par amour(1). En lisant cette page des Epîtres, on songe tout de suite à ces chrétiens héroïques — les Saints — qui ont si bien réalisé l'idéal tracé par l'Apôtre Car un Saint n'est pas autre chose qu'un homme passionné de l'amour de Dieu, dont les intérêts lui sont tellement à cœur, qu'il n'hésite pas pour les promouvoir et les défendre, à supporter toutes les épreuves, à combattre tous les ennemis, à faire tous les sacrifices, en un mot à pratiquer toutes les vertus. Rien n'est impossible à celui qui aime, car l'amour est plus fort que la mort (2). C'est lui qui nous détache de la terre et de nous-mêmes; c'est lui qui nous unit à Dieu par les liens de la plus étroite intimité ; c'est lui enfin qui nous fait vivre de la vie surnaturelle dans toute sa plénitude.

III

Cette description sommaire de la vie surnaturelle ou déifique nous permettra de mieux comprendre l'office important que remplit l'Eucharistie dans l'économie de la grâce. La sainte communion exerce en effet une influence capitale sur les divers éléments de cette vie mystérieuse que Dieu nous communique par les sacrements.

L'Eucharistie, sans doute, ne donne pas *en soi*

(1) 1 Cor , XIII.
(2) Cant. VIII, 6.

là grâce sanctifiante première. Ce n'est pas elle qui engendre l'homme à la vie divine, ni qui la ressuscite en lui, quand il a eu le malheur de la tuer par le péché mortel. Instituée par Jésus-Christ pour alimenter les âmes, elle n'est pas un sacrement des morts, mais un sacrement des vivants : on ne sert pas la nourriture aux morts. L'existence de la vie lui est donc antérieure (1). Et comme tout principe vital tend à se manifester au dehors par des effets proportionnés à sa nature, il s'ensuit que les actes de la vie surnaturelle, autrement dit les bonnes œuvres, peuvent se produire avant la première communion. Tout enfant parvenu à l'âge de raison, et qui possède la grâce, peut faire des actes méritoires de la vie éternelle. Il a sans doute besoin, comme tout le monde, de cet indispensable secours qu'on appelle la grâce actuelle ; car Dieu s'est réservé l'honneur de nous exciter et de nous aider à accomplir nos bonnes œuvres. Mais ce secours, l'enfant peut l'obtenir par la prière, et en dehors de tout sacrement.

Ces réserves faites, disons bien haut que l'Eucharistie est le sacrement par excellence de la vie surnaturelle, parce que c'est elle qui enrichit l'âme

---

(1) Accidentellement toutefois l'Eucharistie peut effacer le péché mortel, quand on la reçoit dévotement avec une faute grave dont on n'a pas conscience, et à laquelle on n'est attaché. « Potest tamen hoc sacramentum operari remissionem peccati, etiam perceptum ab eo qui est in peccato mortali, cujus conscientiam et affectum non habet. » (*S. Thom.*, III. q. 79 a. 3).

des trésors divins les plus précieux, sinon par une effusion plus abondante de grâce sanctifiante proprement dite du moins par l'influence très spéciale qu'elle exerce sur la charité, reine des vertus et source de la plus haute perfection.

Les théologiens se sont demandé si l'Eucharistie n'a pas le privilège de communiquer plus de grâce sanctifiante que les autres sacrements.

La question est plus facile à poser qu'à résoudre, parce que les documents révélés nous font défaut. Saint Thomas, le prince des théologiens, pencherait vers la solution affirmative, si nous en croyons Suarez, un de ses meilleurs interprètes et un des savants les plus distingués du XVIe siècle (1).

Quoi qu'il en soit, on peut apporter en faveur de cette opinion, certaines raisons de convenance qui, sans être convaincantes, ne sont pas néanmoins dénuées de toute valeur.

Ne convient-il pas, ce semble, que l'auteur de la grâce, quand il daigne se donner en personne à l'âme humaine, apporte plus de générosité dans ses dons, plus de magnificence dans son amour? Les rois de la terre ont coutume, lorsqu'ils visitent eux-mêmes leurs sujets, de distribuer leurs faveurs avec une sorte de prodigalité sans mesure, et ils tiennent à honneur de marquer leur passage au milieu des populations par des largesses exceptionnelles La royale visite que Jésus-Christ nous

---

(1) *De Sacram.*, disp. XIV, sect. 4.

fait dans la sainte communion devrait produire, semble-t-il, des effets analogues, et répandre à flots dans nos âmes cette vie précieuse dont il disait lui-même : « *Veni ut vitam habeant, et abundantius habeant* ; je suis venu pour qu'ils aient la vie, et en abondance » (1).

A un autre point de vue, l'Eucharistie paraît encore un sacrement privilégié. L'humanité sainte est en effet le grand instrument qui sert à la transmission des faveurs surnaturelles. Si la Divinité reste toujours la source fondamentale d'où jaillit la grâce, on peut dire que l'Humanité de Jésus-Christ est, dans l'économie actuelle, le canal nécessaire par où doit couler sur le monde le fleuve de la vie divine. L'Eucharistie occupe donc, sous ce rapport, une place d'honneur parmi tous les autres sacrements, puisque ceux-ci, comparés à l'Humanité sainte, ne sont que les canaux secondaires de la grâce, autrement dit, des instruments accessoires, dont le Verbe incarné veut bien emprunter le concours, afin de mieux s'accommoder à la condition de l'homme ici-bas. En nous donnant le Sauveur tout entier, et spécialement sa nature humaine, l'Eucharistie nous met en contact direct avec l'intermédiaire obligé de la grâce : d'où il paraît logique de conclure, au premier abord, que la sainte communion nous permet de puiser plus largement au divin réservoir de l'Humanité sainte, où se déversent, en première ligne, les eaux de la source infinie.

D'autre part, nous ne devons pas oublier que l'Eucharistie a été instituée pour servir d'aliment régulier à la vie surnaturelle, et être, par suite, d'un usage plus fréquent que les autres sacrements. Est-il nécessaire, dès lors, d'admettre que Dieu ait voulu attacher à chaque communion, même à la communion quotidienne, une somme de grâce plus abondante qu'à tout autre sacrement, spécialement ceux qui impriment caractère, et qui ne peuvent être reçus qu'une fois dans la vie? Les théologiens ne le pensent pas; et, tout en proclamant la dignité suréminente de l'Eucharistie, ils ne croient pas que ce soit un motif suffisant de lui attribuer sans conteste la première place dans la production de la grâce. Dieu n'a pas jugé à propos de nous révéler sur ce point les secrets de l'économie sacramentelle. Les raisons de convenance que nous avons exposées plus haut ne sont pas assez rigoureuses, pour donner à l'autre opinion un caractère de certitude, ni même de probabilité solide; mais elles permettent d'accepter ce sentiment comme une pieuse croyance (1).

On peut affirmer, du moins, que l'Eucharistie possède sur les autres sacrements une supériorité

---

(1) Suarez, loc. cit. Cf. de Lugo, *De Euchar.*, disp. 1, 10-11. Cette question a déjà été traitée, en termes à peu près identiques, dans la seconde édition de mon ouvrage : *La Vie surnaturelle*, Paris, 1895.

d'ordre pratique, en ce sens qu'elle communique la grâce par des écoulements, sinon plus riches, du moins plus fréquents. Telle une source, dont les eaux, sans être supérieures aux autres, sont d'un accès plus facile et d'un usage plus courant. C'est l'Eucharistie en effet qui est chargée d'alimenter régulièrement le fleuve de la vie divine dans l'âme humaine ; c'est elle, par conséquent, qui le grossit davantage, en lui portant plus que tout autre le tribut de ses eaux. A ce titre, elle occupe la première place dans l'économie de la grâce sanctifiante ; elle est le facteur principal de son développement

IV

C'est surtout par son action sur la charité que l'Eucharistie est le sacrement par excellence de la vie surnaturelle, et c'est ici qu'apparaît dans tout son éclat l'efficacité qu'elle possède pour diviniser le chrétien.

L'auguste sacrement a en effet un privilège incomparable, celui d'allumer dans le cœur de l'homme le feu de l'amour divin, par les grâces actuelles qu'il communique. De même que la rencontre de deux fluides mystérieux fait jaillir aussitôt l'étincelle électrique, de même la rencontre de Dieu et de l'homme à la sainte Table allume dans l'âme une étincelle d'amour, qui se transforme rapidement en un vaste incendie, quand elle trouve un milieu favorable.

Il ne serait pas nécessaire, à dire vrai, de mettre ici en relief cet aspect particulier de l'économie eucharistique. L'ouvrage tout entier n'est pas autre chose, en somme, que le développement de cette thèse. Et, en lisant les chapitres suivants, où l'on exposera tour à tour chacun des quatre principaux effets qui résument, d'après le Concile de Florence, tous les fruits de la sainte communion, le lecteur pourra se convaincre sans peine que, si l'Eucharistie joue un rôle capital dans l'*entretien* de la vie déifique, comme dans ses *accroissements* admirables, sa *restauration* harmonieuse et ses *joies* ineffables, c'est surtout par les grâces actuelles d'amour dont elle a le privilège.

Au reste, ce point de doctrine ne souffre pas difficulté. Il ressort nettement de l'ensemble des déclarations de Notre-Seigneur dans le discours du *pain de vie*. L'idée fondamentale de ce discours est l'association étroite, profonde, persévérante, que le Sauveur établit entre la manducation de sa chair sacrée et la vie de la grâce : *Qui manducat me, et ipse vivet propter me.* Or toute *vie*, prise au sens complet, demande l'exercice normal des facultés que possède l'être vivant. C'est peut-être même l'acception du mot la plus fréquente, et surtout la plus populaire. On dira volontiers de quelqu'un qu'il est *plein de vie*, pour caractériser l'activité d'une riche nature. Il en est de même dans l'ordre de la grâce. Le développement de la vie surnaturelle est proportionné au nombre et à la qualité des bonnes œuvres. Et, comme les œuvres les plus excellentes sont celles de l'amour, parce qu'elles nous unissent le plus intimement à Dieu, principe et fin de toutes choses, il est clair que Notre-Seigneur les avait spécialement en vue, quand il ramenait tous les effets de la communion à un seul, *la vie* proprement dite.

Ce rôle de la grâce eucharistique n'a jamais été mieux exposé que par le vénérable curé d'Ars, M. Vianney, dans un langage d'une simplicité ravissante et en même temps d'une précision toute théologique. « Allez à la communion, mes Frères, disait-il, allez à Jésus avec amour et confiance ! allez vivre de lui, afin de vivre pour lui !... Nous devons toujours être dans un désir brûlant de recevoir le bon Dieu. La communion fait à l'âme comme *un coup de soufflet* à un feu qui commence à s'éteindre, mais où il y a encore beaucoup de braise : on souffle, et le foyer se rallume. » (1)

Voilà bien, en deux mots, le résumé, aussi exact que pittoresque, du fonctionnement de la vie surnaturelle et de l'action sacramentelle de l'Eucharistie sur les âmes *Vivre pour Jésus-Christ* est le but que nous devons poursuivre sans cesse : *vivre de Jésus-Christ* par la sainte communion, est le

---

(1) Monnin. *Le Curé d'Ars*, Paris, 1863; tome I, p 175 et 316.

grand moyen pour atteindre ce but. Et rien de plus juste que la comparaison *du coup de soufflet*, pour exprimer l'action spéciale de la grâce eucharistique. Car l'effet propre de la sainte communion est de mettre en exercice la vertu de charité, qui réside bien dans toute âme en état de grâce, mais dont l'activité est plus ou moins latente, suivant que l'âme sait en utiliser les divines énergies, ou les laisse sommeiller. C'est un feu véritable, mais qui a besoin, pour émettre sa chaleur, de *ce coup de soufflet* qu'on appelle les grâces actuelles d'amour divin.

Et en vérité, ne convenait-il pas que le plus excellent de tous les sacrements eût le privilège de susciter le plus parfait de tous les actes surnaturels, l'acte d'amour ? Il y a un rapport visible entre la place qu'occupe l'Eucharistie dans la hiérarchie sacramentelle, et celle que tient la charité dans l'économie des vertus. Tous les sacrements gravitent autour de l'une, comme toutes les vertus convergent plus ou moins vers l'autre. Et la raison en est bien simple. L'Eucharistie et la charité ont la même fin immédiate : l'union de l'homme avec Dieu. La première est le don que Jésus-Christ nous fait de lui-même ; et la seconde, quand elle est mise en œuvre, le don que nous faisons de nous-mêmes à Jésus-Christ. Comment s'étonner que la plus étroite affinité les attire l'une à l'autre ? Dans les deux, c'est la rencontre du Créateur et de la créature, aussi directe et aussi intime qu'elle peut se faire ici bas. Est il étrange que l'Eucharistie soit le sacrement de l'amour, ou, ce qui est tout un, le sacrement par excellence de la vie surnaturelle ? Car, ne l'oublions pas, la vie de la grâce consiste avant tout dans l'union avec Dieu. L'intensité de la vie est proportionnée à l'intimité de l'union, et celle-ci elle-même à l'énergie de la charité. Plus l'amour divin pénètre chacun de nos actes, plus nous sommes vivants dans l'ordre surnaturel.

Le pape saint Grégoire avait bien raison de dire « que l'amour de Dieu est essentiellement actif ; et que partout où il passe, il accomplit de grandes choses. » (1) Chef-d'œuvre de l'amour divin servi par la toute-puissance infinie, l'Eucharistie possède en vérité une énergie incomparable, pour imprimer au cœur de l'homme les impulsions de la charité la plus généreuse et la plus active. Les théologiens proclament à l'envi cette propriété magnifique, témoin saint Thomas, qui l'énonce avec sa précision accoutumée : « Ce ne sont pas seulement des habitudes de grâce et de vertu que l'Eucharistie nous communique, mais elle nous pousse encore à l'action, selon le mot de l'Apôtre : *Charitas Christi urget nos* l'amour de Jésus Christ nous presse. » (2)

---

(1) Homil. 30 in Evang. « Amor Dei non est otiosus ; magna operatur, si est. »
(2) Sum. Theol., III. q. 79. a. 1. ad 2.

Et cette parole n'est elle-même que la formule exacte d'une pratique toujours en vigueur dans l'Eglise. Nous aurons l'occasion d'indiquer çà et là, au cours de ce travail, la méthode favorite que les pasteurs spirituels emploient pour sanctifier les âmes, et les former à l'exercice des vertus les plus hautes, spécialement de la charité. Cette méthode, résumée en un seul mot, consiste à surnaturaliser toutes les énergies humaines et à provoquer leur mise en œuvre par l'action des forces sacramentelles, et surtout de la force par excellence, l'Eucharistie. De tous les moteurs d'activité que l'Eglise emploie, la communion est en même temps le plus doux, le plus puissant, le plus infaillible. A toutes les âmes qui ont besoin de croître dans la foi, dans la pureté et l'amour, elle montre le tabernacle, et les supplie d'aller recevoir le corps et le sang de Jésus-Christ. Et cette invitation est suivie par des milliers de chrétiens de toute condition, de tout sexe et de tout âge, qui vont ensuite répandre dans le monde « la bonne odeur de Jésus-Christ » (1), c'est-à-dire lui donner le spectacle des vertus les plus héroïques.

(1) II Cor., II. 15.

§ II. — Le Témoignage des Saints et de leurs imitateurs.

I

La vie des Saints a le double privilège d'être, après l'Evangile, la plus belle leçon de morale pratique qui soit au monde, et de contenir en même temps des enseignements dogmatiques d'une haute importance.

C'est au premier de ces deux points de vue qu'on se place d'ordinaire, pour lire ces vies admirables qui exercent sur l'âme chrétienne une attraction mystérieuse et une profonde influence. On aime, comme d'instinct, à se transporter avec les Saints dans cette atmosphère surnaturelle où ils ont vécu; on suit avec émotion les rudes combats qu'ils ont livrés pour assurer le triomphe de la grâce sur leur rebelle nature ; on contemple avec admiration, non seulement les vertus héroïques qu'ils ont pratiquées, mais aussi les faveurs étonnantes dont Dieu les a comblés. Leur vie élève l'âme, comme à son insu, vers les régions éternelles. Elle stimule son indifférence, lui fait comprendre le néant des choses humaines, quand elles sont vides de Dieu, la remplit d'un saint enthousiasme, et l'excite à devenir meilleure.

La lecture de la vie des Saints n'aurait-elle point d'autre résultat, qu'elle serait encore d'un prix inestimable. C'est vraiment là une science pratique, la science du salut, et non cette science stérile dont parle Bossuet en lui jetant l'anathème, parce que, dit-il, « elle ne se tourne pas à aimer ». La vie des Saints fait aimer Dieu, Jésus-Christ et les âmes. Et quand on est vraiment pénétré de cette lecture, on ne peut s'empêcher de pousser vers Dieu un cri d'admiration, de reconnaissance et d'amour : « *Mirabilis Deus in Sanctis suis !* Que Dieu est admirable dans ses Saints ! (1) »

Ce premier point de vue doit-il cependant faire oublier la leçon doctrinale, l'enseignement dogmatique que la vie des Saints nous offre, pour ainsi dire, à chaque page ? Non, assurément. Ce serait se priver sans raison de ressources précieuses, qui peuvent ajouter un certain lustre à la théologie proprement dite. Cette remarque est spécialement vraie, quand il s'agit des questions qui confinent en même temps au dogme et à la morale. De ce nombre, est la question des effets des sacrements en général, et surtout du sacrement de l'Eucharistie.

Les Saints n'ont pas fait autre chose, en définitive, que réaliser ici-bas la vie surnaturelle, dans l'admirable pureté de son type, dans l'éclat radieux de son développement. C'est à cette lumière idéale qu'il faut contempler, avant tout, les influences mystérieuses de l'Eucharistie sur le chrétien. La vraie méthode d'investigation, pour connaître la cause d'un phénomène, consiste à l'étudier, non

(1) Psalm. LXVIII, 36.

dans ses effets partiels et amoindris, mais dans ses produits les plus excellents, les plus riches, les plus parfaits, en un mot ceux qui révèlent et contiennent la plus forte somme de causalité. De même, quand il s'agit de pénétrer les mystères de la science biologique, — et cette remarque s'applique à la vie de la grâce comme à celle de la nature,— ce n'est pas l'être imparfait et rudimentaire qu'on étudie en première ligne, c'est l'être adulte et déjà développé. Plus la vitalité est puissante, plus elle est révélatrice.

De là, l'intérêt exceptionnel que présentent à nos yeux les documents hagiographiques, dans toutes les questions qui concernent l'économie sacramentelle en général, et surtout quand il s'agit d'examiner l'action du corps et du sang de Jésus-Christ sur les âmes. Ici, plus qu'ailleurs, les Saints ont démontré par leur conduite ce que la théologie prouve d'une autre manière, par l'autorité et le raisonnement. S'il y a un chapitre remarquable dans la merveilleuse histoire de ces amis de Dieu, c'est celui qui nous raconte leur dévotion et leur amour envers la sainte Eucharistie. D'instinct, et par une sorte d'intuition infaillible, ils comprenaient que le monde surnaturel tout entier gravite ici-bas autour du soleil eucharistique, centre universel d'attraction pour les âmes qui veulent vivre de la grâce. Aussi, sans négliger les autres sacrements, demandaient-ils de préférence à la sainte communion le secret de leurs vertus. Désireux, avant toutes choses, d'imiter Jésus-Christ et de graver son image au fond de leur âme, les Saints pensaient avec raison que le grand moyen d'arriver à la reproduction de leur sublime modèle, c'était de s'approcher de lui dans le sacrement de son amour, pour être façonnés plus directement par la main et le cœur du divin ouvrier.

Au fond, la vie surnaturelle en action n'est pas autre chose que l'exercice régulier des vertus théologales et morales, et surtout de la plus sublime d'entre elles, la divine charité, autrement dit l'amour de Dieu et du prochain.

Cette vérité importante, les Saints l'ont comprise mieux que personne, et leur vie l'a magnifiquement réalisée, en poussant l'héroïsme de la vertu jusqu'à ce degré supérieur qui est connu de Dieu seul, et qu'Il juge à propos de récompenser lui-même, dès ici bas, par l'auréole du miracle et la canonisation de l'Eglise.

Et où donc les Saints ont-ils puisé le secret de cette vertu sublime? Eux-mêmes nous l'apprennent, et par leur conduite, et par leur langage.

Voyez, par exemple, saint Charles Borromée dans la grande peste de Milan, en 1576. Pendant que le gouverneur de la ville et la plupart des fonctionnaires fuyaient épouvantés, le courageux archevêque restait tranquillement à son poste, luttant contre le terrible fléau avec une énergie et un dévouement incomparables. Isolement des pestiférés, création de lazarets, établissement de quarantaines sévères, distribution de secours à domicile, en un mot tous les moyens humains furent employés par le zélé cardinal pour enrayer la hideuse maladie. Et il payait de sa personne, sans le moindre souci du danger. Nuit et jour au chevet des pestiférés, il allait et venait sans cesse, visitant tous les malades, relevant le courage des désespérés, et consolant tout le monde. On le vit plus d'une fois, lorsque la porte d'une maison était close, se servir d'une échelle et pénétrer par la fenêtre dans les chambres des malades, pour les assister à leurs derniers moments. Mais convaincu que le fléau avait un caractère surnaturel, le saint archevêque eut surtout recours à la prière et à la pénitence. Tous les jours au sacrifice de la Messe, qu'il célébrait avec une piété extraordinaire, il puisait le courage de s'offrir lui aussi en victime pour son malheureux peuple. Et, achevant dans sa propre chair ce qui manque aux souffrances du Christ, le pasteur châtiait sur son corps innocent les fautes de son troupeau. En même temps il ranimait le courage et le zèle de son clergé, qui avait paru faiblir un instant à la vue des progrès épouvantables du mal. « Chers collaborateurs, leur dit-il, les plus tendres soins que le meilleur des pères prodigue à ses enfants dans la maladie, en ce moment de désolation publique, les évêques, les prêtres et les religieux doivent les prodiguer à leurs frères. Que si la mort, et la mort par la peste vous effraie, montez à l'autel. Quand Dieu se sera donné à vous,

vous saurez vous donner pour vos frères » Et, à ces nobles paroles, les prêtres de Milan vont se fixer, intrépides et modestes, au chevet de ces pestiférés que tout le monde abandonnait.

Saint Charles a consigné à ce sujet, dans son livre « le *Mémorial de la vie chrétienne* », une action courageuse dont il tenait à perpétuer le souvenir. Un pauvre homme, ayant perdu connaissance, avait été jeté avec des morts sur un chariot; et, pendant la nuit, on l'avait porté au lieu de la sépulture publique appelé *Foppon*, situé près du lazaret des pestiférés. Quand ce malheureux revint à lui, il se trouva sur un tas de cinquante ou soixante cadavres qu'on devait enterrer le lendemain. Un prêtre de l'hôpital, passant de grand matin près de là pour porter le viatique à des malades, s'entendit appeler faiblement ; il s'arrêta, et vit cet infortuné qui, averti par le bruit de la sonnette, s'était soulevé, et lui dit d'une voix mourante en rassemblant ses dernières forces : *Ah ! mon Père, pour l'amour de Dieu, donnez-moi encore une fois la sainte communion !* Le prêtre fut très surpris ; mais il n'hésita pas, et, marchant sur cet amas de cadavres infects, il s'approcha du moribond qui reçut la sainte hostie avec un profond respect, et se coucha ensuite à la même place, où il expira un moment après. Cette action fut bientôt connue dans toute la ville, et citée comme un acte de rare courage ; on admirait également l'ardent désir de communier qu'avait eu ce malheureux, et la charité héroïque avec laquelle le prêtre avait surmonté ses dégoûts et bravé la mort (1).

Les traits de ce genre abondent dans la vie des Saints. Et il serait facile d'en citer un grand nombre, si le plan de ce volume comportait des développements aussi considérables.

Quoi de plus admirable, par exemple, que cette parole de saint Vincent de Paul, s'adressant à ses religieux et ses religieuses, pour ranimer leur zèle et enflammer leur courage ? « Ne ressentez-vous pas, leur disait-il, un feu divin brûler dans vos poitrines, quand vous avez reçu le corps adorable de Jésus-Christ (2) ? » Il parlait de l'abondance du cœur, raconte son historien Abelly, et nous révélait en même temps le secret de cet amour du prochain qu'il a poussé jusqu'à l'héroïsme, et qui est l'épanouissement splendide de la vie surnaturelle.

Sainte Jeanne de Chantal parle en termes analogues de son directeur spirituel, le bon et grand saint François de Sales. « Il avait, dit-elle, un amour tout spécial au très adorable sacrement : c'était sa vraie vie et sa seule force (3) ». Témoignage d'autant plus précieux à recueillir, qu'il

---

(1) Colombel-Gabourd, *Vie de saint Charles Borromée*, Paris, 1869 ; p. 295.

(2) Abelly, *Vie de saint Vincent de Paul*, Paris, 1865 ; t. II, p. 307.

(3) Mgr Camus, *L'esprit de saint François de Sales*, à l'appendice.

émane d'une Sainte, et qu'il contient en propres termes la formule même de la thèse qui est le fond de cet ouvrage.

Au reste, proportion gardée, on peut appliquer à presque tous les Saints ce que sainte Chantal disait de l'évêque de Genève. Car ils connaissaient et pratiquaient le mot de saint Paul : « *Mihi vivere Christus est*; le Christ est ma vie 1) ». Et comme c'est l'Eucharistie seule qui donne Jésus-Christ lui-même en nourriture, il n'est pas étonnant que l'auguste sacrement ait été pour eux la grande source de la vie surnaturelle ou déifique. C'est vers le tabernacle que ces âmes d'élite dirigeaient leur principal regard, sur lui qu'ils concentraient tout leur amour. De là, ce besoin si impérieux du corps et du sang de Jésus Christ, qui est un des caractères communs de leur histoire ; de là, ces souffrances morales — et quelquefois physiques — qui tourmentaient, par exemple, sainte Lidwine et sainte Catherine de Gênes, quand elles ne pouvaient participer au banquet eucharistique ; de là, ces transports de joie, ces élans d'amour que ressentaient saint Louis de Gonzague et sainte Magdeleine de Pazzi au moment de la communion, puis ces ravissements et ces fréquentes extases qu'ils éprouvaient dans la compagnie du divin Maître ; de là, enfin, ces interventions miraculeuses de Notre-Seigneur lui-même, daignant quelquefois venir en personne, ou envoyer ses anges pour

(1) Philip., 1, 21.

communier certaines âmes privées de la céleste nourriture (1).

Une étude intéressante à faire, et qui donnerait des résultats précieux au point de vue que nous signalons, consisterait à examiner dans le détail l'influence de l'Eucharistie sur la vie des Saints. En voyant la place qu'elle a tenue dans leurs préoccupations quotidiennes, la puissance d'attraction qu'elle a exercée sur leur âme, le culte dont ils l'ont entourée, le soin jaloux qu'ils ont eu de s'en nourrir aussi souvent et aussi pieusement que possible, on ne manquerait pas de surprendre un des principaux secrets de leur sainteté, et on arriverait en même temps à cette conclusion infaillible, que l'Eucharistie est le sacrement qui fait surtout les Saints, en d'autres termes, le sacrement par excellence de la vie surnaturelle.

Mais ce n'est pas le lieu de faire cette étude, et le but qu'on se propose ici est beaucoup plus modeste. On a simplement l'intention de montrer que la vie des Saints offre le plus magnifique tableau, la réalisation la plus complète des effets merveilleux que la communion a le pouvoir de produire dans les âmes. Sous ce rapport, on peut affirmer que leur histoire constitue une véritable *théologie en action*, d'autant plus appréciable que tout le monde peut facilement la comprendre; d'autant

---

(1) Corblet, *Histoire du sacrement de l'Eucharistie*, Paris, 1885 ; tome i, p. 412.

plus convaincante, qu'elle ne s'adresse pas uniquement à la froide raison, mais qu'elle parle en même temps au cœur et à l'homme tout entier ; enfin d'autant plus féconde en résultats surnaturels, qu'elle provoque directement le lecteur à l'imitation du modèle qu'il a sous les yeux, et est souvent le point de départ de conversions solides, voire même d'une sainteté véritable.

II

Ce n'est pas seulement l'hagiographie qui fournit son tribut au dogme eucharistique. L'histoire contemporaine, elle aussi, contient plusieurs faits qui montrent bien le rôle de la sainte communion dans la vie surnaturelle. Avec et après les Saints, il convient en effet de placer leurs fidèles imitateurs. Comme eux, ils ont été les convives assidus de la table eucharistique ; comme eux également, ils ont prouvé par leur conduite qu'on peut tirer le fruit le plus précieux de cette divine nourriture.

Le témoignage de leur vie a donc son importance. Il n'a pas sans doute l'autorité ni l'éclat de celui que les Saints ont rendu à l'Eucharistie ; mais, en revanche, il nous touche peut-être de plus près. Volontiers, nous serions tentés de placer les Saints dans je ne sais quelle région idéale, où on peut bien les suivre du regard de l'admiration, mais où il nous paraît difficile, pour ne pas dire impossible, de pénétrer avec eux par l'imitation de leurs vertus. C'est une erreur sans doute, mais c'est la tendance de notre nature. Quand il s'agit, au contraire, de personnages appartenant à l'histoire contemporaine, dont nous avons pu contempler quelquefois la figure, et dont l'existence, en tout cas, s'est déroulée sur le même plan que la nôtre, nous sommes convaincus que leur vie, pour surnaturelle qu'elle soit, est plus à notre portée, et nous y attachons comme d'instinct une plus grande valeur démonstrative.

Il convient donc de donner une large place aux faits contemporains qui montrent clairement l'action de l'Eucharistie sur la vie chrétienne. La chose est d'autant plus facile, que les exemples de dévotion eucharistique sont très nombreux à notre époque.

Et ce n'est pas seulement dans le cloître ou dans le sanctuaire qu'on trouve des âmes vivant vraiment de la vie surnaturelle, parce qu'elles sont affamées du pain céleste. Il y en a, Dieu merci! dans toutes les conditions sociales, et jusque dans les milieux les moins aptes en apparence à l'éclosion de la simple vertu. Paysans et marins, ouvrières et grandes dames, mendiants et grands seigneurs, soldats et généraux, en un mot toutes les classes de la société fournissent à Jésus Christ des âmes d'élite, qui n'ont qu'un désir et un bonheur, adorer, servir et aimer le Dieu de l'Eucharistie.

Parmi les faits qu'on peut citer à l'appui de cette

affirmation, il faut mettre au premier rang l'exemple d'un vaillant officier qui a été une des gloires de l'Église et de la France au XIX᷎ siècle, le général de Sonis. Rien de plus fortifiant que le spectacle d'une telle vie, où les plus mâles vertus, unies à une tendre piété, sont le fruit magnifique de la communion fréquente.

La carrière militaire de M de Sonis se divise en deux grandes périodes, dont la plus longue, — celle dont je veux parler en ce moment, — s'est passée tout entière en Algérie et en Tunisie de 1850 à 1870. Au moment de partir pour l'Afrique, M. de Sonis venait d'être nommé capitaine, et on le citait déjà comme le modèle des officiers chrétiens. Non content de remplir avec soin tous ses devoirs d'état, il s'occupait activement des bonnes œuvres, communiait au moins tous les dimanches, assistait tous les jours à la messe, et faisait régulièrement la méditation et la visite au Saint-Sacrement. « Puisque Dieu est là, se disait-il, qu'il l'a révélé, qu'on le croit, qu'on le sent, qu'on l'aime, c'est donc là qu'il faut aller et prendre ses ordres tous les jours. » C'était là, pour ce soldat chrétien, comme une faction d'honneur devant le trône du grand Roi.

En débarquant sur le sol africain, M. de Sonis se doutait bien qu'il allait mener une existence très mouvementée, au milieu d'alertes continuelles, de dangers de toute nature, et d'expéditions guerrières contre les Arabes. C'est ce qui arriva, pendant les vingt années de son séjour là-bas, entrecoupées seulement par la guerre d'Italie. Aussi prit-il la résolution de vivre plus que jamais en chrétien énergique ; et il tint parole, donnant partout l'exemple, non seulement des vertus militaires, mais de la plus admirable piété. Il ne manquait jamais de communier, toutes les fois qu'il en trouvait l'occasion. Au premier prêtre qu'il rencontrait, il demandait aussitôt de le confesser. « Allons au plus pressé, monsieur le curé, entendez ma confession. Nous causerons après, si nous en avons le temps. Quand je le pouvais, ajoute-t-il, je communiais ce jour-là ; sinon, c'était pour le lendemain. L'affaire faite, je rentrais au camp, le cœur joyeux, tout plein de Dieu. La mort pouvait venir, j'étais en règle ; et je remontais à cheval, prêt à tout sacrifier. »

Sa correspondance intime, à laquelle son historien emprunte tous ces détails, est remplie de traits analogues, où éclatent à la fois son amour ardent de l'Eucharistie et les effets admirables de ce sacrement, qui donne seul la force de pratiquer toutes les vertus chrétiennes. Il écrivait encore, vers la même époque : « Dans nos reconnaissances à travers des bourgades et des villages, tout-à-coup nous apercevons un clocher : « Le Maître est là, à terre ! » Nous descendons tous les deux de cheval, — il était alors avec un ami — nous entrons dans l'église, nous prions un prêtre de nous donner la sainte communion. C'est fait ! Nous repartons aussitôt : le temps n'est pas à nous. Nous faisons notre action de grâces à cheval et en courant. » Comme on le voit sa préparation immédiate était quelquefois courte, et son action de grâces faite militairement, à cheval. Mais qu'importe ? La pensée de Dieu, qui est la meilleure des préparations, le quittait rarement. On peut dire qu'elle était l'âme de sa vie. Il en était aussi bien pénétré au plus fort des batailles que dans ses visites au Saint-Sacrement. Ecrivant à sa sœur, religieuse carmélite, au lendemain de la bataille de Solférino, où son courage héroïque lui avait fait courir les plus grands dangers, il lui avouait confidentiellement que durant cette terrible journée, il ne croyait pas « avoir perdu de vue un seul instant la présence de Dieu ». Et il ajoutait ces paroles : « Dieu m'a conservé miraculeusement la vie. Puissé-je l'employer à son service et à sa gloire ! Là est toute mon ambition ».

La vraie piété est inséparable de l'apostolat et de l'amour du prochain en général. Sonis comprenait à merveille le rôle de l'officier chrétien auprès de ses soldats. Il s'efforçait de les christianiser autant que possible ; et si quelques-uns d'entre eux venaient à contracter une grave maladie, il les invitait fraternellement à mettre ordre à leur conscience, et les aidait de tout son cœur à recevoir comme il faut les derniers sacrements. Sa charité alla jusqu'à l'héroïsme dans une terrible épidémie qui éclata au Maroc. Comme Mgr Belzunce à

Marseille, et comme saint Charles Borromée à Milan, il se dévoua corps et âme au salut de ses soldats, sans craindre ni les fatigues ni la mort. « J'avais fait dès mon départ, disait-il ensuite, le sacrifice de ma vie, quoiqu'il m'en coutât beaucoup à cause de ma femme et de mes enfants, pour qui je priais chaque jour. Mais enfin Dieu est un père : j'avais confiance en Lui. J'avais eu soin de m'unir à Lui dès le départ ; et, vivant en sa présence, je m'étais, j'espère, conservé dans sa grâce. Je me mis à ses ordres pour faire ce qu'il y avait à faire, et je compris que la charité attendait quelque chose de moi. » Ce *quelque chose* était simplement la perfection de l'amour fraternel : *Majorem caritatem nemo habet, ut animam suam ponat quis pro amicis suis*[1].

A Tenez, à Laghouat, à Saïda, où il exerça tour à tour le commandement supérieur, le service de Dieu fut toujours pour M. de Sonis le plus cher et le plus impérieux de ses devoirs. Il sentait le besoin d'aimer de plus en plus Jésus-Christ, et il le disait à un de ses amis, avec une humilité qui n'avait d'égale que sa ferveur. « Plus je vais, plus je m'attache à cette sainte religion qui m'a si divinement soutenu dans mes épreuves. Je ne fais pas grand'chose pour le bon Dieu ; mais j'ai, faute de mieux, la bonne volonté et la ferme intention de marcher dans la vie chrétienne. Tant le monde conspire contre notre divin Maître et contre sa

[1, Joa. xv, 13.

sainte Eglise ! *Ne devons-nous pas nous attacher à lui de toute la force de la haine dont il est l'objet ?* Il faut que cette haine soit la mesure de notre amour. Puisse cette mesure être capable de satisfaire le Cœur de Jésus. » Le curé de Saïda écrivait plus tard combien il était édifié de voir le commandant de Sonis lui servir chaque jour la messe, et s'approcher fréquemment de la sainte Table. « Son bonheur, ajoute-t-il, eût été de communier tous les jours ; mais je crus devoir tenir compte de l'esprit de la garnison railleuse et libertine que je connaissais par une douloureuse expérience, et je pensai bien faire en restreignant le nombre de ses communions à deux ou trois par semaine. Depuis, j'ai toujours regretté d'avoir privé cette belle âme du bonheur plus fréquent des joies eucharistiques, et aussi d'avoir privé le Sacré-Cœur de Jésus des intimes adorations du cœur le plus à lui que j'aie jamais connu. »

Nourri constamment du pain des forts, le commandant de Sonis accomplissait, comme une chose toute naturelle, des prodiges d'énergie. « Quel homme que ce Sonis ! disait de lui à cette époque son colonel, le futur général Marmier ; et quel chrétien convaincu ! Nous n'avions quelquefois que du cheval mort à manger dans nos expéditions ; et, malgré cela, il n'a jamais fait gras le vendredi. C'est l'officier le plus étonnant de l'armée. » Mais lui, bien loin de se prévaloir de ses mérites, comme bien loin de se plaindre des privations du désert, ne pensait qu'aux souffrances de ses compagnons d'armes ; et il se faisait un devoir de reporter à Dieu l'honneur de ses propres sacrifices. « L'armée a souffert, écrivait-il, et souffert beaucoup. Pour moi, je n'ai pas ce mérite ; car Notre-Seigneur, qui me gardait, a été pour moi d'une tendresse de père. Le froid, la pluie, le vent, la neige après un soleil tropical, le pain remplacé bientôt par le biscuit, l'eau bourbeuse des r'dirs, l'eau saumâtre des puits du désert, tout cela a glissé sur moi, sans que j'aie eu le moindre mérite à me raidir contre ces misères. Ah ! si j'avais encore besoin de fortifier ma foi au surnaturel, je n'aurais qu'à me considérer moi même ! »

Au milieu de ses occupations militaires, M. de Sonis n'oubliait pas qu'il était père de famille, et qu'il avait charge d'âmes auprès de ses enfants. Dire sa tendresse pour eux serait impossible ; mais sa maxime et sa règle étaient que, pour aimer excellemment, il faut aimer divinement. « Dieu seul, disait-il, est digne d'être notre but. C'est donc vers lui premièrement qu'il faut porter nos regards. Il faut nous soulever, nous élever jusqu'à ces régions bienheureuses, pour y aimer en toute liberté, en toute pureté, ces êtres chéris du foyer, si dignes de tenir, après Dieu, la plus grande place dans notre cœur. » Ecrivant à un de ses amis au sujet de ses enfants, il disait encore : « Je ne sais ce qu'ils deviendront ; je crois fermement que Dieu leur donnera du pain, car je n'en ai pas à leur donner. Mais je ne suis préoccupé que de les voir fidèles à Dieu... J'aimerais mieux les savoir misérables, et même les voir mourir de misère, que de les savoir, non pas impies, mais seulement indifférents. Et pourtant Dieu sait si je les aime ! Mais qu'est-ce que la vie comparée à l'éternité ? »

Aussi proposait-il à cet ami, père comme lui, « de communier le premier vendredi de chaque mois à l'intention de tous ces chers enfants, et à *cette seule intention* qu'ils deviennent de fervents chrétiens. »

Telle fut, en quelques mots, la vie du général de Sonis, pendant ses vingt années d'Afrique. La seconde moitié de sa carrière, qu'il passa en France, et que nous verrons plus tard, n'est pas moins digne d'admiration que l'autre, parce qu'elle ne fut pas moins eucharistique (1).

Il n'est pas rare, Dieu merci ! de rencontrer, à notre époque, de ces chrétiens intrépides qui savent mener de front l'accomplissement de tous leurs devoirs d'état et la pratique des vertus les plus sublimes. Quand leurs bonnes œuvres rayonnent au dehors avec ce triple caractère de charité ardente, d'humilité vraie et de piété eucharistique, elles supposent au dedans une vie surnaturelle intense dont les ardeurs s'allument au foyer permanent de l'amour divin, la sainte communion.

Honneur à ces âmes vaillantes dont la généro-

1) D'après M⸱ Baunard, *Le Général de Sonis*, Paris, 1890, *passim*.

sité est une leçon pour les tièdes, et une apologie vivante de la religion catholique! Action de grâces, surtout, à l'auguste sacrement qui permet à une faible créature de faire une démonstration aussi méritoire et aussi glorieuse !

§ III. — Le Témoignage des Faits Sociaux.

Le tableau expérimental de l'efficacité que possède la sainte communion serait tracé d'une façon incomplète, si on se bornait à l'esquisse des traits purement individuels. La lumière que projettent ces faits sur le dogme eucharistique est fort belle sans doute. Mais il y en a une autre qui l'éclaire aussi d'une façon merveilleuse, et qui est d'autant plus puissante, qu'elle jaillit de plusieurs faisceaux réunis, je veux dire de *certains faits collectifs* ou *sociaux* qui ont une haute importance.

Il ne saurait être question de tracer ici, avec tous les développements que comporte un si vaste sujet, le tableau de l'action sociale exercée à travers les siècles par la fréquentation du sacrement de l'Eucharistie. C'est toute une histoire de la communion qu'il faudrait faire, pour montrer le rôle qu'elle a joué, soit dans la vie de l'Eglise, soit dans la société proprement dite. Mais ce travail paraît difficile ; et, en tout cas, il dépasse le but et la compétence de celui qui écrit ces lignes.

Ce qu'on veut essayer ici, c'est d'attirer l'attention du lecteur sur certains faits sociaux qui occupent une place importante dans la vie de l'Eglise, et où l'action de l'Eucharistie se révèle d'une façon remarquable.

I

Un des faits les plus consolants qu'on remarque dans l'histoire religieuse du XIX⁰ siècle, est sans contredit l'importance croissante du mouvement eucharistique. Depuis une vingtaine d'années surtout, ce mouvement a pris des proportions considérables. Adorations nocturnes, confréries du Saint-Sacrement, communions générales d'hommes et de jeunes gens, expositions permanentes du Saint-Sacrement, communion réparatrice, pèlerinages eucharistiques, association des prêtres adorateurs, congrégations religieuses vouées spécialement au service de l'Eucharistie, etc., tout cela s'est accru d'une façon considérable. Or toutes ces œuvres, non seulement gravitent elles-mêmes autour d'un centre principal — la sainte communion — qui leur assure la fécondité et la vie, mais elles provoquent autour d'elles, en vertu de l'impulsion qu'elles ont reçue de la sainte Table, la création d'une foule d'œuvres charitables. C'est là un fait qui a été constaté plus d'une fois dans les *Congrès Eucharistiques* internationaux, tenus chaque année, depuis 1886, en différentes villes de France et de l'étranger.

Ces congrès, qui ont le mérite d'avoir contribué

à l'extension du mouvement eucharistique en général, ne pouvaient manquer d'attirer spécialement l'attention des catholiques sur les résultats merveilleux de la sainte communion. Et en effet les comptes-rendus annuels de ces assemblées périodiques contiennent, à ce point de vue, les documents les plus précis et les plus concluants. Il y a là un ensemble de faits sociaux, d'une authenticité indiscutable. qui constituent un magnifique hommage rendu à l'action du sacrement de l Eucharistie.

On n'éprouve que l'embarras du choix, quand il s'agit d'en rapporter quelques uns. Nous citerons de préférence les plus récents, ceux qui ont été signalés au congrès eucharistique de Lourdes (août 1899), dans un *Rapport* lu par un étudiant sur le fonctionnement des œuvres de jeunesse à Aix.

Dès le début de son *Rapport*, le jeune orateur pose nettement la question. « Je voudrais, dit-il, vous montrer comment s'épanouit chez nous la pratique de la communion fréquente, quels fruits de pureté, de générosité et d'apostolat elle y produit. »

Et il cite un grand nombre de faits émouvants. « Rien n'arrête nos vaillants camarades. Voir, en effet, les étudiants arriver pieusement après leur cours, vers onze heures, pour demander la sainte communion, n'est plus chose rare depuis longtemps. Plusieurs même en ont contracté l'habitude de jeûner tous les jours ; ils assurent que leur santé ne s'en trouve que mieux. L'un d'entre eux qui avait dû communier très tard, un jour de neige et de froid, disait à un ami qui le plaignait : « Oh ! quand je jeûne pour pouvoir communier, je n'ai jamais froid ! »

« Nos militaires nous édifient plus encore. Retenus parfois par d'intempestives corvées, toute la matinée du dimanche, ils se font un jeu de demeurer à jeun, et l'on ne trouve plus extraordinaire de les voir accourir tout essoufflés à la sainte Table à midi, et quelquefois plus tard encore.

« En 1883, deux sergents du 112ᵉ en avaient si bien pris l'habitude, que, pendant les grandes manœuvres d'un été brûlant, ils trouvèrent le moyen de communier tous les dimanches : « Comment vous y êtes-vous pris ? », leur demandait-on, de retour à Aix. Et eux, avec une fierté bien légitime : « Comment nous nous y sommes pris ? C'est bien simple.. nous avons voulu ! La chose n'était pas d'ailleurs bien difficile. Dès que nous étions libres, le dimanche, nous demandions au premier venu où était l'église ; et aussitôt : En avant, au pas gymnastique ! Parfois nous arrivions, toutes les messes dites. Alors, au presbytère ! Vite, Monsieur le Curé, ayez la bonté de nous confesser et de nous communier ! Le prêtre nous toisait, un peu surpris de s'entendre réquisitionner de la sorte par deux troupiers haletants et poudreux. Mais bientôt, avec la plus obligeante amabilité, il accédait à notre désir. Après la sainte communion, il insistait pour nous faire accepter quelques rafraîchissements. Mais nous : En avant de nouveau ! Et avec l'agilité d'un pied de vingt ans, et d'un cœur réconforté par Dieu lui-même, nous rentrions au casernement, où nul ne songeait à notre bonheur et à notre escapade. »

« Mais, nous dira-t-on, ces jeunes hommes que vous nous montrez quittent les sentiers ordinaires pour les voies de la perfection. Nullement, Messieurs, ils entendent tout simplement et tout humblement rester chrétiens, mais chrétiens dans l'intégralité de leur foi et de leurs mœurs. Ecoutez ce jeune soldat d'un an : « Je communie trois ou quatre fois par semaine, non parce que je suis un saint mais parce que sans cela je serais un vaurien. »

« Dans leurs confidences, comme dans leurs rapports annuels, ils nous répètent : « Sans la communion fréquente, nous tomberions dans le chemin, nous n'aurions pas la *Vie* en nous... Nos pères dans la foi allaient chaque jour chercher en secret le pain eucharistique, car chaque jour ils devaient être prêts à confesser leur foi. Eh bien ! dans la vie, telle que le monde nous l'a faite, sans cet aliment quotidien de notre faiblesse, nous nous sentons chaque jour en péril d'apostasier dans notre foi ou dans nos mœurs. *Primum vivere, deinde philosophari*. répéterions nous volontiers à nos amis qui se scandalisent. Nous voulons vivre tout d'abord, nous discuterons ensuite, si vous le voulez bien .. Mais qui oserait discuter la parole

du divin Maître ? Il ne nous a pas dit, en effet :
« Recevez mon corps sacré et adorez ; mais « Prenez
et mangez... tous. » Pourquoi faut-il que tant de
catholiques négligents s'obstinent à adorer sans se
nourrir ? »

« Eh bien ! Messieurs, c'est à ces jeunes hommes
qu'on a lancé cette trop célèbre apostrophe, si souvent ramassée par nos ennemis : « Vous nous faites
des communiants, et non point des hommes ! »

« Eh quoi ! ceux qui se nourrissent du pain des
forts y perdraient leur virilité !... Mais regardons
l'objection en face, pour voir ce qu'elle vaut. Tout
d'abord, les étudiants, dévots à la sainte communion, sont-ils mous au travail ? Mais je les vois partout au premier rang, et je vois mûrir au soleil
eucharistique une moisson de lauriers, qui, dans
l'espace de 10 ans, a donné 40 lauréats à notre livre
d'or, dont plusieurs prix au concours général des
Facultés de France.

« Si nous les voyons ardents au travail, comment se comportent-ils, quand sonne l'heure de
l'action ? Plusieurs nous quittent chaque année
pour le régiment : leurs lettres nous montrent
avec quelle inépuisable provision de bonne humeur
et de gaieté ils abordent la vie de caserne ; tous
vouent au drapeau un culte de généreux enthousiasme. Il est bien nôtre, Messieurs, cet héroïque
Lionel Hart, dont un de nos directeurs a écrit la
vie. Sa vaillance, jugez-la. Un jour, seul avec quatre
hommes, il se trouve en face d'un fortin défendu

par de nombreux Chinois Il se met à genoux avec ses soldats : « Il n'y a pas de prêtre ici pour nous absoudre, mais nous sommes tous chrétiens ; récitons notre acte de contrition. » Il enroule son scapulaire autour de son bras, et d'un seul élan enlève la redoutable position. Inébranlable sur les champs de bataille, il n'eut pas la mort des braves, mais celle du lit d'hôpital, où il déploya un héroïsme plus difficile encore. »

Le rapporteur insiste sur ce fait, qu'il ne s'agit pas d'un petit nombre de privilégiés, mais d'un groupe considérable de jeunes gens, qui recueillent ainsi les bienfaits de la communion fréquente. Il a interrogé ceux qui suivent les voies ordinaires, il leur a demandé quel est leur idéal de vie, leur conception du devoir social. Et leurs œuvres ont répondu pour eux. Car c'est là le véritable critérium d'une piété solide et éclairée : *Fructibus eorum cognoscetis eos* (1). Il est sans doute agréable de lire d'élégants programmes sur l'*Action morale* ; mais le moindre acte de dévouement ou de sacrifice a une portée autrement considérable.

« Or, je ne vois pas, continue le rapporteur, que la foi qu'alimente le corps de Notre-Seigneur demeure une foi morte. En 1880, peu de temps avant la dispersion des religieux, notre Association, réunie en assemblée, entourait de ses témoignages

---

(1) Matth., vii, 16.

de reconnaissance le R. P. Michel Julien et les condamnés des décrets Notre président, pour consoler l'heure si noire, nous présenta le tableau des Œuvres dont les racines puisent leur vitalité dans la sainte Eucharistie, à l'ombre du drapeau de l'Adoration nocturne. Il put alors constater, avec un légitime orgueil, qu'à cette époque, toutes les institutions de quelque valeur : les conférences, les comités, les cercles, les confréries, toutes les œuvres militantes et agissantes d'Aix, avaient leurs présidents respectifs et leurs directeurs parmi les plus fervents adorateurs et les plus intrépides communiants.

« Sont ils donc des timides et des pusillanimes dans l'affirmation de leurs convictions, ces hommes d'Œuvres ? J'interroge ces générations d'étudiants que nous avons vus se succéder dans nos rangs, hôtes habituels du banquet eucharistique, et toutes me répondent par une virile et publique affirmation de leur foi. C'est, par exemple, ce confrère, aide commissaire de la marine, qui nous écrit du Gabon : « Je me moque du qu'en dira-t-on. J'occupe seul, le dimanche, le banc du gouvernement à la chapelle des missionnaires. » Ce sont encore douze de nos étudiants qui s'aventurent un soir dans la grande salle de l'Eden, où un conférencier socialiste réunissait un nombreux et turbulent auditoire ; et là, autour de leur vaillant ami M. Gonin, ils acclament Jésus-Christ.

« Voulez vous savoir, Messieurs, quels actes

d'énergie coûte à nos confrères de l'Ecole Nationale d'Arts et Métiers une seule de ces communions emportées d'assaut à la pointe de l'épée? Jugez-en vous-mêmes. Quand un de nos intrépides confrères veut communier, il doit patienter jusqu'au jour de sortie. Ce jour enfin arrivé, il assiste au déjeuner, sans goûter miette, sous les regards railleurs de ses condisciples; de là il se rend en étude, et peut enfin être libre, jamais avant dix heures. C'est alors qu'il accourt chez le Père directeur, qu'il se confesse et reçoit le Pain des forts, qu'il a, ce semble, bien conquis. Nos registres attestent le fait sous cette brève mention : « Aujourd'hui dimanche, quatre élèves (une autre fois six) des Arts et Métiers sont venus se confesser et communier un peu avant midi; ils avaient à leur tête Gustave C... » Ce dernier est mécanicien sur un navire dans les eaux de Nossi-Bé.

« A ces dévots de la sainte Eucharistie, on ne refuse pas des qualités personnelles de piété et de vertu, mais on paraît vouloir leur dénier toute action sur les jeunes gens de leur temps. Voici la réponse qu'un de nos magistrats les plus distingués faisait à cette objection en 1882, lorsqu'il était encore étudiant. « L'apostolat que les jeunes gens de l'Adoration exercent au milieu de leurs camarades est considérable. A l'époque de la rentrée, on recherche les nouveaux étudiants pour les arracher aux amitiés mauvaises, et les attirer dans le groupe des fidèles; ceux qui sont isolés y trouvent des amis ou mieux des frères ; ceux qui commençaient déjà à être entraînés reviennent dans le bon sentier ; tous sauvegardent ensemble leurs habitudes chrétiennes C'est là, dans la sainte Eucharistie, que se trouve tout le secret qui fait la force de cette jeunesse ! » Cette action fut si profonde et si durable sur notre Faculté de Droit, qu'en 1883 M⁰ʳ l'Archevêque d'Aix, dans son mandement, crut devoir rendre un public hommage « à cette admirable pléiade de jeunes étudiants qui, loin de scandaliser par les légèretés trop ordinaires à leur âge, portent partout l'édification par leur virile piété. »

« Mais enfin, sont-ils de leur temps, ces jeunes hommes, ces communiants ? Eh bien ! il nous est quelquefois donné de pénétrer dans l'intimité de leur vie, de surprendre en leur journal intime leur *état d'âme*. Certes, ce n'est ni une piété fermée, ni une religion égoïste que nous y trouvons. Témoin cet admirable Joseph Sépet, avocat à la Cour d'appel, leur chef de file, que la mort nous a si tragiquement ravi. « Sépet, écrivait son meilleur ami, n'était pas un de ces dévots individualistes, qui ne voient dans le catholicisme que le moyen d'assurer leur salut personnel ; il y trouvait surtout des motifs d'apostolat et de salut social. Nul n'était plus pénétré que lui du sentiment de notre responsabilité sociale et ne se préparait avec plus de soin à exercer une action sérieuse et féconde. » Pleurer et gémir sur *les malheurs du temps*, ce leit-

motif du paresseux et du découragé, eût paru à Sépet non seulement inutile, mais coupable. Car ce n'est pas le hasard qui a décidé l'heure et le moment de notre apparition dans le monde : c'est Dieu. Dès lors, plutôt que de s'immobiliser dans une attitude boudeuse, le devoir ne serait il pas d'étudier son siècle afin de le mieux comprendre ; de l'aimer, afin d'avoir plus de prise sur lui, et non pas *quoique* chrétien, mais *parce que* chrétien, d'être un homme de son temps ? Aussi Sépet n'a jamais voulu rester étranger au mouvement intellectuel de ces dernières années, invitant d'ailleurs ses camarades à rester en contact, non seulement avec les idées, mais avec les hommes « Soyons *fermes*, leur disait-il un jour, mais ne soyons pas *fermés*. Etre fermes, c'est ne rien abandonner de ce qui constitue le patrimoine doctrinal de l'Eglise, c'est rester inébranlable sur les principes et dans la pure dignité de la vie. Mais ne soyons pas *fermés*, c'est-à-dire soyons bons pour les personnes, reconnaissons les mérites de ceux que nous sommes dans la nécessité de combattre : oublions parfois ce qui divise, pour ne nous souvenir que de ce qui unit (1 . »

Un fait social aussi éloquent se passe de commentaires. C'est une démonstration concluante de la vitalité surnaturelle que possède l'Eucharistie, et qu'elle communique aux âmes de bonne volonté.

(1) **Extrait d'un rapport lu au Congrès Eucharistique de Lourdes** (août 1899). Voir aussi le P. Adam, *Joseph Sepet*, in 18 Paris 1900)

Saint Thomas avait bien raison de dire : *Panis vivus et vitalis*, voilà le Pain vivant et qui fait vivre !

Comme ils avaient raison, ces intrépides dont se compose l'Association catholique de la jeunesse française, quand ils faisaient naguère, au Congrès de Lyon (1891), cette fière et belle profession de foi : « Oui, nous communions, et nombreux, à chacune de nos réunions. Nous communions, parce que nous voulons être forts de la force de notre Dieu, et nous tenons pour démontré, nous, jeunes gens, qu'on ne peut être un *homme*, quand on n'est pas un *communiant* ».

II

Ce n'est pas seulement tel ou tel groupe social qui bénéficie de l'action eucharistique, c'est la société tout entière.

Les bases nécessaires de la société humaine, aussi bien que d'une association professionnelle quelconque, sont la *justice* et la *charité*. La première n'est pas autre chose, au fond, que le respect de la personne humaine et de ses droits légitimes. La seconde vient en aide à toutes les infortunes et soulage toutes les misères. De ces deux vertus réunies dépend l'union des cœurs, le rapprochement des classes, en un mot la paix sociale. Mais quand l'une ou l'autre, et à plus forte raison les deux sont violées, c'est le trouble et le désordre, la haine et la guerre. Ceux qui travaillent, qui peinent et qui souffrent, aspirent au repos et à la jouissance ; ceux qui jouissent se cramponnent obstinément à leur bien-être, sans nul souci des pauvres et des travailleurs.

Ces principes étant admis, il est facile de voir l'importance de l'action sociale exercée par l'Eucharistie.

Un protestant célèbre, Guizot, n'a pu s'empêcher de rendre hommage à la vertu sociale du catholicisme, en l'appelant « une grande école de respect ». Il eût été plus juste de dire que l'Eglise est la première école de respect et d'amour fraternel qui soit au monde. Aucun système philosophique, aucune institution humaine ne peut rivaliser avec elle, quand il s'agit, soit de donner à l'homme la juste notion de sa dignité, de sa grandeur et de ses droits, soit de lui procurer l'assistance dans ses besoins, le soulagement dans ses souffrances.

Depuis dix-neuf siècles, l'Eglise proclame hautement ces notions d'égalité, de justice et de fraternité que certains esprits s'imaginent avoir découvert de nos jours. Et non seulement elle prêche l'amour et le respect de l'homme, mais, par l'ensemble de ses institutions, de ses lois et de ses mœurs, elle les fait passer de la théorie en pratique.

Et c'est ici surtout qu'apparaît le rôle social de l'Eucharistie, au triple point de vue de la *justice*, de l'*égalité* et de la *fraternité*.

Au fond, la source de toute injustice n'est pas autre chose que l'égoïsme. Pourquoi refuse-t-on aux autres ce qui leur revient de droit, si ce n'est pour en jouir personnellement ? On donne *moins* à autrui, pour avoir *plus* soi-même. Or l'Eucharistie a précisément pour effet de s'attaquer à l'égoïsme. Non seulement elle exige de celui qui s'approche de la sainte Table la répudiation des injustes convoitises, mais elle fait jaillir au fond de son cœur, dans l'acte sacramentel de la communion, une étincelle d'amour assez puissante pour consumer jusqu'aux racines mêmes de l'égoïsme. Les premiers chrétiens de Jérusalem avaient mis spontanément toute leur fortune en commun, et vivaient ainsi dans l'union la plus parfaite, sans aucune différence entre le riche et le pauvre, entre le *mien* et le *tien*. Ils ne formaient qu'un seul cœur et une seule âme, nous disent les Actes des Apôtres. Et pourquoi ? Parce qu'ils avaient soin d'entretenir leur ferveur au foyer même de l'amour divin, la communion quotidienne. Le même phénomène s'est renouvelé plus tard dans les célèbres Missions du Paraguay. Et il est permis de croire qu'il se reproduirait encore dans une société vraiment chrétienne, où les esprits et les cœurs seraient unis par les liens de la sainte communion.

On raconte qu'au lendemain de la révolution de février, en 1848, M. Desgenettes, curé de Notre-Dame-des-Victoires, reçut la visite d'un groupe de personnages appartenant à la classe dirigeante, qui semblaient effrayés de la tournure des événements. Ils venaient le consulter sur les moyens qu'il convenait de prendre pour enrayer le mouvement révolutionnaire. M. Desgenettes réfléchit un instant, avant de répondre ; puis, tout à coup, levant sur eux un regard presque compatissant, il leur dit ces simples paroles, mais avec un ton de conviction et d'autorité toute sacerdotale : « Messieurs, la première chose à faire, *c'est de communier, et de faire communier tous les huit jours !* » (1)

Je ne voudrais pas affirmer que ces paroles n'excitèrent aucune surprise. Les visiteurs du célèbre curé s'attendaient probablement à une autre réponse. Ils pensaient que M. Desgenettes leur proposerait, par exemple, des réformes économiques et sociales, pour améliorer le sort des travailleurs ; des institutions philanthropiques, pour secourir les pauvres et les malheureux ; des conférences philosophiques, scientifiques ou religieuses, pour éclairer et moraliser les masses populaires. Au lieu de tout cela, on leur disait de communier. N'était-ce pas se tromper de date et faire du mysticisme ?

Avec un peu de réflexion, ces hommes politiques auraient pu comprendre cependant tout ce qu'il y avait de haute et pratique philosophie dans les paroles de M. Desgenettes. Le saint prêtre, qui

(1) Ce trait de la vie de M. Desgenettes est rapporté par plusieurs auteurs, entre autres le P. Coubé, *La communion hebdomadaire*, Paris, 1899 ; p .115.

avait fondé tant d'Œuvres dans sa paroisse, n'était pas sans connaître l'importance des réformes économiques, des institutions de bienfaisance, des conférences populaires, etc. Mais, en pleine crise sociale, il indiquait la besogne la plus urgente, de même que le navigateur surpris par la tempête donne un vigoureux coup de barre pour sauver le navire. Or le salut de la société dépend beaucoup plus de la réforme des mœurs que des réformes économiques et financières. Avant tout, c'est l'égoïsme qu'il s'agit de réfréner ; et la religion catholique, seule, a ce pouvoir. Nombreux d'ailleurs sont ses moyens d'action ; mais le principal, et celui qui communique son efficacité à tous les autres, c'est l'Eucharistie. M. Desgenettes avait bien raison d'inviter les hommes de son temps à la communion fréquente. Car l'amour est encore le meilleur gardien de la justice, et le grand foyer de l'amour est le tabernacle.

L'action sociale de la communion n'est pas moins remarquable sous un autre rapport. C'est à la sainte Table, en effet, que l'égalité et la fraternité humaine reçoivent ici-bas leur expression la plus touchante, leur consécration la plus haute.

Il y a deux manières de le prouver : l'une, qui fait valoir spécialement des considérations surnaturelles, aptes à produire sur le chrétien une impression plus profonde ; l'autre, qui s'attache, avant tout, à mettre en évidence les avantages temporels dont la société est redevable à l'Eucharistie, et que les incroyants eux-mêmes sont obligés de reconnaître.

Le raisonnement de ceux qui se placent au premier point de vue est bien simple. Il repose tout entier sur l'Incarnation et la grâce, double mystère où s'appuie, comme sur deux degrés divins, le dogme de notre fraternité avec l'Homme-Dieu, et, par conséquent, le principe d'une égalité réelle avec nos semblables, rachetés, comme nous, par le sang de Jésus-Christ, et devenus tous ensemble les enfants adoptifs du même Dieu. C'est le Baptême, sans doute, qui confère à tous les chrétiens la dignité incomparable de l'adoption divine, source première de notre égalité et de notre fraternité surnaturelle. Mais l'Eucharistie lui imprime un cachet très spécial de noblesse et d'intimité. C'est elle, en effet, qui communique à chacun de nous, non seulement le don divin de la grâce, mais le Donateur lui même en personne, l'auguste Frère qui nous a rendus participants de la nature divine, et qui vient précisément dans notre cœur pour nous exciter et nous aider à accomplir le grand précepte de l'amour fraternel : « *Hoc est præceptum meum ut diligatis invicem, sicut dilexi vos* ; mon commandement par excellence est que vous vous aimiez les uns les autres, comme je vous ai aimés moi-même (1) ». Sous la pression d'amour qu'exerce

(1) Joa. xv, 12.

Jésus Christ à la sainte table, le cœur de l'homme, qui est si vite fermé par l'égoïsme, s'ouvre et se dilate, pour accueillir, dans la même étreinte de charité fraternelle, les hommes de toute condition, de toute race et de tout pays, qui sont ou qui doivent être les enfants du même Père céleste, les frères du même Sauveur, les héritiers du même Dieu.

Mais n'insistons pas davantage, pour le moment, sur ce côté de la question, qui est d'ordre plutôt théologique, et passons au second point de vue, qui montre les avantages sociaux dont bénéficient tous les hommes, grâce à l'Eucharistie.

On oublie trop, même parmi les fidèles, combien l'humanité tout entière est redevable à l'Eglise catholique de ce principe d'égalité qui lui est si cher. C'est elle, la première, qui a proclamé nettement cette vérité, et surtout qui l'a fait prévaloir peu à peu dans l'antiquité païenne, où la société était rongée, comme on le sait, par la plaie hideuse de l'esclavage. Dès le premier jour de son existence, l'Eglise ouvrit également au maître et à l'esclave la porte de ses temples, l'accès de ses dignités, la source de ses sacrements, et surtout la participation au même banquet eucharistique. Ce simple fait, qui nous paraît maintenant si naturel, était alors une véritable révolution dans les idées et les mœurs. Car le paganisme tenait les esclaves à l'écart de la religion officielle. Ils avaient leur culte à eux, leurs cérémonies à eux ; et ils ne voyaient que de loin. — quand c'était le bon plaisir du maître, — les pompes du culte national. C'est l'Eglise qui établit l'égalité religieuse entre les maîtres et les esclaves, de même que c'est elle qui amena leur égalité civile, à mesure que la législation se laissa pénétrer par l'esprit chrétien. A elle revient l'honneur d'avoir recouvré pour les malheureux esclaves la dignité et les droits de la personne humaine ; et l'un de ses principaux moyens d'action fut l'Eucharistie (1).

L'Eglise, sans doute, n'a pas supprimé les inégalités accidentelles et secondaires de rang, de fortune et de condition, qui font partie de toute société Du moins, elle a travaillé et travaille encore sans relâche à combattre les tentatives faites par l'orgueil pour se créer, comme on l'a dit, *un diminutif de l'esclavage*, jusque sous la loi d'amour. L'insolent mépris du pauvre, les durs traitements envers les serviteurs ne sont pas autre chose. Or, c'est surtout par l'Eucharistie que l'Eglise obtient des triomphes plus ou moins complets sur ces abus de l'orgueil, restes de l'ancien paganisme. En effet, dit Mg Gerbet « le dogme de l'égalité fraternelle ne reçut jamais une sanction plus sacrée. Son signe le plus expressif, consacré par l'usage universel, est la participation au même repas. Ici, grands et petits, riches et pauvres, enfants et

---

(1) Voir Allard, *Les Esclaves Chrétiens*, Paris, 1876 ; livre II, p. 187 et suiv.

vieillards, se mêlent à la même table, comme à un festin de famille, et ce festin est Dieu même. Ce mendiant, qui est ce soir à votre porte, ira demain s'asseoir à côté de vous au banquet de la vie éternelle. Savez-vous d'où vient ce pauvre domestique qui a tant souffert de votre humeur altière ? Il rentre chez vous environné du respect des anges : il porte en son sein le Dieu qui vous jugera (1). »

Les grands de ce monde, quand ils sont vraiment chrétiens, comprennent ce langage, et n'hésitent pas un instant à pratiquer l'égalité fraternelle avec leurs serviteurs. L'histoire nous a conservé, à ce sujet, un exemple donné par le maréchal Turenne, qui fait le plus grand honneur à cet illustre soldat. Il assistait un jour au sacrifice de la Messe et se préparait pieusement à faire la sainte communion. Au signal donné par le tintement de la clochette, il se lève et se dirige vers le sanctuaire. Absorbé tout entier par la pensée du grand acte qu'il allait accomplir, Turenne ne remarquait pas qu'un de ses domestiques marchait devant lui, et il suivait humblement son serviteur, les yeux baissés, les mains jointes. Un jeune seigneur, amoureux de l'étiquette, crut devoir prévenir le domestique de ce qu'il croyait une inconvenance. Celui-ci tout confus se retourne vers son maître, et lui fait signe de passer avant lui. Mais comme Turenne préoccupé d'une seule chose ne s'apercevait pas de l'honneur

(1) Mgr Gerbet, *Le Dogme générateur de la piété catholique*, Paris, 1852 ; chap. 7, p. 92.

qu'on voulait lui faire, le domestique se penche à son oreille en lui disant : « Passez, Monseigneur. » Turenne lève la tête, et reconnait son palefrenier. « Mon ami, lui dit-il en souriant, Monseigneur est resté à la porte » ; et lui montrant le tabernacle : « Voilà le seul Seigneur et le seul Maître que nous ayons en ce moment, Celui que nous allons tous deux recevoir : Va devant moi ! » Paroles bien belles, et surtout bien chrétiennes. Jamais on n'a mieux montré comment les distances sociales les plus extrêmes, celles du rang, de la fortune et de la gloire, s'effacent aux yeux des vrais chrétiens devant la sainte égalité des convives eucharistiques (1).

Si l'Eucharistie est un principe de justice et d'égalité sociale, à plus forte raison est-elle la source de la véritable *fraternité.*

D'origine exclusivement chrétienne, ce beau nom de *frères*, appliqué à tous les hommes, n'est pas seulement une étiquette ou une formule dans la religion catholique, mais une réalité magnifique, grâce surtout à la sainte communion. L'influence eucharistique est principalement visible au sein même de la hiérarchie ecclésiastique, qui donne au monde, depuis dix-neuf siècles, le spectacle de la fraternité la plus touchante, pratiquée par les

---

(1) Cité par divers auteurs, entre autres le P. Monsabré, *Conférences de Notre-Dame,* Paris, 1885 ; *l'Eucharist*, 6ᵉ conférence.

membres de son nombreux clergé et de ses multiples congrégations religieuses. De là, ce beau nom de *confrères* qu'ils emploient dans leurs relations quotidiennes, pour se désigner les uns les autres. Les chrétiens des premiers siècles étaient si unis entre eux que la vue de leur intimité fraternelle arrachait aux païens un cri d'étonnement : « Voyez comme ils s'aiment, disait-on, et comme ils se soutiennent entre eux ! » Ces liens de fraternité sociale n'ont pas toujours duré, hélas ! parmi tous les chrétiens. Du moins, on les retrouve, comme une tradition à peu près constante et universelle, au sein du clergé et des ordres religieux. C'est à cette portion choisie de l'Eglise que s'applique spécialement le mot de saint Paul : « *Unum corpus multi sumus, qui de uno pane participamus;* nous tous qui mangeons le même pain, nous formons un seul corps (1) ».

L'Eucharistie ne restreint pas son action à une élite ; elle l'étend à la société tout entière. Nous en verrons plusieurs exemples dans les chapitres suivants. Les bienfaits sociaux de la communion sont innombrables, et se traduisent sous mille formes différentes. Apostolat, enseignement, éducation, assistance, hospitalité, refuge, préservation, réhabilitation, tout cela n'est pas autre chose, au fond, que l'exercice de la charité fraternelle, qui reçoit son impulsion du tabernacle. Le don de Dieu à

---

(1) I Cor. x 17.

l'homme est seul capable de provoquer régulièrement le don de l'homme à ses semblables. Et parce que toutes les Œuvres catholiques supposent l'abnégation de soi-même, comme la condition indispensable de la véritable fraternité, il est juste de payer un tribut spécial de reconnaissance et d'amour au Dieu de l'Eucharistie, parce qu'il est à la fois le modèle, l'inspirateur et le soutien de toutes ces merveilles de dévouement qui sont l'honneur de l'Eglise, et par conséquent le bienfaiteur perpétuel de l'humanité tout entière. C'est l'hommage indirect que lui rendent, entre autres, ces hommes d'Œuvres et surtout ces admirables Religieuses qui se sont vouées au service de toutes les misères, dans les hôpitaux, les refuges et les prisons. Au contact fréquent ou même quotidien du Cœur de Jésus-Christ, elles apprennent le secret de panser toutes les blessures, avec ce mélange de bonté, de douceur et de délicatesse qui provoque l'admiration des incrédules eux-mêmes, et surtout la reconnaissance des malheureux. Aussi le peuple ne s'y trompe pas : il les salue avec respect et amour du beau nom de *Sœurs*, car elles pratiquent la véritable fraternité.

Il est une autre source de paix et d'harmonie sociale qui s'échappe de l'Eucharistie. Je veux parler de cette vertu difficile qu'on appelle le pardon des injures.

Ce n'est pas la moindre merveille ni le moindre

bienfait du christianisme, d'avoir triomphé de la rancune et de la vengeance qui sont si naturelles au cœur de l'homme, et de les avoir remplacées par le pardon et l'amour. Une des principales causes du malaise social, à toutes les époques, est sans contredit l'esprit de vengeance et de ressentiment qui a fait verser, hélas ! tant de sang, et souillé tant de pages dans l'histoire de l'humanité. Comment la concorde et la paix règneraient-elles dans une société dont les membres sont armés les uns contre les autres par de mortelles rancunes ? Aussi, que d'actions de grâces méritent Jésus-Christ et son Église, pour avoir introduit dans le monde ce principe de vraie civilisation qui est le pardon des injures ! Nulle part ailleurs on ne le trouve : ni dans les religions païennes, ni dans la doctrine des philosophes les plus célèbres, ni même dans la religion mosaïque. Il n'appartient qu'à la morale catholique, dont il est comme le point culminant et incomparable. « Toute la morale philosophique est radicalement impuissante, je ne dis pas à procurer l'accomplissement de ce devoir, mais seulement à prouver que c'est un devoir. Le cœur de l'homme sent qu'il y a de la grandeur à pardonner, oui ; mais n'est-il pas ainsi fait, qu'il sent de la grandeur dans une vengeance immortelle ? Trouvez dans le sentiment seul l'obligation de préférer une émotion à l'autre. Consulterez-vous le rationalisme ? On aura beau tourmenter toutes les abstractions de l'idéologie : le devoir de pardonnet restera toujours une conséquence sans principe. Elle ne se déduit que des prémisses religieuses. » (1)

Et c'est l'Eucharistie qui fait passer la conclusion en pratique. Quand on s'approche comme il faut de la sainte table, la communion verse dans l'âme des torrents de grâce et d'amour, où viennent s'éteindre les feux les plus violents de la colère, de la vengeance et de la haine. Déjà, sans doute, l'absolution sacramentelle avait étouffé le gros de l'incendie. Mais au contact personnel de l'Ami divin qui lui a pardonné ses propres offenses, l'âme chrétienne entre plus avant dans le mystère du pardon et de l'amour ; elle sent le besoin de sacrifier à Jésus-Christ l'ombre même de ses plus justes ressentiments ; et elle s'habitue à oublier les ingratitudes, les outrages et les trahisons pour ressembler davantage à Celui qui est mort en pardonnant à ses bourreaux.

On s'étonne quelquefois du calme, de la patience et de la douceur que montrent certaines mères de famille, quand elles sont victimes du martyre de l'infidélité conjugale. Et, dans un certain monde, où l'on ne croit pas, chez les autres, à une vertu que l'on ne pratique pas soi-même, on a bien vite fait de prononcer le mot d'aveuglement ou quelque chose de pire.

C'est une erreur et une injustice. Non, ces infor-

(1) Mr Gerbet, l. c., p. 95.

tunées ne sont pas aveugles, et encore moins coupables. Elles voient, elles entendent, elles savent tout. Mais elles savent aussi qu'une sainte Clotilde obtint par ses prières et sa patience la conversion de son royal époux ; et elles espèrent, à force de bonté, de condescendance et de sacrifice, lasser la perversité des infidèles qui les outragent. Abandonnées à leurs propres forces, elles ne pourraient assurément ni obtenir un tel résultat, ni supporter un tel martyre. Ce qui les soutient dans leurs terribles épreuves, c'est la participation assidue au banquet du chaste et saint amour, où elles vont manger le pain qui donne la vigueur aux défaillants et boire le breuvage qui console les plus amères tristesses Ainsi réconfortées par le Dieu de l'Eucharistie elles trouvent assez d'énergie pour supporter l'outrage, assez d'amour pour pardonner la trahison.

On a dit que le pardon des injures était le grand mystère de la morale chrétienne. Il eût fallu ajouter que ce beau triomphe de la grâce sur la nature est le résultat normal de la communion fréquente. A ce titre encore, l'Eucharistie est le sacrement par excellence de la charité fraternelle, et, par suite, un des instruments les plus efficaces de la paix et du bonheur social.

CHAPITRE II

La Sainte Communion conserve la vie surnaturelle.

On a essayé, au chapitre précédent, d'esquisser à grands traits le tableau général des effets de l'Eucharistie. Il convient maintenant d'aborder les détails, et d'examiner les diverses influences qu'exerce à la fois sur l'âme et sur le corps le sacrement de la pureté et de l'amour.

Le premier des effets signalés par le concile de Florence est la *conservation* de la vie surnaturelle, autrement dit la persévérance dans la grâce. Don précieux, qui mérite toute notre reconnaissance, mais dont il importe de comprendre la valeur et la portée.

Ce serait une égale erreur de croire que, *sans l'Eucharistie*, il est absolument impossible de conserver quelque temps l'état de grâce, et *qu'avec l'Eucharistie*, la persévérance est infailliblement assurée pour l'avenir. L'absence du sacrement, — du moins l'absence momentanée — n'entraîne pas des conséquences si désastreuses ; et sa présence ne produit pas non plus des résultats si merveilleux. Entre ces deux extrêmes, il y a place pour une conception très belle du rôle que joue l'Eucharistie dans la vie surnaturelle.

Que la persévérance ne soit pas l'effet strictement nécessaire et infaillible de la sainte communion, il est à peine besoin de le dire. L'action de la grâce suppose toujours le concours de notre liberté. Jésus-Christ ne veut pas nous enchaîner malgré nous à son service. Dans la communion sans doute, il nous y invite plus que partout ailleurs ; et, par les charmes ineffables de son amour, il nous fait sentir combien son joug est suave et son fardeau léger. Mais nous conservons toujours, hélas ! le redoutable pouvoir de lui désobéir, et de briser notre union avec lui. En d'autres termes, la communion ne confirme personne en grâce. Elle y contribue toutefois, et d'une façon puissante, comme on le verra dans ce chapitre.

D'autre part, il est certain que la vie de la grâce peut exister, absolument parlant, sans l'Eucharistie. Le concile de Trente frappe d'anathème ceux qui prétendraient que la réception de ce sacrement est nécessaire aux enfants qui n'ont pas atteint l'âge de discrétion (1). L'Église a toujours cru et enseigné que l'Eucharistie n'est pas nécessaire d'une nécessité *de moyen*, mais seulement d'une nécessité *de précepte*. C'est en ce sens qu'il faut expliquer la déclaration suivante faite par Notre-Seigneur aux Juifs : « *Amen, amen dico vobis, nisi*

(1) Sess. XXI, can. 4.

manducaveritis carnem filii hominis, et biberitis ejus sanguinem, non habebitis vitam in vobis. En vérité je vous le dis, si vous ne mangez la chair du Fils de l'Homme, et si vous ne buvez son sang, vous n'aurez pas la vie en vous » (1). Interprète officielle de l'Ecriture, l'Eglise, seule, a qualité pour établir le sens véritable des passages ambigus. Elle a toujours vu, dans les paroles que nous venons de citer, l'expression d'un commandement divin, qui crée sans doute une obligation grave, mais ne va pas cependant jusqu'à impliquer la nécessité absolue de l'Eucharistie comme moyen de salut.

Au reste, pour mieux inculquer l'importance et la nécessité du précepte divin, l'Eglise a pris soin de l'expliquer et de le confirmer par un autre précepte à elle, celui de la communion pascale. Sans cette communion, l'Eglise savait fort bien que nous sommes dans l'impossibilité morale de garder indéfiniment la vie surnaturelle, de même que, sans la nourriture matérielle, nous ne pouvons conserver longtemps la vie physique. Toute vie suppose un aliment régulier, non seulement pour sa légitime expansion, mais même pour son simple entretien. Si la vie du corps a besoin du pain matériel, la vie divine de notre âme demande aussi un aliment proportionné à sa nature, c'est-à-dire un aliment divin. La fonction privilégiée de l'Eucharistie est d'être l'aliment normal de notre vie di-

(1) Joa., V., 54.

vine; car, d'elle seule, il a été dit par le Maître : « *Caro mea vere est cibus, et sanguis meus vere est potus* ; ma chair est en toute vérité une nourriture, et mon sang en toute vérité un breuvage. » Et encore : « *Qui manducat meam carnem et bibit meum sanguinem, habet vitam æternam* ; celui qui mange ma chair et qui boit mon sang a la vie éternelle » (1).

On peut conclure de là, avec plusieurs théologiens, que les paroles de Notre-Seigneur, dans son discours du pain de vie, créent pour tous les fidèles adultes qui ont l'usage de raison une nécessité *morale* de recevoir la sainte communion : en ce sens que celui qui mépriserait volontairement l'Eucharistie, même toute question de précepte à part, ne pourrait pas d'ordinaire obtenir le don de la persévérance finale. A ce point de vue, l'Eucharistie est le couronnement obligé des autres sacrements (2).

L'objet de ce chapitre n'est pas autre chose, en somme, que le développement de cette thèse, à la double lumière de la théologie et de l'expérience.

(1) Joa., VI, 56.
(2) Voir Hürter, *Theol. Compend.* Inspruck, 1891 ; thes. 231, p. 372.

§ 1. — Les Données Théologiques.

I

L'Ecriture attribue expressément à la sainte communion le privilège de conserver en nous la vie surnaturelle. On peut même dire qu'elle met cette propriété en un relief spécial. Notre-Seigneur la signale avant toutes les autres, dans le discours où il promet de donner au monde la nourriture de son corps et de son sang. « Je suis le pain de vie, s'écrie-t-il. Vos pères ont mangé la manne dans le désert et ils sont morts. Voici le pain qui vient du ciel, *afin que quiconque en mange ne meure pas*. Ce pain vivant, c'est moi qui suis descendu des cieux. Si quelqu'un mange de ce pain, *il vivra éternellement*; et le pain que je donnerai c'est ma chair, pour la vie du monde. » (1)

Les déclarations de Jésus sont très nettes. Le pain eucharistique a pour effet de préserver de la mort spirituelle : *Ut si quis ex ipso manducaverit, non moriatur*. Car il est clair, dit saint Thomas, que ces paroles ne visent pas la mort corporelle, mais la mort spirituelle du péché (2). Jésus-Christ affirme que sa chair sacrée, prise en nourriture, a la vertu de l'écarter, et, par conséquent, de

(1) Joa. vi, 48-52.
(2) iii, q. 79, a. 6.

maintenir l'âme dans la vie surnaturelle : *Si quis manducaverit ex hoc pane, vivet in æternum.* Empêcher la mort, ou conserver la vie, c'est tout un. Notre-Seigneur insiste tour à tour sur les deux aspects du phénomène, pour faire ressortir davantage ce premier et merveilleux privilège de l'Eucharistie, qui est la conservation de l'état de grâce.

On sait comment la plupart des Juifs accueillirent la révélation du mystère eucharistique. D'un ton d'incrédulité méprisante, ils s'écrièrent tout haut : « Comment *celui-ci* est-il capable de nous donner sa chair à manger ? » Le divin Sauveur accentue alors sa déclaration, avec une solennité spéciale : « En vérité, en vérité je vous le dis, si vous ne mangez la chair du Fils de l'homme, et si vous ne buvez son sang, *vous n'aurez pas la vie en vous.* » C'était dire ouvertement que la vie surnaturelle dépend de l'Eucharistie, au moins pour sa conservation proprement dite. La persévérance dans l'état de grâce est donc l'effet premier de ce sacrement. En d'autres termes, la *communion* maintient l'*union* habituelle avec Jésus-Christ. Lui-même nous l'apprend, quand il dit : « *Celui qui mange ma chair et boit mon sang demeure en moi, et moi en lui.* » Voilà le fruit de l'Eucharistie dans l'âme juste. (1)

N'est-ce pas d'ailleurs ce qui ressort de ces simples paroles du Maître « : *Caro mea vere est cibus, et sanguis meus vere est potus ;* ma chair est vraiment

---

(1) Joa , vi. 53-57.

une nourriture, et mon sang véritablement un breuvage? » L'effet premier de toute nourriture, n'est-il pas d'entretenir la vie? De là, le dicton populaire, où ce rapport de cause à effet se trouve exprimé sous une forme brève et simple : il faut manger pour vivre. Ce qui est vrai du corps est vrai de l'âme ; la conservation de la grâce — qui, seule, la rend vivante — est régulièrement attachée à la nourriture eucharistique.

Nous avons dit, au chapitre précédent, que l'Eucharistie, ayant pour fonction spéciale de nous exciter aux actes d'amour, avait ainsi le privilège de nous faire vivre de la vie surnaturelle la plus intense, puisque celle-ci a son expression la plus parfaite dans l'amour de Dieu et du prochain. Or, à mesure que la vie augmente d'intensité, l'être vivant s'éloigne, dans la même proportion, de la mort qui le menace. Plus la grâce jette en nous des racines vigoureuses et profondes, plus nous sommes à l'abri du péché. Sans doute, un accident peut toujours se produire, la mort est là qui guette sa proie. Un caprice de notre liberté peut briser en un moment le lien vital qui nous unit à Dieu. A ce point de vue, peut-être, la vie de la grâce est plus fragile que la vie de la nature. Mais, sous un autre rapport, sa condition est bien supérieure ; car elle a ceci de particulier, qu'elle n'est pas fatalement condamnée à périr, après une phase de progrès ; elle peut se développer sans arrêt et sans déclin, chaque jour plus intense que la veille, jusqu'au moment de sa transformation en vie bienheureuse. Et c'est l'Eucharistie qui la préserve spécialement des atteintes de la mort ; c'est elle qui l'entretient sans défaillance, en qualité de nourriture qui donne la vie : *Qui manducat me, et ipse vivet propter me* (1).

Dans l'ordre naturel, tant que la nutrition peut s'accomplir, on prolonge les jours d'un malade ; mais quand elle devient impossible, c'est la mort à brève échéance. Proportion gardée, la même loi s'applique à la vie surnaturelle. « Si vous ne mangez la chair du Fils de l'homme, et si vous ne buvez son sang, vous n'aurez pas la vie en vous. » Et la raison en est bien simple. L'âme qui s'éloigne de la sainte communion, non seulement fait preuve d'indifférence vis-à-vis du sacrement de l'amour, mais encore se prive elle-même de grâces précieuses, dont le concours lui est moralement indispensable, dans l'économie actuelle, pour se maintenir en union avec Dieu. Négliger l'Eucharistie, c'est se déshabituer peu à peu de l'amour divin, et laisser le champ libre aux influences malsaines de la nature égoïste, qui veut à tout prix les jouissances défendues. La persévérance devient alors difficile. En s'approchant, au contraire, de la sainte table avec les dispositions requises, on maintient ses rapports d'intimité avec Dieu, puisque la grâce sacramentelle de l'Eucharistie consiste dans une somme plus ou moins considérable de grâces ac-

---

(1) Joa., vi, 58.

tuelles, destinées à mettre en jeu les énergies latentes de la vie divine. C'est ainsi que l'auguste sacrement assure, autant qu'il est en son pouvoir, le triomphe de Dieu dans le cœur de l'homme.

Ajoutons que Notre-Seigneur n'a pas choisi sans raison le pain et le vin comme matière du sacrement de l'Eucharistie. Il y a un rapport évident entre les signes sensibles du sacrement et ses effets spirituels (1). La réfection des âmes, dit saint Bonaventure, ne pouvait être mieux symbolisée que par les deux éléments du pain et du vin (2). Et voilà pourquoi Notre-Seigneur, dans le discours cité plus haut, répète à satiété qu'il est le *pain de vie*, descendu du ciel, et qui empêche de mourir. De même que le pain matériel est la base de l'alimentation physique, et que son usage est moralement indispensable à la vie du corps, ainsi le pain eucharistique doit être la nourriture fondamentale de l'âme qui veut conserver la vie surnaturelle. Sans lui, le juste est exposé à la mort, comme l'insinue Notre-Seigneur lui-même, quand il disait, en parlant de la foule qui le suivait à Capharnaüm et qui n'avait pas mangé depuis deux jours : « *Si dimisero eos jejunos in domum suam, deficient in via ;* si je les renvoie à jeun, ils tomberont en route d'inanition (3). » Symbole

(1) S. Thom., *Cont. Gent.*, lib. IV, cap. 59.
(2) Brevil., VI, 9.
(3) Marc, VIII, 3.

expressif de la défaillance qui menace l'âme privée de la nourriture eucharistique !

A ce propos, il convient de rappeler ici un épisode de l'Ancien Testament, où Dieu a voulu figurer d'avance l'efficacité de l'Eucharistie au point de vue que nous signalons.

Cet épisode est emprunté à l'histoire d'Élie. Obligé de fuir la colère de la reine Jézabel, le prophète prit le chemin du désert. Mais bientôt, vaincu par la fatigue et le découragement, « il s'assit sous un genèvrier, et se mit à souhaiter la mort, en disant à Dieu : Seigneur, c'est assez ; retirez mon âme de mon corps, car je ne suis pas meilleur que mes pères. Et il se jeta à terre, et il s'endormit à l'ombre du genèvrier. Et voici qu'un ange du Seigneur le toucha et lui dit : Lève-toi et mange. Élie regarda, et vit auprès de sa tête un pain cuit sous la cendre et un vase d'eau. Il mangea donc et but, et il s'endormit encore. Et l'ange du Seigneur revint une seconde fois, et le toucha en lui disant : Lève-toi et mange, car il te reste à faire un long chemin. Élie se leva donc, puis il mangea et but ; et, fortifié par cette nourriture, il marcha quarante jours et quarante nuits jusqu'à Horeb, la montagne de Dieu (1) ».

Cette touchante histoire symbolise à merveille le rôle que joue l'Eucharistie dans la conservation de la vie surnaturelle. Élie qui meurt d'inanition

---

(1) III Reg., XIX, 4-8.

au désert, où il ne trouve aucune nourriture, représente le chrétien qui tombe en défaillance, quand son âme est privée de la sainte communion. Un ange vient réconforter le prophète, un Dieu vient ranimer le chrétien. Tous deux reçoivent une nourriture miraculeuse, pour les soutenir dans leur voyage ; tous deux se dirigent vers un lieu qui sera le théâtre des manifestations divines. Mais la nourriture n'est pas la même, non plus que le terme du voyage. Au prophète qui est à bout de forces physiques, il fallait un pain matériel ; au chrétien qui est à bout de forces morales, il faut un pain supérieur. Mais la similitude est frappante, quand il s'agit de l'effet produit par les deux aliments ; c'est grâce au réconfort qu'ils apportent, *in fortitudine cibi illius*, que les deux voyageurs peuvent continuer leur course : l'un, vers le mont Horeb ; et l'autre, vers les collines éternelles.

II

Si nous interrogeons maintenant la tradition et l'histoire de l'Eglise, nous comprendrons encore mieux le rôle que joue l'Eucharistie dans la conservation de la vie surnaturelle.

Les premiers témoins de l'enseignement traditionnel sont les Pères. Ils ont chanté à l'envi les gloires du sacrement de l'amour, et montré plus d'une fois les effets merveilleux dont il a le secret. Saint Ambroise commence par poser en principe l'efficacité souveraine de la sainte communion contre le péché : « Est-ce que la mort, s'écrie-t-il, peut frapper celui qui a la vie pour nourriture ? » Et il invite en conséquence à recevoir souvent la sainte communion : « Approchez-vous donc du Christ pour vous rassasier, car c'est le vrai pain ; approchez-vous pour boire à longs traits, car c'est la source de vie ; approchez-vous pour vous éclairer, car c'est la lumière même ; approchez-vous pour trouver la liberté, car la liberté règne où règne l'esprit du Seigneur (1). » Le grand évêque renouvelle ailleurs la même invitation : « Vous qui êtes blessés, allez donc chercher la guérison de votre blessure, qui est la tyrannie du péché ; le divin et auguste sacrement en est le remède (2) ». Saint Chrysostôme tient un langage identique aux fidèles d'Antioche : « Voulons-nous être débarrassés de cette peste qu'on nomme la colère ? Prenons le breuvage qui a la vertu d'extirper le virus et de tuer les bêtes venimeuses dont nous sentons les morsures intérieures. Quel est donc ce breuvage si énergique ? C'est le précieux sang du Seigneur, bu avec confiance... Oui, voilà le remède qui guérit toutes nos infirmités (3) ». Saint Bernard donne le même conseil pour triompher des passions : « Qui pourra briser des élans si sauvages ? Qui pourra arrêter la suppuration de

---

(1) Serm. XVIII, *in Psalm* 118.
(2) Serm. XV, *de Verb. Dom.*
(3) *In Matth.* homil. IX et IV.

plaies si profondes ? Eh bien ! confiance ; la grâce est là pour subvenir à vos besoins ; vous avez un gage de sécurité, le sacrement du corps et du sang de Jésus Christ, qui vous fortifie et vous pénètre. Car ce sacrement agit en nous de deux manières : il diminue notre attachement aux fautes légères, et empêche notre consentement aux fautes graves. Si donc quelqu'un d'entre vous sent plus rares et moins violents les mouvements de la colère, de la jalousie, de la luxure et des mauvaises passions en général, qu'il en rende grâces au corps et au sang du Seigneur, car c'est la vertu du sacrement qui se manifeste en lui. » (1)

L'Eglise, dans sa liturgie, rappelle à chaque instant cette vérité, tant elle est convaincue de son importance ! Elle a voulu que le prêtre, avant de se communier lui-même à la messe, récitât chaque fois une humble et touchante prière, où il demande expressément la persévérance dans l'état de grâce : « Seigneur Jésus, vous dont la mort a vivifié le monde... délivrez-moi, par votre corps sacré et

---

(1) Serm. in Cœn. Dom. Quis poterit tam efferos motus frangere ? Quis pruritum hujus ulceris ferre queat ? Confidite quia et in hoc gratia subvenit, et ut securi sitis sacramenti dominici corporis et sanguinis investituram habetis. Duo enim illud sacramentum operatur in vobis, ut videlicet et sensum minuat in minimis, et in gravioribus peccatis tollat omnino consensum. Si quis vestrum non tam sæpe modo nec tam acerbos sentit iracundiæ motus, invidiæ, luxuriæ ac cœterorum hujusmodi, gratias agat corpori et sanguini Domini, quoniam virtus sacramenti operatur in eo.

votre sang précieux, de toutes mes iniquités ainsi que de tout mal ; puis, faites que je sois toujours fidèle à vos commandements, et ne permettez pas que je me sépare jamais de vous » ! Le prêtre insiste encore, et, tout en proclamant son indignité, il supplie Notre Seigneur de lui donner, dans l'auguste sacrement, « une garde pour son âme et pour son corps, ainsi qu'un remède efficace : *Prosit mihi ad tutamentum mentis et corporis et ad medelam percipiendam.* »

Au moment suprême de la communion, cette prière jaillit à nouveau du cœur et des lèvres du prêtre. On dirait que la grande préoccupation de l'Église, à cet instant solennel, est de nous faire conserver à tout prix la vie mystérieuse dont l'Eucharistie est la source : « *Corpus Domini nostri Jesu Christi custodiat animam meam in vitam æternam* ; que le corps de Notre-Seigneur Jésus Christ garde mon âme pour la vie éternelle ! »

Après la communion, c'est la même chose. A peine un cri d'action de grâces s'est il échappé de son cœur, que le prêtre doit songer aussitôt à la conservation de l'ineffable don qu'il a reçu. « Seigneur, dit-il, ce corps que je viens de prendre, ce sang que je viens de boire, faites qu'ils s'attachent à moi jusqu'au fond de mon être, et ne permettez pas qu'en mon âme restaurée par le sacrement de la pureté et de la sainteté, demeure la moindre souillure. »

Cette continuité que l'Eglise a voulu mettre dans

l'objet précis de sa demande, avant et après la communion sacramentelle, est significative. Elle suppose clairement que l'Eucharistie a pour effet d'entretenir en nous la vie surnaturelle.

Les prières de la *Postcommunion* ne sont pas moins remarquables à ce point de vue. C'est ici surtout que l'Eglise semble vouloir épuiser toutes les formules de supplications, pour obtenir le don de la persévérance. Il nous est impossible de citer les innombrables passages où elle supplie Dieu que la divine Eucharistie apaise les passions, diminue le foyer de la concupiscence, assainisse notre âme, guérisse nos blessures, restaure nos forces abattues, en un mot nous dégage des suites du péché, pour nous conserver dans la sainteté et l'amour. Indiquons seulement quelques traits — les plus saillants — de ces admirables formules.

D'après la Liturgie, la sainte communion est le soutien des âmes sous un double rapport, comme *nourriture* et comme *remède*. C'est un principe médicinal qui doit nous délivrer des maladies présentes et futures, nous purger de tout crime, nous guérir de nos langueurs, panser les blessures du péché originel; en d'autres termes, c'est le spécifique qui doit combattre tout ce qu'il y a de vicieux dans notre âme, et, pour tout dire en un mot, le remède souverain ou plutôt *unique* — tant il est efficace — que Dieu a mis à notre disposition (1).

(1) Sabb. Quat. Temp. Adv.; Commun. Martyr.; Fer. III Domin. II Quadrag.; Fest. Immacul. Concep.; Domin. XXIV Pentecot.; Fest. Mariæ Magdalenæ.

C'est en outre un principe de force qui doit nous défendre contre la fureur de l'ennemi ; c'est le soutien de l'âme et du corps, et leur salut commun ; la sauvegarde perpétuelle qui doit écarter de nous tout ce qui pourrait nous faire mal, le renouvellement de notre âme, sa réfection, sa purification, son aliment réparateur, en un mot sa véritable vie (1).

Et ce n'est pas d'aujourd'hui seulement que l'Eglise fait usage de ces prières. Aussi haut que l'on puisse remonter dans l'histoire de la liturgie, on trouve des formules analogues. Dès le sixième siècle, le prêtre qui distribuait la sainte communion aux fidèles prononçait ces paroles : « *Corpus Domini nostri Jesu Christi conservet animam tuam* : que le corps de Notre-Seigneur Jésus Christ conserve ton âme ! » (2). Et pendant ce temps, à la messe solennelle, le chœur exécutait des chants liturgiques exprimant les mêmes vœux et les mêmes espérances : tant il est vrai que l'Eglise a toujours été préoccupée d'attirer l'attention de ses enfants sur ce premier effet de l'auguste sacrement, qui est la conservation de la grâce.

Aussi le concile de Trente, résumant la tradition

---

(1) Fer. II Pentecost ; Domin. XI Pentec. ; Fer. VI Passion.; Domin. XVI Pentec. ; Domin. VI Epiphan., etc.

(2) Joan. Diac. *In Vit. Gregor. Magn.* lib II. — Au temps d'Alcuin et de Charlemagne, la formule se modifie un peu, pour se rapprocher encore davantage de la formule actuelle : *Corpus Domini nostri Jesu Christi custodiat te in vitam æternam* (Alcuin., *De Offic.*)

catholique et la sanctionnant de son autorité infaillible, a-t-il défini que l'Eucharistie « est l'antidote qui nous préserve du péché mortel », et supplié en même temps les chrétiens de s'en approcher souvent, afin d'y puiser « *la vie de leur âme*, la santé spirituelle, et la force de parvenir jusqu'à la céleste patrie. » (1)

III

Il y a, dans l'histoire de la sainte communion, un épisode d'une certaine importance, qui peut servir d'argument à notre thèse; car il met bien en relief le caractère médicinal et préservateur de l'Eucharistie dans la vie surnaturelle.

On sait que le docteur Antoine Arnauld, un des coryphées du jansénisme au dix-septième siècle, publia, sous l'inspiration de Duvergier de Hauranne, le fameux abbé de Saint-Cyran, un ouvrage sur la *Fréquente Communion*, ou plutôt contre elle. De tous les écrits jansénistes, ce fut peut-être le plus dangereux, parce que, sous les dehors d'une piété affectée, qui protestait avec indignation contre l'abus des sacrements, il s'attaquait en réalité au cœur même de la vie chrétienne, en exigeant, pour la réception des sacrements de Pénitence et d'Eu-

(1) Sess. XIII. cap. 2 et 8 : Antidotum, quo liberemur a culpis quotidianis, et a peccatis mortalibus præservemur... Is vere eis sit *animæ vita* et perpetua sanitas mentis, cujus vigore confortati.. ad cælestem patriam pervenire valeant. »

charistie, des dispositions tellement parfaites, qu'elles étaient inaccessibles à la masse des fidèles.

Arnauld veut que l'absolution soit différée, en général, jusqu'après l'achèvement de la pénitence sacramentelle ; et il demande que les pécheurs soient privés de la sainte Eucharistie pendant quelques mois, afin de s'y mieux préparer. Il cite avec éloge l'exemple des solitaires de Port-Royal, qui renonçaient volontiers à la communion pour faire pénitence. « Non seulement ils souffrent qu'on leur retranche la communion du Fils de Dieu, mais ils veulent eux-mêmes en être séparés. Ils n'entrent pas même dans l'église, se trouvant indignes de mêler leurs voix avec celles du peuple de Dieu, et de jouir de la vue bienheureuse de mystères également terribles et vénérables (1). » Arnauld va jusqu'à écarter de la communion non seulement « ceux qui ne sont pas encore purifiés des images qui leur restent de leurs dérèglements passés », mais aussi « ceux qui n'ont pas encore l'amour divin pur et sans mélange » et, d'une façon générale, « tous ceux qui ne sont pas encore parfaitement unis à Dieu seul (2). » Cette doctrine désespérante pour la faiblesse humaine devait fatalement aboutir à la désertion des Sacrements. Le docteur janséniste ne reculait pas devant ces conséquences désastreuses. La communion, à ses

---

(1) *La Fréquente Communion*, préface, p. 70.
(2) Ibid., 1re partie, chap. 4.

yeux, devait être réservée aux chrétiens déjà avancés dans le chemin de la perfection. « Il y en aurait peu, dit-il, à qui l'on permit de communier, si l'on rejetait de l'autel tous ceux qui ne vivent pas selon les obligations de l'Evangile (1). » De là à préconiser l'éloignement indéfini du sacrement de vie, il n'y a qu'un pas. « J'ose dire, s'écrie-t-il, qu'il y a des âmes qui, étant revenues de l'état du péché dans lequel elles avaient passé plusieurs années, sont tellement touchées par un mouvement de grâce et par l'esprit de pénitence, qu'elles seraient ravies de pouvoir témoigner à Dieu la douleur et le regret qui leur reste de l'avoir offensé, en différant leur communion jusqu'à la fin de leur vie, comme étant indignes de s'approcher du corps de Jésus-Christ (2). »

Voilà à quels excès peut arriver un homme de talent et d'érudition, quand il n'a pas étudié sous toutes ses faces la théologie des sacrements. Arnauld n'a vu qu'une chose dans l'Eucharistie, le respect que l'homme doit au corps et au sang du Sauveur. C'est un point important sans doute, et que certains casuistes du dix-septième siècle paraissent avoir trop négligé, surtout en Espagne (3). Mais il en est un autre, qui est capital aussi : c'est la volonté que Dieu a de contenter son amour en

---

(1) Ib., 1re part., chap. 23.
(2) Ib., Préface, p. 21.
(3) Corblet, *Histoire du sacrement de l'Eucharistie*, Paris, 1885; tome I, p. 414.

se donnant à l'homme, et le besoin que l'homme a de fortifier sa faiblesse en recevant son Dieu. L'erreur, et on peut bien dire le crime du jansénisme, fut de méconnaître cette double fin de l'Eucharistie, sous prétexte de respect pour l'auguste sacrement. Etrange respect en vérité, que celui qui aboutit à l'indifférence de l'homme pour la miséricorde divine, et à l'indifférence de Dieu pour la misère humaine !

Dans la théorie d'Arnauld, la sainte communion n'est plus que la récompense des forts, et jamais le soutien des faibles ; c'est une sorte de fin dernière, où parvient la sainteté consommée, et non plus le moyen providentiel que Dieu a établi pour l'atteindre ; en un mot, c'est le privilège d'une élite, et non plus le pain quotidien de l'Eglise catholique tout entière. Le jansénisme, pour être conséquent avec lui-même, aurait dû supprimer l'axiome théologique qui veut que les sacrements soient institués en vue des hommes : *Sacramenta propter homines.*

On a vu plus haut comment cette doctrine est en désaccord absolu avec l'esprit de l'Eglise, si bien exprimé dans la Liturgie. Non, il n'est pas vrai que la communion soit une *fin* proprement dite, que l'on doive mériter par une longue série d'efforts vertueux ; mais, comme tous les sacrements, qui ont pour but l'utilité des âmes, c'est un *moyen* d'entretenir et de développer la vie surnaturelle ; il n'est pas vrai qu'elle soit la consommation de l'acte de sainteté, ni la récompense exclusive d'une vertu solide : car, suivant l'expression du concile de Trente, c'est un *antidote* qui doit nous préserver du péché mortel (1), un tonique destiné à fortifier les âmes faibles et convalescentes, ou encore un fébrifuge, qu'on doit prendre surtout quand on ressent des impressions fébriles.

L'Eglise affirma une fois de plus son enseignement traditionnel sur les effets de l'Eucharistie, par la réprobation de la doctrine d'Arnauld. Le docteur janséniste mit tout en œuvre pour empêcher ou du moins retarder cette condamnation nécessaire. Il sut capter les faveurs d'une partie de l'épiscopat français, et protesta de son entière soumission au Souverain-Pontife, quand il vit les réclamations qui s'élevaient de toutes parts contre son livre. Le Pape Urbain VIII voulut bien se contenter de cette déclaration qui lui parut sincère ; mais, devant l'émotion croissante que suscitait l'ouvrage d'Arnault, et surtout devant les résultats désastreux dont il fut la cause, notamment la diminution extraordinaire des communions à Paris et ailleurs (2), une mesure énergique fut jugée indispensable; le pape Alexandre VIII, sans vouloir frapper directement l'auteur, condamna deux propositions qui exprimaient bien sa véritable doctrine sur la Pénitence et la sainte commu-

---

(1) Conc. Trid., sess. XIII, cap. 2.
(2) Maynard, *Vie de saint Vincent de Paul*, Paris. 1868 tome II, p. 284.

nion (1). Tous les vrais catholiques applaudirent à cet acte de vigueur, parce qu'il leur rappelait indirectement que le sacrement de l'Eucharistie, loin d'être la récompense exclusive des forts, est aussi et surtout le soutien des faibles, et, d'une façon générale, le moyen le plus efficace que Dieu nous ait donné pour conserver l'état de grâce.

IV

Il est temps de nous demander, à la lumière de la raison éclairée par la foi, *comment* l'Eucharistie est le soutien par excellence de la vie surnaturelle.

Saint Thomas, examinant cette question, fait le raisonnement suivant, basé sur l'analogie qui existe entre l'ordre de la nature et l'ordre de la grâce.

Qu'est-ce que le péché, se demande le Docteur angélique ? Une sorte de mort spirituelle, puisqu'il fait perdre à l'âme la vie divine qu'elle possédait. On l'écartera donc par les mêmes moyens généraux que la mort corporelle. Contre celle-ci on emploie deux sortes de préservatifs : les uns fortifient directement la nature, neutralisant ainsi les

---

1) Prop. prohib. 7 déc 1690. Prop. 22 : « Sacrilegi sunt judicandi, qui jus ad communionem percipiendam prætendunt, antequam condignam de delictis suis pænitentiam egerint » — Prop. 23 : « Similiter arcendi sunt a sacra communione, quibus nondum inest amor Dei purissimus et omnis mixtionis expers ». (Enchirid. Denzing., p. 237).

germes intérieurs de corruption qui se disputent la proie du corps; les autres nous protègent contre les attaques des ennemis extérieurs qui voudraient nous ôter la vie. La première catégorie comprend la nourriture, qui entretient la santé, et les remèdes, qui la rétablissent; la seconde comprend les armes défensives. Or, l'Eucharistie est tout cela à la fois, contre cette mort redoutable qui s'appelle le péché. C'est un fortifiant et un remède, quand il s'agit de la concupiscence et des suites du péché en général; c'est une arme défensive, quand il s'agit du démon (1).

Nous allons développer tour à tour ces deux points de vue généraux, qui mettent bien en relief l'excellence de la sainte communion, considérée comme soutien de la vie surnaturelle.

Des deux causes générales qui entraînent l'homme à la mort spirituelle, la première, celle qu'il porte en sa propre nature, est sans contredit la plus dangereuse. On l'appelle d'ordinaire la *concupiscence*.

Sous sa forme la plus générale, la concupiscence n'est pas autre chose que cette tendance au mal dont toutes nos facultés subissent le joug, à des degrés divers. Mais, dans le sens ordinaire du mot, on entend par là l'impulsion spéciale qui nous en-

---

(1) III. q. 79, a. 6. L'article de saint Thomas est intitulé: « Utrum per hoc sacramentum præservetur homo a peccatis futuris ? »

traîne à tout prix vers les plaisirs sensibles. Et comme il y a plusieurs sortes de satisfactions sensuelles, l'acception la plus fréquente du mot s'applique surtout à la concupiscence de la chair, source des jouissances les plus passionnées.

Ce n'est pas le lieu de nous étendre longuement sur le rôle désastreux que joue la concupiscence au détriment de la vie surnaturelle. Si la grâce a un ennemi irréconciliable, c'est avant tout l'amour désordonné qui nous incline vers les plaisirs charnels. De là, une lutte intestine perpétuelle entre l'esprit qui veut s'élever, et la chair qui nous pousse à descendre. Saint Paul, dans un passage célèbre, en a tracé le tableau : « En moi, s'écrie l'Apôtre, c'est-à-dire dans ma chair, le bien n'habite pas. Je le veux sans doute, mais je n'ai pas la force de l'accomplir. Car le bien que je veux, je ne le fais pas, et le mal que je hais, je l'accomplis... Il y a au dedans de moi un homme qui se plaît à la loi de Dieu ; mais je sens dans mes membres une autre loi, qui lutte contre la loi de mon esprit, s'efforçant de me retenir captif sous la domination du péché qui règne dans mes membres. Infortuné que je suis ! Qui donc me délivrera de ce corps de mort ? » (1)

Ce tableau, d'une si sombre énergie, montre combien la convoitise est terrible, même pour le chrétien justifié. Car la grâce du Baptême laisse

---

(1) Rom. vii, 18-24.

dans le baptisé le foyer de la concupiscence, héritage du péché originel, de même que la grâce de l'Absolution laisse d'ordinaire dans le pénitent, comme reste du péché actuel, un penchant plus ou moins secret pour le mal qu'il a commis (1). De là, ces combats quotidiens, qui sont la condition providentielle du mérite. De là aussi cette situation spéciale où se trouve l'âme juste, unie à Dieu par la grâce qui la pousse vers en haut, et sollicitée par le mal qui l'attire vers en bas. L'action de la grâce est énergique sans doute, mais l'attrait de la concupiscence est aussi bien fort, surtout quand il s'agit des passions charnelles. On connaît le mot de saint Jean Chrysostôme : « Il n'y a pas de parité entre la convoitise de la chair et la convoitise de l'argent : la première l'emporte de beaucoup sur la seconde par son ardeur et sa violence » (2).

Quel est donc le remède à cette maladie si cruelle qui tourmente l'humanité depuis la chute?

Il n'y en a qu'un de pleinement efficace, c'est la divine Eucharistie.

A l'appui de cette assertion, nous pourrions re-

---

(1) Manere autem in Baptizatis concupiscentiam vel fomitem... ad agonem (Conc. Trid. Sess. v. 5). Nihil prohibet quin, remissa culpa, remaneant dispositiones ex præcedentibus actibus causatæ, quæ dicuntur peccati reliquiæ (S. Thom. III, q. 86. a. 5).

(2) Homil. 79 in Matth. « Non est corporum et pecuniæ par cupiditas ; sed acrior multo atque vehementior illa corporum est. »

produire ici les preuves générales que nous avons données plus haut sur les propriétés médicinales de ce sacrement. Il est clair que ces propriétés doivent s'appliquer avant tout à la maladie la plus grave et la plus invétérée, qui est la concupiscence. Mais, outre ces considérations générales qui sont applicables à toutes les formes de la convoitise, il y en a d'autres qu'on peut faire valoir en particulier, quand il s'agit de la concupiscence de la chair.

Rappelons-nous que le grand instrument de la Passion a été la chair du Sauveur. La chair nous avait perdus à l'origine, la chair nous a sauvés sur la Croix. Il convenait que l'instrument de la chute fût l'instrument de la réparation. Aussi l'Eglise, dans sa liturgie, n'a-t-elle garde d'oublier ce rôle de la chair. tour à tour pécheresse et purificatrice :

Peccat caro, mundat caro,
Regnat Deus Dei caro (1).

Et, comme il y a un rapport étroit entre le sacrifice et le sacrement en général, la place éminente qu'occupent le corps et le sang de Jésus-Christ sur la Croix détermine le rang qu'ils tiennent dans la sainte Eucharistie. L'Eglise a soin de nous en avertir, quand elle nous fait dire par le prêtre, au moment même de la communion, que c'est le corps de Jésus-Christ qui doit « garder notre âme pour la vie éternelle : *Corpus Domini nostri Jesu Christi*

(1) Fest. Ascension. *Hymn. Matut.*

custodiat animam tuam in vitam æternam ! » Le véhicule direct de la grâce eucharistique n'est donc pas l'âme du Sauveur, mais son corps adorable et son sang précieux. Ce que nous recevons comme sacrement, et ce qui opère comme tel, c'est la chair du Christ ; nous participons de la nature divine par son intermédiaire.

On voit quelle est la place importante du corps et du sang théandrique dans l'économie rédemptrice. Ils sont au premier plan, à la croix comme à l'autel.

Comment s'étonner dès lors que l'Eucharistie possède une efficacité spéciale contre les passions de la chair ? N'oublions pas que cet aliment divin produit en nous des effets analogues à ceux de la nourriture matérielle, et qu'il entraîne par conséquent une transformation profonde entre l'agent assimilateur et l'objet assimilé. Seulement, comme nous le dirons plus tard, dans la nutrition eucharistique, le phénomène se produit en sens inverse de la nutrition corporelle : ce n'est pas le chrétien qui change en lui le Christ, c'est le Christ qui transforme en lui le chrétien (1). D'où il suit que la chair immaculée du Sauveur doit communiquer à notre chair corrompue quelque chose de ses propriétés virginales, pour tempérer les ardeurs mauvaises qui nous brûlent, diminuer le foyer de la concupiscence et nous préserver de ses flammes homicides.

(1) Cf. **Aug.** *Confess.* Lib. vii. c. 10.

De même que la nourriture physique exerce une influence réelle sur la santé du corps et le tempérament général, ainsi la communion a pour effet de nous façonner à l'image du Christ, en nous faisant participer de ses privilèges, et spécialement de sa suréminente pureté (1). Au contact de son corps adorable, il n'est pas possible que notre chair ne soit pas imprégnée de ses virginales influences, et comme imbibée de sa chasteté : Celui qui a purifié Madeleine, prosternée à ses pieds qu'elle baisait tout en larmes, est assez puissant pour renouveler le même prodige dans l'étreinte mystérieuse de la sainte Eucharistie.

Aussi les Pères de l'Eglise proclament-ils souvent cette propriété de l'auguste sacrement (2). « Participez à la communion, nous dit saint Cyrille d'Alexandrie ; elle chasse la mort et la maladie. Car, lorsque Jésus-Christ demeure en nous, il apaise les révoltes de la chair, affermit la piété, calme les tempêtes de l'âme, guérit les malades et restaure ceux qui sont écrasés (3). » Saint Chrysos-

---

(1) De Lugo, *De Euchar.*, dist. XII, sect. 4, n° 85.

(2) L'Ecriture ne fournit aucun texte *spécial* qui vise *directement* ce point. Le passage que citent volontiers les prédicateurs, *vinum germinans virgines* (Zach., IX. 27), n'a pas la signification qu'on lui prête. D'autre part, le sens accomodatice n'a aucune valeur dogmatique. Cf. l'ouvrage intéressant du P. Bainvel, *Les Contre-sens Bibliques des Prédicateurs*, Paris, 1895.

(3) Benedictionem (eucharistiam) participes, quæ, mihi crede, non mortem solum, verum etiam morbos omnes depellit. Sedat enim, cum in nobis maneat Christus, sævien-

tome attribue le même pouvoir à ce sacrement : « Il écarte les ardeurs mauvaises, et rafraîchit en nous toutes ces brûlures qui viennent, non des feux du soleil, mais des traits enflammés de l'ennemi (1). » Le divin Sauveur ne demande qu'une chose, nous configurer à sa divine ressemblance. « De même, dit saint Grégoire de Nysse, qu'un peu de levain s'assimile toute la pâte, ainsi la chair du Rédempteur, venant demeurer dans la nôtre, la transforme en elle-même (2). »

S'il était besoin de nouvelles preuves pour appuyer cette vérité si consolante, le témoignage du peuple chrétien nous en fournirait. Demandez à tous ceux qui ont connu, par l'expérience des autres, ce qu'il y a de redoutable dans les crises de la chair, et interrogez les âmes qui les ont traversées. Ils vous répondront, sans hésiter, que l'Eucharistie seule, peut conjurer ces crises, et qu'elle a une efficacité merveilleuse pour les combattre.

Les directeurs des âmes en font tous les jours l'expérience. Il n'y a rien de plus émouvant peut-être, pour un cœur sacerdotal, que d'assister aux luttes de la chasteté contre la passion. Sans doute,

tem membrorum nostrorum legem, pietatem corroborat, perturbationes animi extinguit, ægrotos curat, collisos redintegrat (In Joa., lib. IV, c. 17).

(1) Æstum fugat et adusta omnia refrigerat, non quæ ex solis ardore æstuant, sed quæ sagittis ignitis exusta sunt (In Joa., homil. 46, n. 4).

(2) *Orat. catech.*, c 37.

que de ruines il faut pleurer, que de deuils il faut porter ! Mais aussi que de victoires superbes on a le bonheur de faire remporter aux âmes généreuses ! Et grâce à quoi ? Grâce à l'Eucharistie. C'est l'arme défensive qu'il faut employer avant tout, contre les attaques de la chair. Il y a un rapport frappant entre la fréquentation du sacrement et l'issue de la lutte. Si l'âme tentée retarde ou diminue ses communions, la défaite est bien à craindre ; mais, si elle les abandonne complètement, ce sera un désastre. Au contraire, quand on peut obtenir de celui qui traverse la crise, qu'il redouble de bonne volonté pour recevoir l'Eucharistie, c'est le gage d'une victoire plus ou moins complète, en attendant, s'il plait à Dieu, le triomphe définitif. L'honneur en reviendra tout ensemble à l'âme qui a combattu, et au Christ qui lui a donné des armes pour vaincre.

Il y a, dans les lettres de sainte Thérèse, — une des âmes les plus virginales qui aient existé, — un passage fort remarquable, où apparaît bien l'influence de la communion sur la pureté proprement dite, et tout ce qui la concerne. « Pour moi, écrivait la sainte, je n'ai jamais rien senti de pareil, parce que Dieu, dans sa bonté, m'a toujours délivrée de ces passions... Quant à cette émotion des sens, je vous ai dit ce qu'il y avait à faire. Je trouve que cela est indifférent à l'oraison, et que le mieux est de n'y pas faire attention. Je me souviens d'avoir entendu dire à un grand théologien qu'un homme était venu le trouver un jour, extrêmement affligé de ce que, chaque jour qu'il communiait, il souffrait quelque chose de plus pénible encore que cette émotion dont vous vous plaignez. On lui avait ordonné, pour cette raison, de ne communier qu'une fois l'année, seulement pour satisfaire au commandement. Le théologien, quoiqu'il ne fût pas un homme d'oraison, reconnut la cause de la faiblesse de cet homme, lui conseilla de n'en faire aucun cas et de communier tous 'es huit jours : et, depuis ce temps, cet homme, débarrassé de ses craintes, fut aussi délivré du reste (1) ».

On ne pouvait pas dire, d'une manière plus délicate, que l'Eucharistie est le sacrement de la pureté, de même qu'il est, par excellence, le sacrement de la piété et de l'amour. C'est un des beaux fleurons de sa couronne.

Il convient maintenant d'élargir la question et d'étudier l'action préservatrice de l'Eucharistie vis-à-vis de la concupiscence en général.

L'apôtre saint Jean nous dit que les sources du péché sont « la concupiscence des yeux, la concupiscence de la chair et l'orgueil de la vie (2). » Mais il est aisé de voir que ces trois sources se ramènent, en dernière analyse, à une seule, qui est l'amour exagéré du *moi*, autrement dit l'*égoïsme*.

(1) *Lettres de sainte Thérèse* (éd. Bouix). Tom. II, p. 201 et 216.
(2) 1 Joa., II, 16.

Posons d'abord en principe que l'homme, esprit incarné, à égale distance de l'ange et de la bête, ne peut sortir de l'ordre que par deux moyens, en voulant s'élever au dessus de sa nature, ou en descendant au-dessous. L'exagération de la partie supérieure s'appelle l'*orgueil*, et l'exagération de la partie inférieure se nomme la *volupté*. Dans les deux cas, il y a, de notre part, un amour excessif, une complaisance désordonnée de nous mêmes, qui porte tour à tour sur les deux côtés de notre personne.

On pourrait croire, de prime abord, que la concupiscence des yeux échappe à cette classification. Mais, en réalité, elle n'est qu'une forme différente du même égoïsme, sous le nom de curiosité ou d'avarice (1). Car, soit qu'on entende par là le désir immodéré de connaître ou l'attachement déréglé aux biens de la fortune, c'est toujours un mélange d'orgueil et de volupté. Ce double caractère résume bien l'avarice, qui n'est pas autre chose, en général, que la pourvoyeuse de la volupté et l'aliment de l'orgueil. On veut posséder pour jouir, ou pour faire étalage de ses richesses. Quant à la curiosité coupable, elle a été justement surnommée l'épicuréisme de la raison qui veut jouir de tout, ou encore l'orgueil de la propriété sous son enveloppe la plus subtile, parce qu'elle cherche avant tout la vérité pour s'en faire une parure.

(1) Les interprètes de l'Ecriture entendent la concupiscence des yeux dans cette double signification.

Orgueil et volupté, telles sont donc les racines de l'universel désordre qui bouleverse la nature déchue. Mais, au fond ces deux racines viennent elles-mêmes d'un seul germe, qui est l'exagération du *moi*, tantôt du moi sensuel, tantôt du moi spirituel. Et c'est tellement vrai, que la parenté de l'un et l'autre vice est consacrée par le langage humain, où l'orgueil est surnommé avec raison la sensualité de l'esprit, et la volupté s'appelle l'orgueil de la chair (1). L'égoïsme, voilà donc le principe fondamental de toutes nos fautes (2).

Or, il se trouve que la grâce sacramentelle de l'Eucharistie est dirigée précisément contre l'égoïsme. La sainte communion a été instituée par Notre-Seigneur Jésus-Christ pour développer l'amour surnaturel et attiser le feu de la charité dans nos âmes. C'est à elle que conviennent surtout les propres paroles du Maître : « *Ignem veni mittere in terram, et quid volo nisi ut accendatur?* Je suis venu apporter le feu sur la terre, et je ne veux qu'une chose, l'allumer dans les cœurs » (3) Aussi le vrai nom de l'Eucharistie est *le sacrement de l'amour*, parce que, suivant le mot de saint Thomas, « il est à la fois l'expression de l'amour du

---

(1) Cette dernière expression a passé dans la langue liturgique (Breviar. Roman., *Dominic. ad Prim.*).

Carnis terat superbiam
Potus cibique parcitas.

(2 S. Thomas, 1. II, q. 77. a 1.

(3 Luc, XII, 49.

Christ pour nous, et la cause de notre amour pour lui » (1).

Nous avons montré au début de ce travail les fondements théologiques où s'appuie cette consolante vérité. La conclusion qui en découle est très simple.

Aimer quelqu'un, c'est lui vouloir du bien et lui en procurer le plus possible. En d'autres termes, l'acte essentiel du cœur est de donner. Plus le don est généreux, plus l'amour est ardent. Aussi la plus haute expression de l'amour est le sacrifice de sa propre vie : *Majorem dilectionem nemo habet, ut animam suam ponat quis pro amicis suis* (2). Rien ne montre mieux l'opposition radicale qui sépare la grâce, dont l'amour est le sommet, et la nature, dont l'égoïsme est la base. L'égoïsme se recherche partout, l'amour se donne sans cesse, celui-là rapporte tout à soi, celui-ci se dévoue tout entier pour les autres. L'égoïsme tend à se faire le centre des choses créées par l'avarice, la volupté et l'orgueil ; l'amour fait sortir l'homme de ce *moi* odieux par le sacrifice de la triple concupiscence, qu'il immole sur l'autel du renoncement, avec le glaive de la chasteté, du détachement et de l'humilité.

Mais qu'est-ce qui donne à l'homme l'héroïsme nécessaire pour ce grand œuvre ? Le sacrement de

(1) IV Sent., Dist. VIII, q. 2. a. 2, q. 3, ad 5. Eucharistia est sacramentum caritatis Christi expressivum, et caritatis nostræ factivum.

(2). Joa., XV, 13.

l'amour, l'Eucharistie. Dans cette rencontre mystérieuse avec Celui qui s'est immolé corps et âme pour nous arracher à la convoitise, l'âme chrétienne reçoit une participation spéciale de l'amour ardent qui l'a porté lui même à tous les sacrifices ! et, sous l'action de cet amour qui la pousse, elle aussi, à l'immolation de la triple concupiscence, elle se dégage peu à peu des liens égoïstes qui l'enserrent, et elle apprend à lutter contre l'ennemi, en attendant qu'elle le terrasse.

On peut juger par là quelle puissance de préservation possède l'Eucharistie contre le péché. S'il est vrai que la médecine préventive est la meilleure, parce qu'elle dispense en général d'une expérience douloureuse, il faut bien reconnaître que cet auguste sacrement est le spécifique souverain des âmes, puisqu'au lieu d'attendre l'explosion de ce mal terrible qui est le péché, elle le conjure et l'arrête dans son germe, en fortifiant la vie de la grâce par le cordial divin de l'amour. La sainte communion élimine peu à peu de l'organisme surnaturel les germes morbides de l'égoïsme, par cela seul qu'elle développe et stimule en nous les énergies de la charité, source indéfectible de tous les dévouements. A ce titre, elle est la gardienne par excellence de la vie surnaturelle.

V

Le règne de Dieu n'est pas seulement combattu en nous par la triple concupiscence ; il est encore menacé à l'extérieur par un ennemi qui ne désarme jamais, le démon. Homicide dès l'origine, Satan ne poursuit qu'un but, arracher aux âmes la vie de la grâce, afin de les entraîner avec lui dans cette seconde mort dont parle l'Ecriture (1). Si sa puissance égalait sa haine, nous serions vite sa proie Mais Dieu garde l'homme et surtout le chrétien. Il met à sa disposition d'innombrables moyens de défense, et au premier rang l'Eucharistie. C'est l'arme défensive par excellence contre l'adversaire irréconciliable des âmes. Elle nous permet, si nous le voulons bien, de repousser victorieusement tous les assauts du démon.

La raison en est, d'après saint Thomas, que l'Eucharistie est le signe de la Passion du Christ, où le démon a été vaincu pour toujours (2). C'est au Calvaire, dans l'apparente défaite de la croix, que Jésus-Christ a triomphé en réalité des puissances infernales, c'est « *par sa mort qu'il a détruit celui qui avait l'empire de la mort, le démon* » (3).

(1) Apoc., xx, 6.
(2) III, q. 79, a. 6. In quantum est quoddam signum Passionis Christi, per quam victi sunt dæmones, repellit omnem dæmonum impugnationem.
(3) Hebr., ii, 14.

Le Docteur angélique nous donne, pour ainsi parler, l'explication de cette victoire, en nous rappelant qu'il faut la considérer sous trois aspects différents, correspondant aux trois formes de la domination que Satan exerçait sur le genre humain avant Jésus-Christ. Il y avait en effet comme une triple base au joug du démon, appuyé tout ensemble sur le péché de l'homme, la justice de Dieu et sa propre malice. L'homme pécheur tombait de droit sous la captivité de celui qui l'avait vaincu. Dieu, dans sa justice, devait régulièrement punir le coupable, en le laissant au pouvoir de celui qu'il avait écouté. Satan, dans sa malice, faisait tout son possible pour empêcher l'homme d'être sauvé. Or, la Passion a brisé le joug du démon à tous ces points de vue. Effaçant en principe le péché de l'homme, elle le délivrait par là même de la domination infernale. Offrant une victime à la justice infinie, elle réconciliait Dieu avec l'offenseur. Enfin, frappant indirectement le démon lui-même, elle triomphait de sa malice : il était juste qu'après avoir porté ses coups contre une victime innocente, il se vît enlever la royauté qu'il exerçait sur les coupables. Et voilà comment l'empire du démon sur l'humanité pécheresse a été détruit, en principe et en droit, par le sacrifice du Calvaire (1).

On conçoit que la présence réelle de Jésus Christ dans l'âme du communiant écarte le tentateur, qui

(1) III q. 49, a. 2.

fuit d'instinct un vainqueur qu'il déteste. Autrefois, pendant la vie mortelle de Jésus, les esprits mauvais poussaient des cris de rage à son approche, et l'évangile nous parle des tourments qu'elle leur faisait endurer (1). Quelque chose de semblable caractérise leur attitude vis à vis de l'Eucharistie, et, à un certain degré, leur conduite envers les âmes qui reçoivent souvent le corps et le sang de Notre Seigneur. Saint Chrysostome ne craint pas d'affirmer « qu'au sortir de la table sainte, nous inspirons la terreur à Satan, comme des lions respirant la flamme, parce que nous avons en notre cœur celui qui est notre chef et qui nous témoigne son amour » (2). Ailleurs, le grand évêque, rappelant aux fidèles d'Antioche que le sang de l'agneau pascal avait préservé les Juifs des coups de l'ange exterminateur, fait ressortir, par un argument a *fortiori*, la souveraine efficacité du sang rédempteur contre les attaques du démon : « Voulez-vous connaître la vertu du sang du Christ ? Etudiez la figure qui l'annonçait au monde, et vous apprendrez ce qu'est l'auguste réalité. » Le saint docteur résume alors ce que dit l'Ecriture au sujet de l'agneau pascal, et il en tire cette conclusion : « Si l'ange dévastateur n'osa pas

---

(1) Marc., v. 7 ; Luc., viii, 28

(2) Homil. 45 in Joan. « Ut leones flammam spirantes, sic ab illa mensa discedimus, terribiles effecti diabolo, caput nostrum mente revolventes et caritatem quam erga nos ostendit. »

franchir le seuil des maisons qui étaient teintes du sang de l'agneau, à plus forte raison l'ennemi des âmes reculera en voyant, non plus un sang figuratif marqué sur des portes de bois, mais le vrai sang du Christ étincelant sur les lèvres des fidèles comme à l'entrée d'un sanctuaire. Car enfin, puisque la simple figure a écarté l'ange exterminateur, la réalité ne manquera pas d'épouvanter l'ennemi qui nous guette » (1).

La sainte communion est d'autant plus efficace contre les assauts du démon, qu'elle est le mémorial vivant de la Passion de Jésus-Christ. « *Toutes les fois que vous mangerez ce pain et boirez ce calice, vous annoncerez la mort du Seigneur* (2). » C'est en effet à l'état de victime que nous recevons le corps et le sang du Christ, anéanti d'une certaine façon sous les espèces sacramentelles : d'un côté, le corps, et, de l'autre, le sang, isolés en apparence par une séparation mystique, et constitués à l'état de mort par les paroles de la consécration. Il y a donc un rapport spécial entre le sacrement de l'Eucharistie et le sacrifice de la croix ; et, puisque la défaite des puissances infernales s'est accomplie surtout au Calvaire par le Christ mourant, c'est aussi dans l'Eucharistie que nous devons recueillir de préférence les fruits de son immortelle victoire : nulle

(1) Homil. 60 ad pop. Antioch. « Vultis sanguinis Christi audire virtutem ? Redeamus ad ejus exemplum, et priorem typum recordamur... »
(2) I Cor., xi, 26.

part ailleurs on ne trouve un mémorial plus vivant, une représentation plus parfaite du triomphe qui a écrasé le démon (1). A ce point de vue, la communion n'est pas autre chose que l'appropriation spéciale par le chrétien de la victoire que le Sauveur a remportée sur son éternel ennemi ; en d'autres termes, c'est le renouvellement glorieux de la même lutte et la reproduction partielle du même triomphe, étendu à travers les siècles et localisé sur tous les points de l'espace.

Est-ce à dire que le démon renonce à l'espérance de vaincre ceux qui reçoivent l'Eucharistie ? Non, évidemment. Il les attaque comme les autres. Mais une chose est certaine : c'est que la victoire est plus facile à ceux qui communient. Ils ont des armes supérieures, qui font fuir l'ennemi, quand elles sont maniées comme il faut. Le démon se trouve réduit à une impuissance d'autant plus grande, que la connaissance intime des âmes en état de grâce lui échappe. Son intelligence, pourtant si perçante, ne peut pas pénétrer jusqu'au sommet de la vie surnaturelle : c'est une région trop haute pour lui, parce qu'elle est divine. Ses moyens d'attaque souffrent forcément de cette ignorance, et sa tactique est condamnée par là même à une incertitude qui en compromet le succès final, surtout

---

(1) De Lugo, *De Euchar.*, Disp. 12, sect 4, n. 85. « Dæmones fugiunt non solum Christum in Eucharistia contentum, sed Christum suam victoriam crucis ibi maxime repræsentantem. »

quand l'âme tentée sait se défendre. Plus la grâce s'implante dans un cœur généreux, plus il est difficile à Satan de surprendre ses secrets et de faire sa conquête. Toute augmentation de la vie divine, et, par suite, toute réception fructueuse d'un sacrement quelconque, est ainsi une sauvegarde nouvelle contre les assauts du démon. Mais, de tous les sacrements, celui qui nous protège le plus est sans contredit l'Eucharistie, parce que, nous communiquant la plénitude de la vie surnaturelle, il nous dérobe plus sûrement aux atteintes de l'Enfer. Si nous voulons échapper à la domination de nos ennemis, unissons-nous donc plus étroitement à notre Chef, mettons nous sous la garde de l'Eucharistie.

C'est le conseil que donnait autrefois à ses chrétiens un des successeurs immédiats des Apôtres, saint Ignace d'Antioche : « Approchez-vous souvent de la table du Seigneur ; par cette fréquentation assidue, on écarte les puissances diaboliques ». (1) Les maîtres de la vie spirituelle n'ont pas manqué de faire la même recommandation à leurs disciples. Il serait facile d'en citer plus d'un exemple. Nous nous contenterons de rapporter le suivant, emprunté à l'histoire des Pères du désert, ces ascètes incomparables qui ont gagné tant de victoires sur l'ennemi du genre humain. Au premier rang de ces héros, apparaît saint Antoine

---

(1) Ignat., *Epist. ad Philad.*

resté célèbre par ses luttes contre le démon. Les triomphes qu'il remporta furent éclatants, et néanmoins, connaissant les artifices innombrables de son adversaire, le courageux lutteur ne voulut jamais déposer les armes. Il savait qu'une attaque était toujours possible, et il veillait. Au reste, loin d'avoir peur du démon, il allait jusqu'à lui reprocher sa faiblesse, et il exhortait souvent ses disciples à guerroyer contre lui. « Croyez-moi, leur disait-il en les initiant aux secrets de la victoire, Satan redoute beaucoup ces armes qu'on appelle les veilles pieuses, la prière, le jeûne, la pauvreté volontaire, la miséricorde, l'humilité, et *surtout l'amour ardent de Jésus-Christ* (1). » Paroles remarquables, qui nous révèlent la tactique employée de préférence par saint Antoine pour vaincre le démon : c'était l'amour de Notre-Seigneur, et, par là même, l'emploi du sacrement de l'Eucharistie qui en est la source principale.

§ II. — Le témoignage des Saints et de leurs imitateurs.

I

Au premier rang des Saints qui ont brillé du plus vif éclat par leur dévotion envers l'Eucharistie, et surtout par leur ferveur extraordinaire à s'approcher de la sainte table, il est juste de placer

(1) Breviar. Roman., *Fest. S. Antonii.*

saint Pascal Baylon, que le pape Léon XIII a voulu pour ce motif donner comme patron spécial à toutes les associations et œuvres eucharistiques (1). Son amour du Saint-Sacrement valut à Frère Pascal la grâce d'une victoire éclatante qu'il remporta dans une circonstance assez délicate. Ses biographes racontent en effet qu'une personne d'une beauté remarquable, et qui jouissait d'une réputation de haute piété, essaya de tendre un piège à sa vertu. Elle commença par faire quelques visites au saint religieux, sous prétexte de lui demander des avis spirituels et d'avancer dans le chemin de la perfection. Avec un art consommé et une patience effrayante, elle mit tout en œuvre pour gagner l'estime et la confiance de Frère Pascal. Puis, quand elle s'imagina avoir atteint ce but, elle résolut de jeter le masque et alla sonner un jour à la porte du couvent, avec des projets nettement criminels. Or, il se trouvait que Frère Pascal était alors aux pieds du Saint-Sacrement, où il passait d'ailleurs une grande partie de sa vie. Au bruit de la sonnette, il vint aussitôt ouvrir le guichet en sa qualité de portier, et se trouva en présence de la criminelle visiteuse. A l'instant même, Frère Pascal fut éclairé d'une lumière surnaturelle qui lui révéla tout ; et avant qu'elle pût ouvrir la bouche, il exprima son indignation à la malheureuse en termes si véhéments, qu'elle prit aussitôt la fuite.

(1) Bref du 28 novembre 1897.

Le saint Religieux retourna bien vite aux pieds du tabernacle pour rendre grâce à Dieu de l'avoir préservé d'un tel danger, et pour s'affermir de plus en plus dans l'amour de l'Eucharistie (1).

Ce qu'ils ont si bien pratiqué eux-mêmes, les Saints ont regardé comme un devoir de le conseiller aux autres. Ils ont dit hautement que l'Eucharistie est le préservatif par excellence du péché, la sauvegarde la plus efficace de la vie surnaturelle. Et leur témoignage est d'autant plus autorisé, qu'il s'appuie, en général, sur une longue expérience. Saint François de Sales ne craint pas de l'affirmer. « L'expérience m'a fait toucher du doigt, dit-il, depuis vingt-cinq ans que je sers les âmes, la toute-puissante vertu de ce divin sacrement, pour fortifier les cœurs au bien, les exempter du mal, les consoler, en un mot les diviniser en ce monde, pourvu qu'il soit fréquenté avec la foi, la pureté et la dévotion convenables (2). »

Tout le monde connaît le passage où l'auteur de l'*Imitation de Jésus-Christ* invite à la communion fréquente. « Il faut recourir souvent, dit-il, à cette source de grâce et de miséricorde divine, à cette source de bonté et de toute pureté, pour vous guérir de vos passions et de vos vices, et vous rendre plus vigilant et plus fort contre les tentations et les

---

(1) Bolland., *Acta Sanctorum*, Mai. tom. IV, p. 71 Cf. le P. Louis-Antoine de Porrentruy, *saint Pascal Baylon*, patron des Œuvres Eucharistiques, Paris, 1899.

(2) *Lettres spirituelles*, lettre 775.

ruses du démon... Un long délai de la communion est très nuisible, parce qu'il est ordinairement suivi d'une grande tiédeur (1).

Un savant dominicain du xiv° siècle, qui était en même temps un habile directeur des âmes, Jean Taulère, parle comme l'auteur de l'*Imitation*. S'adressant un jour à des religieuses qui ne communiaient en général que deux fois par mois, — c'était la coutume de l'époque, — il les presse de recevoir plus souvent la divine Eucharistie. « Je vous demande en grâce et je vous supplie de raviver cette pratique éminemment salutaire, dans les temps si dangereux que nous traversons. Car la nature humaine n'est plus si forte qu'autrefois. De nos jours, il est indispensable de s'attacher solidement à Dieu, sous peine de faire une chute complète, ce qui n'avait pas lieu jadis. L'homme a besoin d'un soutien solide et continu, qui le préserve de ce terrible danger. Qu'on le sache bien : ce qui motive nos exhortations à la communion fréquente, ce n'est pas la haute perfection des fidèles, mais plutôt leur extrême fragilité qui réclame un secours. C'est aux malades que le médecin est nécessaire, et non aux bien portants. Les faibles doivent en conséquence s'approcher souvent de la sainte table, pour se garder et se préserver de toute chute dangereuse (2). »

(1) Lib. iv, cap. 10.
(2) Serm. *In Exalt. S. Crucis*; Lyon, 1557; p. 128.

Ailleurs Taulère préconise l'emploi de la communion fréquente pour les pécheurs convertis : « Si j'avais à diriger un très grand pécheur réellement repentant de ses péchés et revenu à Dieu, je lui donnerais tous les jours pendant six mois la communion plus volontiers qu'à ces âmes tièdes ; car je crois que par ce moyen j'éteindrais graduellement le péché en lui (1). »

Saint Vincent Ferrier, qui nous a laissé plusieurs écrits traitant des choses spirituelles, rend le même témoignage à la sainte Eucharistie : « Le corps de Jésus, dit il, est un remède d'une si grande efficacité, qu'il débarrasse de tout péché celui qui le reçoit en bonne disposition (2) » Et ce grand saint joignait la pratique à la théorie. L'histoire nous a conservé le souvenir de la nombreuse et étrange *compagnie* qui le suivait dans ses courses apostoliques à travers l'Europe. C'étaient des convertis pour la plupart, venus de tous les pays et appartenant à toutes les classes de la société : seigneurs et paysans, hommes et femmes, juifs et chrétiens, aventuriers et pirates, tous vaincus par la grâce et accompagnant le saint missionnaire d'une ville à l'autre. Or, malgré leur nombre considérable — ils étaient parfois jusqu'à dix mille, — et malgré le mé-

---

(1) Serm. 1. *De Euchar.* — Le savant Pape Benoît XIV mentionne Taulère comme un des auteurs qu'il faut consulter sur cette matière (*De Synod. diœc.*, lib. VII, cap. 12 n° 9).

(2) Serm. II, *In Pasch.*

lange bizarre qui caractérisait cette foule de pénitents, l'histoire nous apprend que saint Vincent Ferrier n'eût jamais à déplorer dans sa compagnie « un accident sérieux ni un scandale (1). » Sans doute, la sainteté de l'apôtre n'était pas étrangère à ce merveilleux résultat ; mais nous croyons pourtant qu'il faut chercher plus haut la vraie cause du phénomène, et l'attribuer avant tout à la sainte communion, dont l'homme de Dieu avait fait une règle pour toute sa compagnie, au moins une fois chaque semaine et à toutes les grandes fêtes. C'était le secret de leur persévérance.

Ecoutons maintenant le bon saint François de Sales, qui fut à la fois grand théologien, auteur ascétique hors ligne, et directeur éminent. « Le Sauveur, dit-il, a institué le sacrement de l'Eucharistie afin que qui le mange vive éternellement. C'est pourquoi quiconque en use souvent avec dévotion affermit tellement la santé et la vie de son âme, qu'il est presque impossible qu'il soit empoisonné d'aucune sorte de mauvaise affection. On ne peut être nourri de cette chair de vie et vivre des affections de mort; et, comme les hommes demeurant au paradis terrestre pouvaient ne mourir point selon le corps, par la force de ce fruit vital que Dieu y avait mis, ainsi peuvent ils ne point mourir spirituellement par la vertu de ce sacrement de vie.

---

(1) P. Fages, *Histoire de saint Vincent Ferrier*, Paris, 1892; t. I, p. 177.

Que si les fruits les plus tendres et sujets à la corruption, comme sont les cerises, les abricots et les fraises, se conservent aisément toute l'année, étant confits au sucre et au miel, ce n'est pas merveille si nos cœurs, quoique frêles et imbéciles, sont préservés de la corruption du péché, lorsqu'ils sont sucrés et emmiellés de la chair et du sang incorruptibles du Fils de Dieu (1). » On ne saurait dire en termes plus gracieux que le Saint-Sacrement est le soutien de la vie surnaturelle, par la vertu médicinale qu'il possède et l'action préservatrice qu'il exerce sur les âmes.

Pendant que saint François de Sales écrivait à Genève ces lignes si touchantes en l'honneur de l'Eucharistie, des hommages analogues lui étaient rendus, sous une forme pratique, au centre de la catholicité, à Rome, par l'immortel fondateur de l'Oratoire, saint Philippe de Néri. La méthode favorite de ce grand saint pour affermir dans la vertu les pécheurs repentants était la communion fréquente. Grâce à elle, il convertit des milliers d'âmes et transforma la ville de Rome. Le trait suivant, que tout le monde connaît, mais qui est toujours utile à relire, en est la preuve.

« Un étudiant vint un jour le trouver, le suppliant de l'aider à se défaire de mauvaises habitudes dont il était depuis longtemps l'esclave. Saint Philippe le consola, lui donna de sages conseils, et après

---

(1) *Introduction à la vie dévote*, II° part., chap. 20.

avoir entendu l'humble aveu de ses faiblesses, il le renvoya absous et heureux, en lui recommandant de venir communier le lendemain. « S'il vous arrivait, ce qu'à Dieu ne plaise, de retomber dans le mal, revenez me voir aussitôt, ajouta-t-il, et confiez-vous à la bonté de Dieu. » Le lendemain soir, saint Philippe vit revenir à son confessionnal le pauvre jeune homme pour lui avouer une rechute. Le bon Saint le releva cette seconde fois comme la première, lui dit de lutter avec courage, lui donna de nouveau l'absolution et lui ordonna comme la veille de recourir au corps sacré du Seigneur. L'étudiant, combattu d'un côté par la violence de l'habitude, et de l'autre par son désir de revenir à Dieu, puisa dans cette direction miséricordieuse et dans la fréquentation de la sainte Eucharistie une si vigoureuse énergie, qu'il revint treize jours de suite auprès du Saint, qui ne se lassait pas plus dans sa charité que l'autre dans sa pénitence. L'amour enfin l'emporta, et Jésus compta dans les rangs de ses fidèles un nouveau serviteur, qui fit en peu de temps des progrès si rapides dans la sainteté, que saint Philippe le jugea digne du sacerdoce. Admis plus ard dans la congrégation de l'Oratoire, il édifia Rome par son zèle et par ses vertus, et mourut jeune encore de la mort des Saints 1). »

De tels récits, qu'il serait facile de multiplier, **prouvent** que l'Eucharistie est vraiment le soutien

(1) Cité par Mr de Ségur, *La Sainte Communion*, p. 60.

de la vie surnaturelle. Bien d'autres saints personnages ont employé la même méthode que saint Philippe de Néri pour transformer les âmes. C'est grâce à elle que saint Vincent de Paul renouvela sa paroisse de Clichy et un grand nombre de provinces en France (1); c'est sur elle que comptait saint Charles Borromée pour assurer la persévérance des justes; c'est à elle principalement que saint Alphonse de Liguori reportait l'honneur des succès apostoliques que Dieu lui ménagea dans ses nombreuses missions. Prédicateur infatigable et directeur consommé, saint Liguori avait assisté plus d'une fois aux triomphes que l'Eucharistie fait remporter aux âmes, et, sur la fin de sa vie, il consignait le résultat de son expérience dans cette parole mémorable : « Bien des personnes évitent le péché mortel en communiant tous les huit jours, qui ne l'éviteraient pas, si elles communiaient plus rarement (2). »

II

L'action de l'Eucharistie sur la persévérance des âmes est surtout remarquable, quand il s'agit de ces conversions célèbres qui ont un retentissement mérité dans l'histoire de l'Eglise.

Parmi les convertis du xixe siècle qui sont

---

(1) Godescard, 19 juillet.
(2) Réponses aux obj. d'Arist. Cyprien. — Cf. Prax. Confess., n° 152 et ss.

devenus ensuite d'admirables chrétiens, il faut mentionner au premier rang Auguste Marceau, officier de marine des plus distingués, sous le règne de Louis-Philippe. La première moitié de sa vie fut très scandaleuse et des plus impies. Il haïssait la religion chrétienne, qu'il ne connaissait d'ailleurs pas, et s'était fait disciple de Saint-Simon. « J'avais toutes les passions, disait-il lui-même plus tard, et je les avais au plus haut degré ». Son orgueil surtout ne connaissait pas de bornes, non plus que son amour des plaisirs. Il critiquait tout le monde, ses chefs aussi bien que ses égaux, avec amertume et injustice ; mais en revanche, il ne pouvait supporter la plus légère observation de ses chefs, sans leur garder de mortelles rancunes ; et il entrait dans d'épouvantables colères, quand il s'agissait de ses égaux ou de ses inférieurs. Vis-à-vis de son équipage, il était si dur et si intraitable qu'on l'avait surnommé « la terreur des matelots ». C'est « Satan en personne », disait le commandant du Couëdic, en le recommandant aux prières de M. Desgenettes, le vénérable curé de Notre-Dame-des-Victoires.

La conversion d'un si grand pécheur semblait impossible. Mais Dieu, qui se joue des impossibilités humaines, prend ses vases d'élection où il lui plaît. Marceau fut du nombre. Et le nouveau converti comprit si bien l'insigne faveur dont il fut l'objet, il correspondit si parfaitement à l'action de la grâce, qu'une transformation radicale s'était opérée en lu au bout de quelques semaines. Personne ne le reconnaisait plus, ni ses amis, ni son équipage.

Ce fut surtout l'usage des sacrements, et en particulier la pratique de la communion fréquente, qui assura pour toujours la solidité de cette conversion, et qui donna à Marceau le courage d'accomplir les sacrifices les plus héroïques. Le trait suivant qui nous est rapporté par un témoin oculaire, en est la preuve.

Marceau avait été chargé de faire un rapport officiel à propos d'un navire dont il avait signalé, le premier, la construction défectueuse. Sa compétence exceptionnelle dans la matière l'avait désigné pour ce travail. Mais il sentait lui-même qu'il y avait là, pour son orgueil et son amour-propre, une occasion de réveil qu'il voulait éviter à tout prix. Il demanda en conséquence à quelques-uns de ses amis de lire son travail avant de l'envoyer à ses chefs hiérarchiques. On convint de le discuter ensuite en commun. Au jour fixé, Marceau et ses amis étaient réunis tous ensemble ; et, après quelques instants d'entretien, on parla du rapport.

« Nous nous mîmes aussitôt à sourire d'une façon très expressive, dit un de ses amis. — Je vous comprends parfaitement, fit Marceau, et je me mets entièrement à vos ordres. » Ce n'était pas une phrase de vaine politesse ; il prit avec lui tout ce qu'il lui fallait pour écrire un nouveau rapport, et après avoir remis à l'un de nous le cahier examiné dont le souvenir avait provoqué nos sourires, il s'assit en nous disant : « Me voici prêt ; dictez Messieurs, ce que vous voudrez ; j'écrirai tout. » Son rapport était bon pour le fond ; mais la forme était empreinte des pensées du *vieux Marceau* : il semblait écrit avec la pointe d'un sabre. Nous sacrifiâmes donc la forme complètement. *Cette scène dura plusieurs heures !* Jamais jeune fille dans l'âge le plus tendre écrivant sous la dictée de sa mère ne fut ni plus douce ni plus soumise : pas une seule observation ne sortit des lèvres de Marceau. Au moment de nous séparer, je l'abordai ; et comme tous mes traits dénotaient mon extrême surprise avant d'entendre ma question, il s'empressa de me dire : « Pourquoi vous étonner ? *J'ai communié ce matin.* »

Voilà comment la sainte Eucharistie aide les chrétiens généreux à se vaincre et à se conserver dans la grâce de Dieu, malgré les tentations les plus délicates.

Marceau se rendait parfaitement compte du rôle que joue l'Eucharistie dans la vie chrétienne. Aussi communiait-il le plus souvent possible, c'est-à-dire à peu près tous les jours, quelques mois à peine après sa conversion. Et, pour rien au monde, il n'eût voulu manquer sa communion habituelle. « Un peu avant de partir pour l'Océanie, dit un officier de marine, Marceau traversait Lorient en voiture publique. Il avait voyagé toute la nuit à une assez mauvaise place. La voiture s'étant arrêtée, notre ami court à l'église

voisine et demande s'il y aurait encore une messe. Et comme on lui répond que toutes les messes sont célébrées, il prie qu'on veuille bien lui donner la sainte communion ; puis remonte en voiture et déjeune avec un petit pain. Il était près de midi ! »
Aucune considération humaine ne l'empêchait de s'approcher de la sainte table. « Ce qui a fait promptement disparaître en moi le respect humain, disait-il un jour au commandant Le Bobinnec, un de ses meilleurs amis, ç'a été l'usage de la communion fréquente. »

C'est encore le commerce assidu avec le Dieu de l'Eucharistie qui lui donna le courage de briser sa carrière d'officier de marine, où l'attendait le plus brillant avenir, pour consacrer le reste de sa vie aux missions de l'Océanie. Quand il vit clairement, à la lumière du tabernacle, que Dieu l'appelait à ce nouveau poste, il fit aussitôt son sacrifice et prit le commandement du navire l'*Arche d'alliance*, qui était chargé de transporter les missionnaires et de ravitailler les Missions. A partir de ce moment, son amour pour Jésus-Christ s'accrut encore davantage. On peut dire qu'il vécut lui-même en vrai missionnaire, ne cherchant en toute chose qu'à faire la volonté de Dieu, établir son règne dans les âmes, et vaincre de plus en plus sa propre nature. Parfois, il sentait bouillonner dans ses veines les colères et les emportements de sa jeunesse; mais, grâce à la communion qu'il faisait alors tous les jours, il remportait la victoire. Au début de son nouveau commandement, il apprit que plusieurs matelots de l'*Arche d'alliance* murmuraient à propos de ses communions quotidiennes. Il réunit l'équipage et dit à ses hommes : « Au lieu de vous scandaliser et de murmurer, vous devriez vous réjouir. Si je ne communiais pas tous les jours, au moindre mécontentement que vous me feriez éprouver, je vous fourrerais tous à la mer. » Les matelots comprirent ce langage expressif; et, s'ils murmurèrent encore, ce fut assurément tout bas.

Dans ce seul mot, le commandant Marceau disait assez tous les combats qu'il avait à se livrer pour avoir la force de la douceur. Et cette force, il en indiquait en même temps la source, Jésus-Christ reçu dans l'Eucharistie. Aussi un jour que quelqu'un lui exprimait la crainte qu'il avait de communier, parce qu'il manquait de ferveur : « Et moi, répondit le Commandant, c'est parce que je suis un misérable que je communie si souvent : j'ai besoin d'un remède quotidien pour me soutenir (1). »

Quelques années plus tard, un ami de Marceau, revenu comme lui aux pratiques de la religion chrétienne, exprimait la même pensée d'une manière non moins originale. Discutant avec son curé : « Nous ne sommes pas dignes de communier si souvent, disait-il. — C'est vrai, répondit le

(1) *Auguste Marceau*, par un Père Mariste, Paris, 1885 ; t. I, *passim*, et t. II, p. 180.

curé ; *mais nous en avons besoin*, et c'est pour cela que Jésus-Christ nous y convie. » Le général de la Moricière, — car c'était lui, — s'arrête un instant. « Monsieur le curé, on m'avait donné jusqu'ici vingt-cinq mille mauvaises raisons. En voici une bonne. Cela suffit. » Et le général s'approcha plus souvent de la sainte table (1).

§ III. — Le Témoignage des Faits Sociaux.

I

Parmi les faits sociaux qui proclament l'Eucharistie comme la sauvegarde par excellence de la vie surnaturelle, un des plus importants peut-être, et des plus consolants à coup sûr, est la formation de la jeunesse dans les maisons d'éducation chrétienne. C'est là une œuvre qu'on peut appeler *eucharistique*, parce que la fréquentation des sacrements, et surtout la pratique de la communion fréquente, y joue un rôle capital.

Il faut lire à ce sujet l'ouvrage concluant d'un apôtre de l'Eucharistie, le P. Lambert, qui a été mêlé toute sa vie aux jeunes gens des collèges, et qui a pu constater de mille manières l'action merveilleuse produite sur eux par l'auguste sacrement (2). « La divine Providence, dit-il, nous ayant mis en

---

(1) *Auguste Marceau*, par un Père Mariste, Paris, 1885 ; t. I, *passim*, et t. II, p. 181.

(2) *Le Régime Sauveur*, ou la Communion dans les maisons d'éducation ; Paris, 1895.

relation avec un assez grand nombre d'établissements dans lesquels la communion fréquente et quotidienne est en usage, il nous a été donné de recueillir, soit auprès des élèves, soit auprès des maîtres, des directeurs spirituels et des aumôniers, de très nombreux témoignages sur les effets produits par cette fréquente réception de l'Eucharistie. Ces témoignages sont venus confirmer de tous points nos propres observations ; ils montrent avec une telle évidence l'action transformatrice du sacrement de vie, que nous avons cru faire une œuvre utile en les réunissant, et en les donnant à méditer à nos vénérés confrères du sacerdoce, et plus spécialement à ceux d'entre eux dont le ministère est voué à la formation intellectuelle et morale de la jeunesse dans les maisons d'éducation. »

Et l'auteur ajoute encore ces paroles significatives : « Grâce à Dieu, l'impulsion imprimée à la jeunesse vers la table sainte tend à devenir de jour en jour plus générale, surtout dans les maisons d'éducation. Nous sommes en mesure de citer, seulement pour la France, au moins une trentaine de collèges et pensionnats de garçons où, chaque matin, *un tiers* et, dans quelques autres, *la moitié* des élèves communient. Ces groupes imposants de convives quotidiens du divin Banquet se composent d'élèves appartenant à toutes les classes ; aucune réglementation n'en détermine d'avance le nombre, tous pouvant, de leur propre mouvement et selon les désirs et les besoins de leur piété, venir prendre part au festin eucharistique, sous le seul contrôle de leurs confesseurs respectifs. »

Toutes ces assertions reposent sur les faits les plus précis et sur d'innombrables témoignages, tous concordants, tous faciles à contrôler, tous de nature à convaincre.

Voici quelques exemples, pris au hasard dans l'ouvrage, et qui montrent bien que l'Eucharistie est la sauvegarde par excellence de la vie surnaturelle.

« Laissez moi vous raconter, écrivait le directeur d'un collège des Indes, un fait que j'ai appris depuis le dernier courrier. Un de nos élèves, hôte quotidien de la sainte table, jeune homme de dix-sept ans, a montré la vérité de ces paroles : que dans la communion réside la force qui fait les héros et les martyrs. Des circonstances indépendantes de sa volonté ont forcé ce jeune homme à être, pendant plusieurs semaines, seul, mais absolument seul, parmi des païens. Le plus proche chrétien était à une distance de cinq milles. Pendant son séjour dans cet endroit, qu'il compare avec raison à l'enfer, le diable avait juré la perte de son innocence. Pour réussir dans son dessein infernal, il mit en œuvre toutes ses plus séduisantes ruses. Durant des journées entières, ce pauvre enfant s'est vu assiégé par des païens grands et petits, qui s'étaient faits forts de triompher de sa vertu Impossible de décrire tout ce que ces suppôts de Satan inventèrent de séductions. L'enfant ne pouvait presque plus sortir, sans se voir attaqué comme saint Thomas d'Aquin le fut dans sa prison. Est-il quelque chose de plus redoutable pour un jeune cœur où les passions bouillonnent ? La victoire demeura à la vertu. La force de la sainte Eucharistie qui avait purifié cette jeune nature, fit un héros d'un enfant. »

« C'est grâce à la communion, écrivait un élève, qu'on peut résister aux tentations qui assaillent l'âme. J'ai souvent essayé les deux côtés de la chose. Je me disais : essayons, sans la communion, de résister aux tentations. Je résistais deux jours, trois même, mais c'était tout : le diable prenait le dessus, et me soufflait toutes sortes de mauvaises choses que la nature, si elle n'est soutenue par Jésus-Christ, ne peut vaincre et refouler loin de soi. Puis, j'étais d'une humeur noire, je trouvais la vie ennuyeuse, je ne pensais qu'à faire de mauvais coups ; en un mot, à la fin de la semaine, j'étais devenu un *garnement*. Le samedi, j'allai me confesser. Après, je me suis dit : la semaine dernière s'est passée sans communion : cette semaine, j'irai tous les jours. Eh bien ! *je n'ai pas même eu de tentations !...* Ce que je viens de dire, est ce que j'ai ressenti depuis un mois environ. C'est un bon avertissement pour ceux qui sont dans la même situation que moi. Qu'ils n'essaient pas, mais qu'ils aillent *du premier coup* au plus sûr moyen de bien combattre : la communion. »

On sait combien le temps des vacances est fécond en périls, et trop souvent funeste à la vertu mal affermie des jeunes écoliers. Combien parmi ceux qui étaient sortis du collège avec des habitudes de piété, portant sur leur front, dans leurs yeux, le reflet de l'innocence de leur âme, y reviennent, hélas! chaque année, avec des habitudes vicieuses contractées durant les vacances! Ah! que n'ont-ils été fidèles à s'approcher de la sainte table, au moins aussi souvent qu'ils le faisaient au collège! Ils eussent trouvé dans cette participation assidue au banquet des Anges le secret de leur préservation et puisé les forces nécessaires pour triompher du mal. Les citations suivantes en sont la preuve.

« Pendant les vacances, écrivait un élève, je vais à la table sainte, aussi souvent que je le peux, au moins une fois par semaine, car mes parents trouvent que c'est un peu trop de communier ici tous les jours. Pour moi, je ne suis pas de leur avis ; et je vous avoue que j'étais bien peiné, lorsqu'ils m'ont dit qu'ils ne voulaient pas que je communie tous les jours pendant les vacances. Cependant, les jours où je n'ai pu communier, j'ai fait des communions spirituelles *et j'ai eu assez de force pour ne pas succomber.* » « Mes vacances ont été très bonnes, dit un autre, grâce à la sainte communion que j'ai faite régulièrement plusieurs fois par semaine. Il m'en a bien un peu coûté pour persévérer dans cette sainte pratique. J'ai été plus d'une fois tenté de la négliger, pour un motif ou pour un autre. Mais j'ai tenu à être fidèle à mon engagement... et, Dieu merci, je n'ai pas offensé une seule fois gravement Notre-Seigneur. » (1)

Le P. Lambert cite une foule de témoignages du même genre. De l'ensemble de ces faits, il ressort avec évidence que la communion assidue préserve du mal, donne l'énergie du bien, rend persévérant, améliore le caractère, transforme les mœurs non seulement de quelques âmes plus privilégiées ou plus accessibles à la grâce, mais la plupart de ceux qui la reçoivent; il ressort également qu'elle exerce une influence visible sur l'esprit d'un collège, qu'elle y maintient la discipline, l'amour du travail, la piété; il résulte, en un mot, que c'est une pratique utile, avantageuse, excellente, digne par conséquent d'être mise en honneur le plus possible dans les maisons d'éducation.

Ce n'est pas seulement parmi des élèves de choix, confiés aux soins assidus de maîtres chrétiens, que se manifeste avec tant de puissance l'action eucharistique. Des résultats analogues sont obtenus, même avec des éléments d'un ordre inférieur.

Qui n'a entendu parler du célèbre dom Bosco, le fondateur des Salésiens ? Personne, à notre époque, ne s'est occupé autant que lui des enfants et des jeunes gens moralement abandonnés. On

(1) P. Lambert, *Le Régime Sauveur, ou la Communion dans les maisons d'éducation*, Paris, 1895; *passim*.

évalue à plus de *trois cent mille* le nombre des sujets qu'il a recueillis, élevés gratuitement, et pourvus d'une instruction solide, appropriée à leurs aptitudes. Tous les visiteurs qui ont pu étudier sur place le fonctionnement de l'Œuvre établie par dom Bosco à Turin, sont unanimes à dire l'impression d'agréable et vive surprise qu'ils avaient ressentie, en voyant l'organisation générale de la maison, et la tenue irréprochable des centaines d'enfants ou de jeunes gens qui l'occupent.

Un membre distingué du clergé belge racontait, il y a quelques années, au congrès eucharistique d'Anvers (1890), une de ses visites à l'institut de dom Bosco en 1888. « Messieurs, disait-il, il est dans notre siècle un homme dont on ne contestera pas l'autorité absolue en matière d'éducation de l'enfance ; sa vie n'est qu'un admirable enchaînement de prodiges : j'ai nommé dom Bosco. Comme j'étais sur le point de fonder une œuvre importante pour l'éducation des enfants du peuple, je voulus avoir ses conseils ; j'allai le voir à Turin, la semaine même où il est mort. Il ne put guère m'expliquer lui-même son Œuvre ; mais dom Michel Rua, son fidèle interprète et son successeur depuis, me donna toute l'économie de l'œuvre Salésienne, et me livra le secret de sa prodigieuse puissance : ce secret se résume tout entier dans la communion fréquente des enfants, aussi fréquente que les circonstances le permettent, non pas de quelques enfants de prédilection, de quelques enfants d'élite, mais de tous comme règle ordinaire. Je croyais peut-être avoir quelque peu mal saisi les conseils reçus, je croyais m'en être exagéré quelque peu la portée ; j'écrivis donc à dom Rua, pour avoir une direction absolument précise et certaine ; et voici ce qu'il me répondit : « Vous verrez, dans les opuscules que je vous envoie, les applications de dom Bosco sur la fréquentation des sacrements. Notre vénéré fondateur ne perdait pas une occasion de recommander la fréquente communion. C'était la base de tout son système d'éducation. Ceux qui ne le comprennent pas sont toujours obligés d'en revenir à une rigoureuse coërcition. » Eh bien, Messieurs, les règles que dom Bosco trace dans ces opuscules se résument dans la communion la plus fréquente possible (1).

« Lors de ma visite en 1888, il y avait là huit cents enfants ; la communion hebdomadaire était la règle pour tous ; quatre cents y allaient plus souvent. Vous savez quels enfants étaient recueillis là ; pour plusieurs on peut dire qu'ils avaient été ramassés dans l'égout de la rue. Et de ces enfants-là, qu'est-ce que dom Bosco en a fait ? C'est par centaines qu'on les compte dans les rangs du clergé d'Italie, et ils forment de ce clergé l'élite et la phalange d'honneur... Dom Bosco ne voulait pas qu'on appelât ses maisons autrement que des *oratoires*,

---

(1) D. Bosco. *La jeunesse instruite de la pratique de ses devoirs* (en italien), Turin, 1875 ; p. 150.

parce qu'il voulait bien signifier que la prière et la pratique des sacrements étaient les seuls moyens d'action par lesquels il comptait arriver à la sanctification de l'enfance, à la formation d'hommes de foi et de piété.

« Il y a quelque temps, ajoutait l'orateur, lorsque dom Rua vint en Belgique pour la fondation de la maison Salésienne de Liège, il voulut bien venir me voir : « Avez-vous été fidèle à mes conseils ? me demanda-t-il ? — Avec la grâce de Dieu, lui dis-je, j'ai fait au mieux. — Alors vous avez réussi. » Et en effet, nous avions réussi au delà de toute espérance. L'œuvre que nous poursuivions s'est développée avec une rare rapidité ; au bout de deux années, notre institut, destiné à des jeunes filles de la petite bourgeoisie, à des orphelines, compte plus de deux cents internes dont la conduite est parfaite. Nous en avons cent cinquante-sept qui ont fait leur première communion ; pour toutes, la communion hebdomadaire est la règle, mais avec la liberté la plus entière et la plus absolue, non seulement en théorie, mais aussi en pratique. Une bonne soixantaine d'élèves s'approchent de la sainte table une seconde fois dans la semaine, une vingtaine une troisième fois. Je crois, messieurs, pouvoir dire que nous faisons de nos enfants ce que nous voulons. Je m'empresse de dire qu'à l'exemple de ce qui se fait dans les maisons salésiennes, on ne perd aucunement de vue la bonne préparation. Je regrette que le temps me manque pour dire comment cette pratique corrige vite les défauts en apparence les plus invincibles, supprime les disputes, met immédiatement fin aux moindres inimitiés (1). »

Les historiens de dom Bosco racontent qu'il reçut un jour la visite d'un grand personnage, lord Palmerston, ministre de la reine d'Angleterre. On le conduisit dans une vaste salle où cinq cents jeunes garçons étaient à l'étude. Le visiteur s'émerveilla de leur silence parfait et de leur attention laborieuse, sans aucun surveillant. Sa surprise s'accrut encore, lorsqu'on lui dit qu'il s'écoulait parfois une année sans que la discipline fût troublée, et sans qu'on eût à infliger la moindre punition. « Est-ce possible? Et comment faites-vous? » demanda-t-il ; et en même temps il se tourna vers son secrétaire et le chargea de noter exactement la réponse. « Mylord, dit le directeur, nous possédons un moyen qui n'est pas de mise chez vous. — Comment cela? — C'est un secret révélé aux seuls catholiques. — Vous plaisantez, mon révérend Père ; il me semble pourtant que ma question était sérieuse... — Ma réponse l'est aussi, mylord ; et, puisque vous tenez absolument à ce que je m'explique, voici notre secret, formulé dans notre règle : la confession fréquente, la communion fréquente, la messe chaque jour; le

(1) Abbé Temmerman, *La Communion fréquente des enfants et des jeunes gens*, Louvain, 1890. — Publié aussi dans le *Compte-rendu du Congrès eucharistique d'Anvers*, (1890).

tout, bien entendu, pratiqué dans toute la sincérité et avec toute l'ardeur dont nous sommes capables, nos enfants et nous. — Vous avez raison, mon Père, ces trois moyens d'éducation sont hors de notre portée. Mais ne se peuvent-ils remplacer par d'autres? — Oui, mylord, chez celui-ci par le bâton, le cachot ; chez celui-là par le développement toujours regrettable de l'orgueil et de l'intérêt personnel ; mais le plus souvent, du moins ici, chez des enfants de l'espèce des nôtres, par l'exclusion. — C'est étrange, étrange ! s'exclama l'homme d'Etat britannique ; ou messe, ou bâton ! Je raconterai cela à Londres. » Et le noble visiteur se retira, en exprimant toute son admiration pour les œuvres merveilleuses qui ont valu à dom Bosco d'être surnommé « le saint Vincent de Paul de l'Italie. » (1)

Ce que dom Bosco a fait à Turin et ailleurs, une foule de saints prêtres le font un peu partout, en employant une méthode semblable, et en obtenant des résultats analogues dans les Œuvres de jeunesse auxquelles ils se sont consacrés. Les milieux les plus ingrats en apparence, comme les grandes villes, possèdent une phalange — quelquefois nombreuse — de jeunes gens chrétiens, groupés dans des cercles ou patronages, qui sont plus ou moins prospères, suivant que la communion fréquente y est plus ou moins pratiquée. A

(1) **Villefranche**, *Vie de dom Bosco*, Paris, 1889, p. 180.

Paris notamment, dit le marquis de Ségur, — un des hommes qui connaissent le mieux la jeunesse parisienne, — « c'est par milliers que se comptent les membres des patronages de tout genre, qui s'approchent de la sainte table à toutes les grandes fêtes de l'année ; chez un grand nombre, la communion de chaque mois est en pleine vigueur ; et, à un degré plus élevé encore, la communion de tous les quinze jours, même de tous les dimanches, fleurit dans beaucoup d'âmes qu'on reconnaît à leur parfum. C'est là qu'ils retrempent et fortifient leur chasteté contre les tentations de Paris... Il est singulièrement touchant de voir ces adolescents, ces jeunes gens, au milieu de la corruption de la capitale, malgré les infâmes sollicitations des mauvais camarades, des vitrines, de la caricature, de la presse, garder l'honneur de leur âme et de leur corps, et s'avancer sans défaillance dans l'étroit sentier d'une chasteté héroïque. » (1)

De tels spectacles sont une consolation pour le cœur du prêtre, et surtout pour le Cœur de Jésus-Christ, qui ne demande qu'une chose, conserver la vie de la grâce dans les âmes, par la divine nourriture de son corps et de son sang.

(1) M. de Ségur, *Les Enfants de Paris*, esquisses d'après nature ; Paris, 1893 ; p. 187 et 194.

CHAPITRE III

La Sainte Communion
DÉVELOPPE LA VIE SURNATURELLE.

Le second effet de la communion, d'après le concile de Florence, est *le développement* de la vie surnaturelle. C'est une de ses fonctions principales, absolument comme la nourriture physique a pour fonction, non seulement d'entretenir la vie du corps humain, mais aussi de l'augmenter.

Il est vrai que tous les sacrements des vivants développent en nous la grâce sanctifiante et les vertus infuses, trésor inappréciable, qui mériterait, à lui seul, une éternelle gratitude. Notons cependant que cette augmentation de vie est un effet commun à chacun d'eux. Ils peuvent tous revendiquer le même privilège, et nous leur devons, sous ce rapport, le tribut d'une égale reconnaissance. Si la sainte communion se contentait de partager avec eux cet honneur, sans influer spécialement sur les destinées de la vie surnaturelle, il serait difficile de comprendre les paroles du concile de Florence, qui supposent que l'Eucharistie est privilégiée au point de vue que nous signalons. La solution de la difficulté est d'ailleurs bien simple·

Outre l'effet commun de la grâce sanctifiante, qui appartient en principe à tous les sacrements, il y a, comme nous l'avons dit, un effet spécial dont chacun d'eux a le secret, et qu'on nomme grâce sacramentelle L'effet propre de l'Eucharistie est de nous exciter et de nous aider à produire des actes d'amour divin, qui ont le privilège d'élever notre union avec Dieu à sa plus haute puissance, et, par là même, de développer en nous la vie surnaturelle dans toute sa plénitude. Aucun autre sacrement ne peut prétendre à cet honneur. C'est la mission réservée de la sainte communion, sa fin immédiate, en un mot sa grâce à elle.

A ce point de vue, on peut dire, avec saint Thomas. que l'Eucharistie est *la fin* de tous les autres sacrements, le but où ils tendent, et comme la perfection définitive qu'ils acquièrent (1). Le docteur angélique va jusqu'à dire qu'en recevant le Baptême et la Pénitence, le vœu — au moins virtuel ou implicite — de la sainte communion est nécessaire aux enfants comme aux adultes, parce que la grâce n'est régulièrement conférée qu'en vue de cet auguste sacrement, où se consomme notre union avec Jésus-Christ. La sainteté communiquée par les autres sacrements n'est en soi qu'une préparation, éloignée ou prochaine, à la grâce eucharistique.

C'est là en effet qu'est allumé le foyer le plus in-

(1) *Sum. Theol.* III, q. 73, a. 3.

tense de l'amour de Dieu, et c'est là seulement, au contact de ces divines ardeurs, qu'on trouve le secret de consumer peu à peu le vieil homme, et de le transformer en homme nouveau, tout embrasé des feux de la charité, tout resplendissant de lumière et de vie. « Aimez et faites ce que vous voudrez », disait autrefois saint Augustin ; car l'amour — quand il est vrai — nous fait vivre pour Dieu et de Dieu.

Cette parole, que les siècles chrétiens ont admirée à l'envi, a pourtant besoin d'être complétée par une autre, qui nous indique la grande source de la vie et de l'amour. Il faut répéter le mot de ces chrétiens d'Afrique dont nous avons parlé, et qui se rendaient joyeux au banquet eucharistique, en le saluant de ce beau nom : *la Vie*. Je ne connais rien de plus expressif, ni de plus théologique en même temps, que cette formule, surtout quand elle est rapprochée de la précédente. A elles deux, pour ainsi dire, elles résument toutes les lois qui président au développement de la vie surnaturelle, puisque celle-ci trouve son véritable moteur dans l'amour, et le grand générateur de sa force motrice dans l'Eucharistie.

§ 1. — Les Données Théologiques.

I

L'Église, dans sa liturgie, nous rappelle souvent que l'Eucharistie est un banquet sacré où l'âme *se rassasie* de la grâce. On dirait que c'est l'idée capitale qu'elle veut mettre en relief, au grand jour de la fête du *Saint Sacrement*. C'est par là du moins qu'elle commence et les prières de l'Office divin, et le chant de la Messe solennelle à l'*Introit*. Qui n'a admiré ce début majestueux de l'Office de *Matines*, où les fidèles reçoivent cette invitation pressante : « *Christum regem adoremus, dominantem gentibus qui se manducantibus dat spiritus pinguedinem.* Adorons le Christ-roi, Seigneur des nations, engraissant l'âme de qui le prend en nourriture. » Et ce chant si expressif de l'*Introit* à la Messe : « *Cibavit eos ex adipe frumenti, alleluia; et de petra, melle saturavit eos, alleluia :* Il les a nourris de la fleur du froment, alleluia ; il les a rassasiés du miel sorti de la pierre, alleluia. » Partout c'est l'effusion merveilleuse de la grâce, prodiguée à l'âme juste et l'enrichissant d'inestimables trésors.

Au reste, toutes les fois que le prêtre offre le saint Sacrifice, l'Eglise, par son intermédiaire, et au moment solennel qui s'écoule entre la consécration et la communion, supplie la divine Majesté

« de répandre la surabondance de la grâce et de la bénédiction céleste sur tous ceux qui participent aux saints Mystères en recevant le corps et le sang du Fils de Dieu (1) ». La même pensée revient souvent dans les prières de la *Postcommunion*, où l'Eglise indique clairement, sous forme de vœux renouvelés sans cesse, les fruits que nous devons tirer de la sainte table. Elle nous rappelle tour à tour « les accroissements de salut qui accompagnent la fréquentation progressive du mystère eucharistique (2) ; le rassasiement spirituel qu'on trouve à la table du Seigneur (3) ; l'heureuse influence qu'exerce le don céleste sur l'âme et sur le corps, pour transformer tous nos actes et les surnaturaliser dans leur principe (4) ».

Comme l'Eglise a bien interprété, par toutes ces formules liturgiques, le sens profond que renferme l'acte de la communion, considéré comme source de grâce ! Car, il ne faut pas l'oublier, le seul fait de la manducation eucharistique prouve en soi que l'auguste sacrement a pour fonction de développer la vie surnaturelle. Rien ne fait mieux ressortir l'intimité de notre union avec Jésus-Christ, que ce phénomène si simple en apparence, si mystérieux en réalité.

Voyez ce qui se passe dans l'acte de la nutrition

(1) Ex Canon. Miss.
(2) Dominic. II post Pentec., et Domin. IV **Adv.**
(3) Dominic. V Pasch. — Domin. infr. Ascens.
(4) Domin. XV Pent.

matérielle. Les aliments que nous prenons changent, pour ainsi dire, de nature. Le pain que nous mangeons, le vin que nous buvons, cessent d'être du pain et du vin ; ils sont transformés en notre substance, ils deviennent notre chair et notre sang, ils font partie de nous-mêmes. Quelque chose d'analogue, — nous le dirons tout à l'heure — se produit dans la nutrition eucharistique. Ce qu'il importe de remarquer à présent, c'est que la manducation, considérée comme telle, éveille l'idée d'une union aussi étroite, aussi profonde, aussi complète que possible. De là cette coutume qui existe partout, chez les nations civilisées comme chez les peuples barbares, de célébrer par un banquet les fêtes de l'amitié, comme pour attester qu'en participant aux mets d'une seule et même table, on partage les sentiments d'un seul et même cœur.

La manducation eucharistique ne peut pas avoir une signification différente. Elle désigne, de sa nature, non seulement un développement d'intimité dans nos rapports avec Dieu, mais une union avec lui tellement profonde, qu'elle atteint en ce monde les dernières limites du possible. Nous aimant d'un amour sans bornes, Jésus-Christ voudrait se donner à nous sans mesure. Et c'est par la manducation de son corps et de son sang que s'accomplit en nous ce mystère d'union, dont rien ne saurait ici-bas nous dévoiler les tendresses infinies. L'amour humain le plus passionné ne peut lui-même en donner qu'une faible image. Et pourtant, dit Bossuet, « dans le transport de l'amour humain, qui ne sait qu'on se mange, qu'on se dévore, et qu'on voudrait s'incorporer en toutes manières, et, comme disait le poète, enlever jusqu'avec les dents ce qu'on aime, pour le posséder, pour s'en nourrir, pour s'y unir, pour en vivre ? Ce qui est fureur, ce qui est impuissance dans l'amour corporel, est vérité, est sagesse dans l'amour de Jésus : prenez, mangez, ceci est mon corps ; dévorez, engloutissez, non une partie, non un morceau, mais le tout... Unissons-nous donc à Jésus, corps à corps, esprit à esprit... Il faut nous unir à la chair que le Verbe a prise, afin que par cette chair nous jouissions de la Divinité de ce Verbe, et que nous devenions des dieux, en prenant des sentiments divins (1) ».

Les Pères de l'Eglise ont parlé, en termes non moins énergiques, des effets que produit la divine Eucharistie. « Elle est, dit saint Chrysostome, la fontaine du Paradis terrestre : c'est elle qui donne naissance aux fleuves de grâces et de bénédictions qui fécondent l'Eglise. Sur les bords de ces fleuves se développe une magnifique végétation : c'est là que croissent ces arbres gigantesques, dont la cime touche les cieux, et qui produisent en la saison convenable des fruits incorruptibles (2). » Saint Cy-

(1) *Méditations sur l'Evangile*, La Cène, 1re part., 24e jour.
(2) *In Joa.*, hom. 46, n° 24.

rille d'Alexandrie compare l'union du Sauveur avec l'âme à celle de deux morceaux de cire soudés et fondus ensemble. « Remarquons bien, dit-il, que le Christ nous a promis de demeurer en nous, non seulement par affection ou résidence morale, mais par voie de communication physique. De même en effet que deux morceaux de cire ne forment plus qu'un seul tout, après leur fusion simultanée par le feu, de même, quand nous participons au corps et au précieux sang du Christ, nous contractons avec lui l'union la plus intime. Car notre nature corruptible ne peut être vivifiée que par l'union physique avec le corps de Celui qui est la vie par essence (1). » Saint Cyrille de Jérusalem va jusqu'à dire, « qu'en prenant le corps et le sang du Christ, nous devenons un même corps et un même sang que lui ; car c'est ainsi, ajoute-t-il, que nous sommes des Porte-Christ, et que, suivant le mot de saint Pierre, nous participons de la nature divine (2). »

Et les Pères ne se contentent pas d'exposer le dogme, en affirmant que l'Eucharistie augmente notre union avec Dieu et l'élève à sa plus haute puissance. Ils creusent aussi le mystère, et ils ont soin de faire remarquer que la transformation dont la nourriture eucharistique a le secret, s'accomplit tout entière du côté de l'âme, et non du côté de Jésus-Christ. Saint Augustin le dit dans un pas-

(1) *In Joa.*, lib. x.
(2) *Catech.* IV, 2, 3.

sage bien connu, où il met en scène le Sauveur lui-même, qui apostrophe ainsi l'âme fidèle : « Je suis le pain des forts ; grandis, et tu me mangeras. Mais au lieu de me changer en toi, comme tu le fais pour la nourriture matérielle, c'est toi qui seras changé en moi (1). » Saint Léon tient le même langage. « La communion du corps et du sang de Jésus Christ n'a pas d'autre effet, au total, que de nous changer en la nourriture que nous prenons (2). »

Et il est facile de voir la raison de ce phénomène. Suivant la remarque d'Albert-le-Grand (3), lorsque deux êtres différents s'unissent entre eux, et que leur union est poussée jusqu'à la transformation de l'un dans l'autre, c'est toujours le plus fort qui s'assimile le plus faible et qui le change en sa nature. Appliquée à nos rapports avec le monde physique, cette loi explique comment la nourriture matérielle est transformée par notre corps en ses propres éléments. L'agent assimilateur est plus fort et plus noble que l'objet assimilé. Mais, dans la nutrition eucharistique, les rapports des deux sont inverses. Toujours en vertu de la loi qui veut que la transformation s'accomplisse d'un être in-

(1) Cibus sum grandium, cresce et manducabis me ; nec tu me in te mutabis, sicut cibus carnis tuæ, sed tu mutaberis in me. *Confess.*, vii, 10.

(2) Non aliud agit participatio corporis et sanguinis Christi, quam ut in id quod sumimus transeamus. *Serm. III, De Pass. Dom.*, cap 7.

(3) *In IV Sent.* dist. ix, a. 2, ad. 4.

férieur dans un être supérieur, c'est le Christ qui, par ses diverses grâces, s'empare de notre âme et de ses facultés pour les marquer de sa divine empreinte, et, tout en respectant leur essence, les configurer à sa propre nature ; c'est lui qui s'assimile spécialement notre cœur, en l'incitant aux actes d'amour, afin de conformer ainsi notre volonté à sa volonté, nos désirs à ses désirs, en un mot notre vie tout entière à la sienne.

Notre union avec le divin Sauveur devient alors si intime, qu'Albert-le-Grand n'hésite pas à la comparer à l'union hypostatique : « De même en effet que le Christ n'a pas détruit la nature humaine qu'il a prise, mais l'a élevée jusqu'à lui, pour lui communiquer l'être divin dans l'unité d'une même personne, de même il nous transforme en lui, non par la destruction de nous-même, mais pour nous faire participer à son être divin, lorsque nous le prenons en nourriture. » Et le grand Docteur ajoute : « Il n'y a pas d'alimentation plus sublime que celle du sacrement qui nous assimile au corps du Christ, pour faire de nous l'os de ses os, la chair de sa chair, les membres de ses membres (1). » Tertullien avait écrit longtemps auparavant, avec cette audace de langage qui le distingue : « *Caro corpore et sanguine Christi vescitur, ut anima de Deo saginetur ;* notre chair reçoit le corps et le sang du Christ, pour que notre âme

---

(1) *De Euchar.*, dist. III, tract. I, cap 5.

s'*engraisse* de la Divinité (1). » C'était dire que l'Eucharistie a le privilège de communiquer la surabondance de la grâce et de la vie surnaturelle.

II

Malgré la différence radicale qui sépare la nourriture eucharistique et la nourriture matérielle dans le mode d'assimilation qui leur est propre, il y a plusieurs analogies entre le développement de la vie physique et le développement de la vie surnaturelle. Toutes deux sont gouvernées par les mêmes lois générales, — la *nutrition* et l'*exercice*, — qui sont nécessaires à la plénitude et au fonctionnement harmonieux de la vie.

Le psalmiste avait bien raison de s'écrier vers Dieu, dans un élan d'amour et de reconnaissance : «*Oculi omnium in te sperant, Domine, et tu das escam illorum in tempore opportuno;* tous les yeux se tournent vers vous, Seigneur, et vous donnez quand il faut sa nourriture à chaque être vivant. » (2) Aucune créature ne peut se suffire à elle-même, pour développer son activité propre. Elle a besoin d'emprunter sa vie au dehors, en s'assimilant la nourriture que Dieu lui a fixée. Et cette loi se retrouve à tous les degrés de la création animée. La plante va puiser à la fois dans le sol et l'air ambiant les

---

(1) *De resurrect. carn.*, cap. 8.
(2) Psalm CXLIV, 15.

éléments inorganiques dont elle a besoin pour grandir. Ces divers matériaux qui étaient tout à l'heure à l'état brut, sont saisis par la force vitale et travaillés par elle jusqu'au moment où ils entrent dans la constitution même de la plante et changent ainsi de nature. C'est la grande différence qui sépare les êtres vivants et le monde inorganique. Car le phénomène de la nutrition n'existe pas dans le minéral. Il y a bien chez lui une certaine croissance, mais qui s'opère uniquement par juxtaposition et non par intussusception. Des éléments nouveaux viennent sans doute augmenter sa masse, mais ils ne sont pas conquis, appropriés, transformés par elle ; en un mot, ils ne sont pas vitalisés. La croissance du cristal ne ressemble en rien à celle de la plante ; et c'est la nutrition qui les distingue.

A mesure qu'on monte dans l'échelle de la vie, on trouve une application plus haute de la même loi, en ce sens que les êtres plus parfaits réclament une nourriture meilleure. Aux corps, il faut la matière, et aux esprits quelque chose de spirituel. L'homme, qui est un esprit incarné, demande double nourriture : celle du corps et celle de l'âme. Il ne vit pas seulement de pain matériel ; son intelligence a faim de vérité, son cœur a soif d'amour. Et mieux il se nourrit, corps et âme, plus il est vivant. Car l'intensité de la vie, au point de vue qui nous occupe, est en rapport avec l'intensité de l'assimilation, qui repose elle-même sur deux choses ; d'une part, la richesse de l'objet assimilé, qui contient plus ou moins d'éléments nutritifs ; et de l'autre, la perfection de l'acte assimilateur, qui s'en empare et les utilise à divers degrés. De deux esprits, par exemple, que la nature a également bien doués, celui-là se développera davantage qui recevra l'enseignement des meilleurs maîtres, et prêtera à leurs leçons une oreille plus attentive.

L'augmentation de la vie est donc proportionnée en soi au résultat de la nutrition. C'est la première loi qui gouverne les destinées de toute créature vivante. Il y en a une seconde, dont l'importance n'est pas moindre, et qu'on peut formuler d'un seul mot, en l'appelant la loi de *l'exercice*. Sans elle, la vie ne saurait atteindre ici-bas la plénitude que Dieu lui a marquée. Rien ne favorise, par exemple, la santé du corps, comme l'exercice modéré des organes physiques, qui leur assure en même temps souplesse et vigueur. De même, rien n'augmente la pénétration et la force de l'intelligence, comme la réflexion et le travail personnel de ces esprits actifs qui ne se contentent pas de recevoir l'enseignement d'un maître, mais veulent avec raison l'apprécier à sa juste valeur, le creuser davantage, tirer les conséquences qu'il comporte, en un mot le féconder et le vivifier.

C'est aussi par la nutrition et l'exercice que se développe la vie surnaturelle. Le chrétien qui veut accroître la somme de vie qu'il possède, en augmentant son union et sa ressemblance avec Dieu, a soin de prendre le plus souvent possible les aliments divins que lui conseille l'Eglise, et de s'exercer en même temps à la pratique des bonnes œuvres. Les deux choses sont nécessaires. Ce serait une égale erreur de croire que la vie chrétienne peut se développer par les sacrements seuls, sans l'exercice des œuvres de charité et de mortification que Dieu nous commande, ou de s'imaginer que l'âme juste peut négliger les sacrements, pour suivre les seules inspirations de son zèle. On inclinerait, dans le premier cas, vers un quiétisme plus ou moins subtil, et, dans le second, vers un naturalisme plus ou moins déguisé. La vérité est qu'il faut mener de front la pratique des sacrements et celle des bonnes œuvres. Tous deux sont des moyens différents sans doute, mais qui doivent s'unir et converger vers un même but, le développement de la vie surnaturelle.

Ces principes une fois posés, on devine tout de suite le rôle que joue la sainte communion dans ce grand œuvre. Il ne faut ni l'exagérer, ni l'amoindrir. Ce serait une exagération, de croire que les richesses de l'auguste sacrement peuvent suffire à l'âme juste et la dispenser d'une collaboration nécessaire. Mais, d'autre part, ce serait une atteinte aux prérogatives de l'Eucharistie, que d'oublier son influence spéciale sur l'augmentation de la vie chrétienne. Car l'effet propre et total du sacrement est d'assurer la nutrition de l'âme, et de stimuler en même temps ses énergies les plus hautes. Déjà sans doute, par la grâce sanctifiante, et par les accroissements répétés des vertus infuses qui l'accompagnent, la sainte communion est la nourriture du chrétien. Ce fond divin de la grâce entre, pour ainsi dire, dans la substance de l'âme, et les vertus infuses dans ses facultés, de même que les aliments pénètrent en celui qui les mange, assimilés par l'être vivant qui les développe et grandit. Mais surtout par la grâce sacramentelle dont elle a le privilège, l'Eucharistie contribue, et puissamment, à l'exercice de la vie chrétienne, en stimulant l'activité surnaturelle de l'âme baptisée. Elle nous pousse à agir et à faire l'œuvre de Dieu sur tous les terrains, principalement celui de l'amour. Car c'est la charité qu'elle a reçu la mission de mettre directement en jeu. Elle est, pour ainsi dire, l'excitateur divin de la reine des vertus, et, par elle, de toutes les autres, qui sont plus ou moins subordonnées à son empire.

Voilà, en quelques mots, l'explication théologique de l'accroissement vital dont l'Eucharistie a le secret. Nutrition et mise en exercice, tels sont les deux facteurs du développement surnaturel qu'elle est chargée de promouvoir. Aucun autre sacrement ne peut revendiquer dans la même mesure l'honneur simultané de ces deux fonctions. Elle en a le glorieux privilège. Car, en même temps que Jésus-Christ nourrit notre âme de son corps et de son sang, il exerce sur elle une pression d'amour qui la transforme plus complètement à son image, la poussant à agir, à vouloir et à aimer comme lui. Plus cette pression se renouvelle par une succession fréquente de grâces actuelles, qui viennent solliciter notre cœur, lui imprimer des impulsions divines et l'aider à multiplier ses actes d'amour, — plus l'assimilation entre Jésus-Christ et notre âme devient parfaite. C'est le résultat de l'action eucharistique.

III

La thèse que nous exposons dans ce chapitre est si importante et si belle, que le lecteur nous pardonnera de la présenter sous un nouvel aspect, non moins glorieux pour le sacrement de l'Eucharistie que consolant pour les âmes qui en font leur nourriture.

On sait que la grâce sanctifiante établit entre Dieu et l'homme des relations d'amour vraiment ineffables, qui revêtent un caractère spécial de mystérieuse dilection, suivant qu'elles nous mettent en rapport avec l'une ou l'autre des trois Personnes divines. Notre âme devient à la fois la fille adoptive du Père, l'épouse de Jésus-Christ et le temple de l'Esprit-Saint. Ce n'est pas, au reste, le lieu d'exposer en détail ce mystère de grâce, que nous avons longuement développé ailleurs (1). La

(1) Dans l'ouvrage qui a pour titre *La Vie surnaturelle* Paris, 1895, 2ᵉ édition.

seule chose qui doive attirer ici l'attention particulière du lecteur, parce qu'elle rentre tout à fait dans la question qu'on étudie en ce moment, c'est que l'Eucharistie resserre et fortifie les diverses relations de l'âme juste avec le Père, le Fils et le Saint-Esprit, — ce qui est apparemment le sommet le plus élevé de la vie surnaturelle.

Et, en vérité, n'y a-t-il pas une affinité spéciale entre la sainte communion et notre filiation divine? Sans doute, c'est le Baptême qui fait de nous les enfants de Dieu, en nous conférant une existence nouvelle. Mais le Baptême, suivant la remarque de saint Thomas, n'est que le premier acte ou la première phase de la vie surnaturelle; l'Eucharistie, seule, en est le couronnement (1). D'où il suit que notre filiation divine n'atteint elle-même sa plénitude que par le sacrement qui donne la plénitude de la vie. Il convenait que cette filiation reçût de Jésus-Christ tout entier sa plus haute expression ici-bas. Fils de Dieu par nature, dans le temps comme dans l'éternité, c'est à lui que revenait de droit, d'après toutes les règles de l'appropriation théologique, la haute prérogative de voir façonner à son image et à sa ressemblance tous ceux qui deviennent les enfants de Dieu par la grâce. Saint Cyrille d'Alexandrie affirme que « nous ne serions pas les enfants adoptifs de Dieu,

(1) Per Baptismum datur primus actus vitæ spiritalis..., sed per Eucharistiam datur complementum spiritalis vitæ. (4 Sent. dist 8, q. 1, a. 2, q. 1, ad. 2).

sans Celui qui est vraiment son Fils par nature et qui sert d'archétype à cette ressemblance que la grâce imprime en nous. » (1) Or, il n'y a qu'un sacrement où la personne adorable du Verbe Incarné communique directement à l'âme juste quelque chose de sa double nature : c'est le sacrement de l'Eucharistie, qui nous fait en même temps participer de la nature divine, et communier à la nature humaine du Rédempteur.

Sans doute, l'action de l'Humanité sainte n'est pas et ne peut pas être absente des autres sacrements ; mais c'est une action, pour ainsi dire, à distance, et qui n'entraîne pas la présence réelle et totale de la personne qui agit ; tandis que l'Eucharistie rapproche étroitement le Christ et le chrétien, ajuste de plus près la copie au modèle, unit sans intermédiaire l'âme humaine au corps et au sang du Sauveur ; d'où vient que notre âme, possédée plus parfaitement par son auguste Chef, et mise en contact plus immédiat avec le divin Epoux, reçoit, dans cette union mystérieuse, ou, pour mieux dire, dans cette ineffable étreinte, comme un nouveau trait de filiation divine adoptive, puisqu'elle est marquée plus directement à l'effigie de Celui qui est deux fois le Fils de Dieu par nature.

Au reste, n'oublions pas que notre adoption sur-

(1) **Neque enim** adoptione et similitudine filii **essemus,** nisi ipso vero **Filio** præsupposito, ad quem efformamur, qui ad similitudinem ipsius arte quadam et gratia traducimur, (*Thesaur.*, Assert. 32).

naturelle est, avant tout, une œuvre de grâce et d'amour. A la différence des filiations de nature, qui existent et demeurent, une fois constituées, en dehors de tout caprice humain, l'adoption divine peut être brisée par les écarts de notre liberté. Nous avons le triste pouvoir de renoncer aux glorieux privilèges qu'elle nous confère, de même que nous avons la faculté de nous assurer chaque jour davantage, avec une certitude croissante, l'héritage éternel de notre Père qui est aux cieux. Est-il besoin de dire que les œuvres d'amour jouent un rôle capital dans ce travail nécessaire de notre liberté ? Par leur excellence intrinsèque, elles surpassent toutes les autres, nous rapprochant davantage de Dieu sous le double rapport de la similitude et de l'union. Car « Dieu est amour », suivant la belle définition de saint Jean (1); et c'est par l'amour que nous pouvons achever ici-bas cette ressemblance céleste dont le baptême a marqué en nous les premiers traits. Notre adoption surnaturelle se parfait ainsi tous les jours, et elle peut revêtir je ne sais quel caractère de stabilité divine au milieu des dangers qui nous entourent, si, à l'exemple de Jésus Christ, Fils de Dieu par nature, nous avons à cœur de témoigner notre amour à notre Père du ciel par l'accomplissement perpétuel de sa volonté sainte : *Quæ placita sunt ei, facio semper* (2).

(1) I Joa., IV, 8.
(2) Joa., VIII, 29.

L'Eucharistie est donc le sacrement qui perfectionne en nous la filiation divine, puisqu'elle est, par excellence, le sacrement de l'amour divin. Quand nous recevons comme il faut le corps et le sang de Jésus-Christ, nous devenons les enfants de Dieu à un nouveau titre, et notre piété filiale resplendit dans tout son éclat. Si le christianisme est une loi d'amour, et non de crainte, comme l'Ancien Testament, c'est principalement à l'Eucharistie qu'elle doit ce caractère. Autant les Juifs avaient peur de Dieu, autant les chrétiens lui témoignent de confiance et d'amour. Autant les premiers agissaient en esclaves, autant les autres se conduisent en enfants. Pourquoi? Parce qu'ils puisent sans cesse à la grande source de l'amour, le tabernacle.

L'Eucharistie, qui perfectionne nos relations de grâce avec Dieu le Père, fortifie également nos rapports avec l'Esprit-Saint. Deux raisons principales le prouvent.

D'abord, on sait qu'il existe une proportion réelle entre l'effusion de la grâce sanctifiante proprement dite et la mission invisible du Saint-Esprit dans les âmes. L'augmentation de l'une ne va pas sans la communication plus abondante de l'autre. Et le rapport de ces deux éléments, qui constituent le fond de la vie surnaturelle, est invariable. Si donc l'Eucharistie a le privilège de produire la grâce sanctifiante avec plus d'abondance que les autres sources sacramentelles, elle doit aussi nous communiquer l'Esprit-Saint avec une largesse incomparable. Quoi qu'il en soit de cette pieuse théorie, qui revendique pour la communion une prérogative exceptionnelle, on peut dire que l'auguste sacrement n'est pas sans influer, d'une manière indirecte, sur les relations qui unissent l'âme juste à la troisième Personne de la sainte Trinité. Il y a, avons-nous dit, une proportion invariable entre le don de l'Esprit-Saint lui-même et la production de la grâce sanctifiante, quelle que soit la source immmédiate d'où elle jaillisse. Or l'Eucharistie, étant le facteur par excellence de l'amour surnaturel dont elle attise en nous les feux, contribue indirectement à nous enrichir des trésors de la grâce, puisque toutes les bonnes œuvres — et au premier rang l'acte d'amour — méritent un accroissement nouveau de cette sublime richesse. Et, comme la grâce incréée est inséparable de ses dons, il faut bien conclure que l'Esprit-Saint imprègne davantage notre âme de sa divinité, et l'imbibe plus profondément de sa vie, au fur et à mesure que, sous l'action sacramentelle du corps et du sang de Jésus-Christ, nous accomplissons des œuvres plus parfaites de foi, d'espérance et de charité.

Comment s'étonner, après tout, de cette affinité profonde qui existe entre le mystère eucharistique et le divin Paraclet? Est-ce que celui-ci n'est pas inséparable de l'Humanité sainte, à laquelle il s'est uni pour toujours au moment de l'Incarnation, non sans doute par un lien hypostatique comme le Verbe lui-même, mais autant qu'il est possible à l'Infini de se donner autrement à une créature? Le Saint-Esprit est là, comme dans son siège de prédilection et avec toutes ses complaisances, mais attendant néanmoins d'achever son œuvre d'amour, qui est d'unir le Chef et les membres, le Christ et le chrétien. En communiant au corps et au sang du Sauveur, nous resserrons doublement les liens qui nous attachent à l'Esprit-Saint, puisque notre participation à l'Eucharistie réalise tous ses vœux, et qu'elle nous unit en même temps à sa divine Personne, éternellement fixée dans l'Humanité de Jésus-Christ (1).

Mais c'est surtout notre union avec le Verbe Incarné qui est élevée à sa plus haute puissance par le sacrement de l'amour.

Et voilà pourquoi, sans doute, les relations mystérieuses dont la grâce est le lien entre Jésus-Christ et l'âme juste sont assimilées à une alliance matrimoniale. Ecriture et tradition, hagiographie et mystique, partout on retrouve cette conception spéciale, pour caractériser nos rapports surnaturels avec le divin Sauveur. Et il y a là, notons-le

(1) Pour traiter dans toute son ampleur la question des *Effets de la Communion*, j'ai dû répéter ici quelques-unes des idées qui se trouvent déjà au chapitre XIII de mon ouvrage *La Vie Surnaturelle* (2ᵉ édition). Au reste, elles ont été complétées dans une large mesure.

bien, autre chose qu'une appropriation théologique pure et simple, quand il s'agit du moins de l'union eucharistique, qu'un des écrivains les plus érudits du v⁰ siècle, l'illustre Théodoret, appelle avec raison « la communion nuptiale ». C'est là en effet que notre alliance avec Jésus-Christ atteint ici-bas sa perfection dernière, son intimité suprême. Nulle part ailleurs, on ne trouve la donation personnelle et totale de l'Epoux et de l'épouse, qui constitue comme l'essence de l'union matrimoniale. Dans les autres sacrements, Jésus-Christ donne bien sa grâce, et nous fait participer de sa nature divine. Mais il ne se donne pas lui-même tout entier et tel qu'il est, Dieu et Homme. Sans doute l'effusion de la grâce, d'où qu'elle vienne, nous unit à Lui comme au céleste Epoux de nos âmes, puisque c'est la participation de la nature divine qui nous associe tous deux dans la même communauté de vie. Le mystérieux commerce que l'Epoux divin daigne entretenir avec les âmes en état de grâce, s'établit précisément par cette ineffable communication. Tout cela est incontestable ; et néanmoins il est vrai de dire que l'Eucharistie est comme le nœud du lien matrimonial qui nous attache ici-bas au Verbe Incarné. Ou encore, suivant une gracieuse comparaison, « la grâce sanctifiante, c'est le mariage de Jésus et de l'âme : la communion, c'est le baiser du céleste Epoux (1) ».

(1) Abbé de Bellevûe, *La Grâce Sacramentelle*, Vannes, 1899 ; p. 258. Cet ouvrage contient un excellent résumé (*pages 245-280*) de la partie théologique du présent volume.

Elle nous donne quelque chose de plus que les autres sacrements, en nous procurant, sinon une participation plus abondante de la nature divine, du moins une union toute particulière avec la nature humaine de Notre-Seigneur. « Son corps, dit Bossuet, n'est pas à lui, mais à nous ; notre corps n'est pas à nous, mais à Jésus-Christ. C'est le mystère de la jouissance, le mystère de l'Epoux et de l'Epouse. Il est écrit : *Le corps de l'Epoux n'est pas en sa puissance, mais en celle de l'Epouse* (1 Cor. vii, 4). Sainte Eglise, chaste Epouse du Sauveur, âme chrétienne qui l'avez choisie pour votre Epoux dans le baptême, en foi et avec des promesses mutuelles, le voyez-vous sur la sainte table, où on vient de le consacrer ! Il n'est plus en sa puissance, mais en la vôtre : *Prenez*, dit-il, il est à vous : *c'est mon corps livré pour vous* (Luc, xxii, 19) : vous avez sur lui un droit réel ; mais aussi votre corps n'est pas à vous : Jésus veut le posséder. Ainsi vous serez unis corps à corps, et vous serez deux dans une même chair, qui est le droit de l'Epouse, et l'accomplissement parfait de ce chaste, de ce divin mariage (1) ».

Il y a une seconde relation avec Jésus-Christ — celle de la fraternité — qui est le résultat de la grâce sanctifiante. On devine sans peine que l'Eucharistie lui confère aussi un surcroît de noblesse et d'intimité. C'est la conséquence rigoureuse de

---

(1) Bossuet, *Méditations sur l'Evangile*, La Cène, 24ᵉ jour.

l'influence exercée par cet auguste sacrement sur notre filiation divine. Plus nous devenons les enfants de Dieu par une vie surnaturelle intense, plus nous devenons du même coup les frères de Jésus-Christ.

Ajoutons, à ce propos, que même la relation spéciale où nous établit la grâce vis-à-vis de la sainte Vierge, semble resserrée et fortifiée par l'Eucharistie. Il y a ceci de particulier dans la communion, que nous y participons de la nature divine par l'intermédiaire du corps et du sang théandrique. Ce n'est pas l'âme du Sauveur qui transmet la grâce, c'est son corps et son sang. De là, ces paroles liturgiques que nous avons déjà citées, parce qu'elles mettent bien en relief cet aspect particulier de l'économie eucharistique : « *Corpus Domini nostri Jesu Christi custodiat animam tuam in vitam æternam;* que le corps de Notre-Seigneur Jésus-Christ garde ton âme pour la vie éternelle! » C'est par la chair que tout fut perdu à l'origine et c'est par la chair — mais une chair immolée — que le Fils de Dieu a voulu tout sauver, sur la croix comme à l'autel. Pour le dire en passant, un des côtés mystérieux de l'Eucharistie consiste précisément dans cette transmission de la vie par la mort. Car la vie divine, dans ce sacrement, nous vient par le corps adorable du Christ, que nous recevons à l'état de victime, c'est-à-dire comme séparé de l'âme et mort en quelque sorte.

On voit tout de suite que la sainte Vierge n'est

pas étrangère à la production de la vie surnaturelle par l'Eucharistie. N'est-ce pas elle en effet qui nous a donné, dans le double mystère de la crèche et de la croix, le corps et le sang de Jésus-Christ? N'est-ce pas d'elle que nous tenons ce merveilleux instrument de la vie divine? L'Eucharistie est donc son bien de nature, sur lequel cette mère incomparable garde tous ses droits. On peut dire, à un point de vue, que c'est elle qui nous donne l'aliment divin de nos âmes. Elle est bien là dans son rôle de mère, toujours prête à communiquer la vie de la grâce à ses enfants d'adoption. Et, chose remarquable, c'est par le Fils de ses entrailles qu'elle nourrit ses enfants adoptifs, tant il est vrai qu'elle n'est devenue la Mère de Dieu que pour devenir la mère des hommes! En recevant la communion, on sent, mieux que partout ailleurs, combien étroitement la sainte Vierge a été associée au grand œuvre de la vie surnaturelle (1).

(1) L'Eglise elle-même, dans sa liturgie, est la première à proclamer les analogies qui rapprochent les deux mystères. A l'office du Saint-Sacrement, entre autres, elle associe constamment la sainte Vierge et l'Eucharistie. Elle nous invite à saluer sur les autels « le véritable corps qui est né de la Vierge Marie :

Ave, verum corpus natum
De Maria Virgine.

Et elle tient à nous rappeler que nous sommes redevables à Marie du corps et du sang précieux qui constituent notre divine nourriture :

Nobis datus, nobis natus
Ex intacta Virgine.

§ II. — Le Témoignage des Saints et de leurs Imitateurs.

I

La plénitude de la vie surnaturelle ne se trouve ici-bas que chez les Saints. Et ils n'ont vécu eux-mêmes de cette vie intense, qu'en demandant à l'Eucharistie le secret de cet amour de Dieu et du prochain qui est comme le point culminant de la perfection chrétienne. C'est au sacrement de l'amour que presque tous les Saints reportent hautement l'honneur des œuvres de sacrifice et d'apostolat qu'ils ont opérées, des merveilles d'amour divin qu'ils ont ressenties. Dieu et les âmes, ces deux objets de la charité qui n'en font qu'un en définitive, les Saints les ont aimés avec passion, et servis jusqu'à la mort, grâce à l'Eucharistie.

L'amour de Dieu considéré en lui-même, si malaisé qu'il paraisse tout d'abord à notre infirme nature, devient facile avec la sainte communion. Les âmes généreuses qui ont tout sacrifié pour s'occuper de Dieu seul, au fond du cloître comme au milieu du monde, en sont la preuve. Quand on lit, par exemple, les ouvrages et la vie des grands Mystiques du Moyen-Age ou des temps modernes, on est frappé de la place que tient l'Eucharistie dans leur contemplation et leur amour. Qui n'a lu, entre autres, les pages admirables où l'auteur de l'*Imitation* nous parle de « l'Amour de Jésus sur toutes choses, » et de « l'Amitié familière avec Jésus » ? On sent que l'écrivain n'a si bien dit que parce qu'il a beaucoup aimé. Et, si l'on veut avoir le secret de cet amour, en même temps que la clef de l'ouvrage, il faut les demander au quatrième livre, *De Sacramento altaris*, où l'on ne sait ce qu'on doit admirer davantage, la théologie profonde qui décrit avec tant d'onction les merveilles eucharistiques, ou l'ardente piété qui s'exhale à chaque page de ce livre béni. Les effets de la sainte communion apparaissent là dans toute leur énergie et leur suavité, sous forme de prières et d'aspirations brûlantes, qui ne peuvent jaillir que d'une âme vivant tout entière de l'Eucharistie. Au reste, l'auteur se trahit lui-même, lorsque, sentant son impuissance à exprimer les effets du divin sacrement, il caractérise notre union avec Jésus-Christ par ce cri d'étonnement et d'amour : « *Familiaritas stupenda nimis*, c'est une familiarité qui va si loin, qu'elle provoque la stupeur. »

Et la vie des Saints nous montre, en une foule de récits authentiques, que c'est l'exacte réalité. Sainte Gertrude, par exemple, reçut des marques nombreuses de cette familiarité divine. Un jour qu'elle venait de faire la sainte communion, elle eut une vision merveilleuse, qui symbolisait parfaitement l'action eucharistique. Elle vit son âme plongée, à la manière d'un arbre, dans la blessure du cœur de Jésus, d'où s'échappait une admirable fécondité qui s'étendait à toutes les branches, à tous les fruits et à toutes les feuilles de l'arbre mystérieux. Ainsi pénétrée par la vertu de la Divinité et de l'Humanité sainte, Gertrude en recevait une nouvelle splendeur qui la transfigurait toute entière, comme l'or éclairé par le cristal. Aussi communiait-elle le plus souvent possible. En s'approchant un jour de la sainte table, elle fit à Notre-Seigneur cette question, qui montre bien l'intimité de ses rapports avec le divin Maître : « Seigneur, lui dit-elle, que me donnerez-vous aujourd'hui? — Moi-même tout entier, avec mes richesses divines, tel que je me suis donné à ma Mère virginale. — Mais, reprit Gertrude, je n'aurai donc aucun avantage de plus que les personnes qui vous reçurent hier avec moi et ne vous reçoivent pas aujourd'hui, puisque vous vous donnez toujours tout entier et sans réserve? — De même que chez les anciens, répondit le Sauveur, celui qui avait été deux fois consul l'emportait sur celui qui l'avait été une seule fois, de même ceux qui m'auront reçu plus souvent sur la terre, auront au ciel une récompense plus magnifique. » Gertrude s'écria alors en soupirant : « Que la gloire des prêtres sera donc supérieure à la mienne, eux qui par fonction communient tous les jours! — Il est vrai, lui dit Notre-Seigneur, que ceux qui le font dignement brilleront d'une gloire éclatante. Mais ce qu'il faut considérer tout d'abord, c'est la disposition du cœur, et non la grandeur du ministère. »

Le divin Maître lui fit sentir un autre jour qu'elle ne devait pas s'abstenir de la communion, sans motif raisonnable. « Si aujourd'hui vous vous disposiez à recevoir le sacrement vivifiant de mon Corps et de mon Sang, vous obtiendriez assurément la triple faveur que vous avez demandée pendant la messe, de jouir de la douceur de mon amour, de vous unir à moi par l'ardeur de ma Divinité comme l'or s'unit à l'argent par la force du feu, et enfin de vous offrir en cette union à mon Père éternel, comme un encens d'agréable odeur. » Ces paroles allumèrent en Gertrude un amour si véhément de l'Eucharistie, que lui eût-il fallu passer à travers des lances pour s'en approcher, elle l'eût fait sans crainte. Ayant reçu enfin le corps de son Sauveur, elle entendit une voix qui lui disait : « Vous aviez résolu aujourd'hui, par un mouvement de votre volonté propre, de me servir comme les autres avec des œuvres de paille, de boue et de brique ; mais moi, je vous ai choisie pour vous rassasier à ma table royale des mets les plus délicieux (1). »

Sainte Angèle de Foligno reçut de Jésus-Christ des faveurs analogues. Aussi, dans ses *Révélations*, a-t-elle consacré un chapitre spécial aux merveilles de l'Eucharistie. Nous en citons quelques extraits.

---

(1) S. Gertrud. *Legatus divinæ pietatis*, lib. III. Paris, 1875; p. 132, 152, 198.

« La bonté infinie a institué ce sacrement pour incorporer le Christ en nous et nous incorporer en lui; elle veut que nous le recevions, pour qu'il nous reçoive; que nous le portions, pour qu'il nous porte et nous soutienne... Ce sacrement est souverainement utile, et confère à l'âme toutes les grâces et tous les biens. Lorsque ce Dieu incréé vient à nous avec tous les trésors de son humanité et de sa divinité, il n'y vient pas assurément les mains vides. Quand une âme le reçoit après s'être éprouvée et avoir renoncé à la volonté de pécher, il est certain qu'il lui fait remise des peines dues à ses fautes, qu'il la fortifie contre les tentations, qu'il restreint la puissance de ses ennemis, qu'il augmente en elle la grâce, qu'il accumule ses mérites.... L'âme doit aller le recevoir, pour être comme absorbée en lui, pure pour être purifiée, vivante pour être vivifiée, juste pour être justifiée davantage, déjà unie pour être incorporée à Celui qui est à la fois Dieu et Homme, et lui être identifiée à jamais dans les siècles des siècles (1) ! »

Quand les écrivains qui tiennent ce langage ont fait eux-mêmes, comme sainte Gertrude et sainte Angèle, l'expérience des phénomènes qu'ils excellent à décrire, leur témoignage est doublement précieux. Au reste, tous les auteurs mystiques s'accordent à célébrer, avec un enthousiasme qui ne se lasse jamais, l'incomparable efficacité de la

(1) Bolland. tom. I, Januar., Vit S. Ang., cap. 21.

nourriture eucharistique. Tauler, dont nous avons déjà cité plusieurs passages, parce qu'il a beaucoup insisté sur la communion fréquente, résume ainsi les avantages de cette salutaire pratique : « Nulle part ailleurs on ne recueille autant de grâces que dans ce très auguste sacrement, où toutes nos énergies physiques et morales sont comme centralisées et saisies par la vertu puissante de la présence réelle de Notre-Seigneur Jésus-Christ. C'est là que les âmes faibles sont fortifiées et détachées des préoccupations temporelles ; c'est là, au contact de Dieu même, qu'elles s'enflamment des célestes désirs et se portent vers les choses divines.... Le sacrement de l'Eucharistie nous transforme en Dieu et nous attache à lui par les liens les plus intimes : tout ce qu'il a devient nôtre ; son corps et son cœur nous appartiennent, et ne forment plus qu'un, pour ainsi dire, avec notre cœur et notre corps (1). »

Dans les temps modernes, nul n'a mieux exprimé cette doctrine que le bon saint François de Sales, qui s'est peint lui-même, à son insu, en ce passage non moins gracieux qu'original où il décrit les effets de la sainte communion : « Ceux qui font bonne digestion spirituelle, dit-il, ressentent que Jésus-Christ, qui est leur viande, s'épanche et communique à toutes les parties de leur âme et de leur corps. Ils ont Jésus-Christ au cerveau, au

(1) Tauler, *Institutiones*, cap. 38.

cœur, en la poitrine, aux yeux, aux mains, en la langue, aux oreilles, aux pieds. Mais ce Sauveur, que fait-il partout par là ? Il redresse tout, il purifie tout, il vivifie tout : il aime dans le cœur, il entend au cerveau, il anime dans la poitrine, il voit aux yeux, il parle en la langue et ainsi des autres. Il fait tout en tout. Et lors, nous vivons, non point nous-mêmes, mais Jésus-Christ vit en nous (1). »

C'est le langage que tenait également le bon curé d'Ars, avec cette simplicité ravissante qui donnait tant de charme à ses instructions paroissiales : « Allez à la communion, mes frères, allez à Jésus, pleins d'amour et de confiance. Allez vivre de lui afin de vivre pour lui... Si l'on pouvait comprendre tous les biens renfermés dans la sainte communion, il n'en faudrait pas davantage pour contenter le cœur de l'homme... Oh ! une communion sainte, une seule, c'est assez pour dégoûter l'homme de la terre, et lui donner un avant-goût des délices célestes. Quand on a communié, l'âme se roule dans le baume de l'amour comme l'abeille dans les fleurs. On sait quand une âme a reçu dignement le sacrement de l'Eucharistie. Elle est tellement noyée dans l'amour, pénétrée et changée, qu'on ne la reconnaît plus (2). »

(1) *Lettres spirituelles*, 13.
(2) Monnin, *Le Curé d'Ars*, Paris, 1863 ; tome II. p 339, 418.

II

La charité n'a pas seulement pour objet Dieu considéré en lui-même, mais aussi Dieu considéré dans les âmes de nos frères, que nous devons aimer de tout cœur par amour pour Lui. Autant cette vertu est impraticable à la nature égoïste, autant elle devient facile avec le secours de la grâce, et spécialement de la divine Eucharistie, qui est en vérité le sacrement de la charité fraternelle (1).

Chose remarquable! C'est à la Cène, après l'institution de l'Eucharistie que le commandement de l'amour du prochain a été promulgué avec le plus de solennité par Notre-Seigneur. Il y avait, dans sa pensée, une association évidente, j'allais presque dire un rapport de cause à effet entre le nouveau sacrement qu'il venait d'établir, et le nouveau précepte qu'il donnait à ses disciples. L'admirable prière qui jaillit de son Cœur, après cette première communion du Cénacle, montre bien la relation étroite de ces deux faits, de même qu'elle nous révèle à fond les sentiments intimes qui remplissaient son âme en ce moment solennel. « Père saint, s'écria-t-il, que tous, ils soient un en nous, un comme nous-mêmes ; que, moi en eux, et eux en moi, ils soient consommés dans l'unité (2) ! » Ainsi, l'union des fidèles entre eux est comparée par Notre-Seigneur lui-même à l'ineffable union des Personnes

(1) Conc. Trid., sess. xiii, c. 8. Cf. S. Thom., iii, q 79. a.1.
(2) Joa., xvii, 21-23.

divines entre elles. Et cet idéal sublime, nous pouvons nous en approcher quelque peu tous les jours, au fur et à mesure que nous recevons comme il faut le corps et le sang de Jésus-Christ ! Saint Augustin n'avait-il pas raison de dire, à la vue de ces merveilles : « O sacrement d'amour, vous êtes le signe sensible de l'unité, le vrai lien de la charité fraternelle ! » (1)

Ici, comme partout, les Saints ont justifié par leur conduite les paroles du divin Maître, et rendu au sacrement de son amour l'hommage le plus éclatant. Tous, à leur manière, ils ont déclaré bien haut qu'ils étaient redevables à la sainte communion des actes de dévouement et d'héroïsme qu'ils avaient accomplis. Apôtres et missionnaires, prêtres et simples fidèles, religieux et religieuses, dans le cloître ou dans le monde, au milieu des sauvages, des lépreux ou des pestiférés, toutes les âmes généreuses qui se sacrifient pour leurs frères demandent à l'Eucharistie le secret de leur abnégation quotidienne.

On éprouve quelque embarras, quand il s'agit de citer des exemples. Car la vie de tous les Saints, on peut le dire, est la réalisation du grand précepte de la charité fraternelle, parfaitement accompli à l'aide de la grâce eucharistique. En voici un exemple, pris au hasard. Il est emprunté à l'histoire de saint Pierre Claver, l'apôtre des nègres d'Amérique et des Indes occidentales, au XVIIIe siècle. Il

---

(1) *In Joa.*, tract. XXVI, 13.

passa quarante années de sa vie à Carthagène, qui était alors le grand marché des esclaves du monde entier. Diré le dévouement de cet admirable religieux, les soins de toute nature qu'il prodigua aux pauvres nègres, la charité héroïque avec laquelle il baisa mille et mille fois les plaies des malades et des pestiférés, tout cela exigerait un volume. Il y a peut-être plus de courage à soutenir pendant un demi-siècle, dans le même poste, l'effrayante uniformité d'une vie aussi crucifiante, qu'à évangéliser successivement divers peuples et divers pays.

Quarante années d'un tel héroïsme seraient inexplicables, sans un secours spécial de Dieu, proportionné à la grandeur du résultat. Plus l'effet surnaturel est admirable, et plus il suppose d'exceptionnelle énergie dans la cause dont il émane. Au reste, le bienheureux Pierre Claver nous livre le secret de son sublime apostolat dans le vœu qu'il prononça un jour, en descendant de l'autel où il s'était nourri du corps et du sang de Jésus-Christ. « Moi, Pierre Claver, je fais vœu de me consacrer jusqu'à mon dernier soupir à évangéliser les nègres captifs et à panser leurs plaies. Moi, Pierre Claver, je veux être le serviteur des esclaves ; et puisque mon Dieu, dans le sacrement d'amour, se fait esclave de son serviteur, je veux être le serviteur des nègres. »

Et jusqu'à son dernier soupir en effet, il resta si fidèle à cette mission, qu'on ne l'appela plus désormais que « l'esclave des esclaves ».

C'est ainsi que l'Eucharistie, reçue dans un cœur ardent et généreux, donnait à l'humble prêtre le courage d'aimer comme ses enfants les créatures les plus abandonnées et les plus misérables. Aussi, avec quelle dévotion célébrait-il chaque matin le sacrifice de la Messe ! Si nombreuses que fussent ses occupations, il consacrait une bonne demi-heure à se préparer à ce grand acte, et il se confessait auparavant avec une grande abondance de larmes. Depuis ce moment jusqu'à la fin de son action de grâces, il ne parlait à personne et s'absorbait tout entier dans la pensée et dans l'amour du Dieu qu'il allait offrir et recevoir. A l'autel, sa contenance était si recueillie et sa ferveur si angélique, que les habitants de Carthagène se disputaient le bonheur d'assister à sa messe. C'est là, à ce foyer d'inextinguible amour, que son cœur s'embrasait du feu de la charité pour les pauvres nègres, rebut de l'humanité tout entière. (1)

Voilà comment les saints ont démontré par leur conduite que l'Eucharistie est le principe générateur de l'héroïsme chrétien. Depuis les martyrs des premiers siècles jusqu'à nos vaillants missionnaires contemporains, depuis les vierges qui prient dans le cloître jusqu'à celles qui s'immolent chaque jour au service de la misère humaine, on peut dire que toutes les fleurs de la sainteté s'épanouissent dans le jardin de l'Eglise, quand elles sont arrosées par le sang de Jésus-Christ.

(1) P. Fleuriau, *Saint Pierre Claver*, Lille, 1803, *passim*.

III

Les Saints ont eu des imitateurs à toutes les époques. Aujourd'hui comme autrefois, il y a des héros de l'Eucharistie. Et notre histoire contemporaine peut citer, entre autres, l'exemple de cet admirable Sonis dont nous avons déjà parlé. C'est le moment de compléter le portrait eucharistique de ce grand chrétien, qui servit si noblement l'Eglise et son pays. La seconde moitié de sa vie est peut-être plus belle encore que la première, parce qu'elle fut plus éprouvée.

La guerre de 1870 venait d'éclater entre la France et la Prusse. M. de Sonis, alors colonel en Algérie, demanda aussitôt à rentrer dans la mère-patrie pour combattre l'envahisseur. Après bien des refus, il finit par obtenir la permission tant désirée, en même temps qu'il était nommé général. En quittant l'Afrique, il écrivait à un de ses amis ces belles paroles : « Pour nous, demandons à Dieu qu'il ne nous quitte pas, et qu'il nous fasse la grâce de savoir mourir comme un chrétien doit finir, les armes à la main, les yeux au ciel, la poitrine en face de l'ennemi en criant : Vive la France ! En partant pour l'armée, je me condamne à mort. Dieu me fera grâce, s'il le veut, mais *je l'aurai tous les jours dans ma poitrine*, et vous savez bien que Dieu ne capitule jamais, jamais ! »

On lui confia une division du XVIIe corps, et,

peu après, le corps d'armée tout entier. Ce n'est pas le lieu de dire les combats sanglants qu'il livra à Patay, à Brou et surtout à Loigny, où il tomba grièvement blessé, et passa la nuit tout entière sur le champ de bataille, laissé pour mort, gisant au milieu de la neige et endurant des douleurs atroces. Ce qu'il importe de noter ici, à l'honneur de la sainte Eucharistie, c'est que le vaillant général avait su chercher auparavant, dans la communion quotidienne, la force nécessaire pour traverser noblement ce moment solennel. Un témoin oculaire traçait plus tard avec émotion le tableau « de sa foi profonde, de cette prière du soir à laquelle il conviait si dignement ses officiers, de ces confessions fréquentes, de ces communions de chaque jour, faites dès l'aurore, à la lueur de quelques lampes fumeuses, sous le regard de ses soldats qui avaient trouvé le repos de la nuit dans l'église : puis, à la suite de la communion, de ces chaudes exhortations de piété et de patriotisme adressées à ses compagnons, qui en étaient attendris. » Des conseils si entraînants ne pouvaient pas être stériles. Le général de Sonis eut le bonheur de voir un grand nombre de zouaves pontificaux s'approcher avec lui de la sainte table, à l'aube de cette journée de Loigny où la plupart d'entre eux devaient tomber sur le champ de bataille.

La blessure de Sonis n'était pas mortelle, mais elle lui fit endurer des douleurs inouïes pendant plus d'un mois, et exigea l'amputation de la jambe.

Cependant Dieu voulait faire passer son serviteur par de nouvelles épreuves, afin de le marquer de plus en plus du sceau des prédestinés. La mort de ses deux sœurs, religieuses carmélites ; une chute malheureuse de cheval, où fut brisée l'unique jambe qui lui restait ; deux mois d'inexprimables souffrances ; enfin et surtout une série de déplacements onéreux et presque tous humiliants, parce qu'ils équivalaient à une disgrâce : tels furent les principaux sacrifices qui marquèrent cette période de sa vie. M. de Sonis les accepta d'un cœur vaillant et généreux. Depuis longtemps, il était familier avec le mystère de la Croix, qu'il avait si souvent médité, et il était heureux de s'immoler avec son divin Maître. Il ne put cependant s'empêcher de ressentir, et vivement, les affronts et les injures dont il était victime.

Il fut surtout sensible à la disgrâce éclatante qui vint terminer brusquement sa carrière militaire ; et le vieux général, qui avait occupé des postes éminents dans l'armée française, se sentit frappé au cœur. Néanmoins, il supporta chrétiennement cette dernière et sanglante humiliation. Ce fut, à ses yeux, un nouveau trait de ressemblance avec son divin Maître, et qui le détacha davantage des choses de la terre, en le rapprochant plus que jamais de Jésus-Christ et de son tabernacle !

Car c'est là uniquement que le général de Sonis avait trouvé la force d'accomplir tous ces sacrifices héroïques. Il le proclamait bien haut lui-même, témoin cette lettre qu'il écrivait à cette époque : « Par suite de ma maladie, j'ai été séparé de ma fidèle compagne, de ma jambe de bois, sans laquelle je ne puis rien et suis condamné à l'immobilité la plus absolue. C'est vous dire que, pendant longtemps, j'ai été privé de la sainte communion et même de la sainte messe. Il me semblait que je n'étais plus chrétien ! Grâce à Dieu ! me voilà sur pied, et je puis boire à longs traits aux sources de la vie éternelle, ce qui me donne la force de porter le poids du jour ». Il disait encore : « Grâce à Dieu, nous avons ce qu'il faut pour porter avec joie nos peines, et nous trouverons toujours dans la sainte Eucharistie le remède à tous les maux, fussent-ils plus grands que ceux que nous subissons et ceux qu'on nous réserve ». Et cette capitale importance ou plutôt cette nécessité morale de la sainte communion, il avait soin de la rappeler à ses correspondants. Ecrivant un jour à un jeune officier dont l'âme inquiète et tourmentée avait besoin d'un guide autorisé, il lui conseillait nettement de s'acheminer vers le Tabernacle. « Retrempez-vous aux sources de la foi, abreuvez-vous du sang de Jésus-Christ. Croyez-bien qu'en dehors de la sainte Eucharistie, il n'y a que des alternatives de courage et de faiblesse, mais que la vraie force, la force indomptable est le partage des chrétiens fidèles chez qui Jésus-Christ est en permanence. »

La vie entière de l'illustre général avait été la réalisation de cette belle parole. Aussi la mort pouvait venir sans crainte : la sainte communion, gage et avant-goût de l'immortalité bienheureuse, l'y avait préparé depuis longtemps. Les derniers mois de sa vie furent marqués par de nouvelles souffrances, comme pour mieux disposer la victime au sacrifice suprême. M. de Sonis mourut le 15 août 1887, après avoir eu le bonheur de recevoir le matin même le saint Viatique, et d'être ainsi jusqu'au bout l'admirable convive de la divine Eucharistie(1) !

§ III. — Le Témoignage des Faits Sociaux.

L'action de l'Eucharistie sur le développement de la vie surnaturelle n'est pas moins remarquable dans les faits sociaux que dans les faits particuliers. Le tableau sommaire qu'on a lu, au premier chapitre, sur l'influence sociale de la communion, en est déjà la preuve. Il est facile d'ajouter quelques traits à cette esquisse, en montrant, par exemple, que les grandes institutions de l'Eglise catholique, tels que le *Sacerdoce* et les *Ordres Religieux*, sont redevables à l'Eucharistie du rôle sublime qu'ils jouent dans le monde.

(1) D'après Mr Baunard, *Le général de Sonis*, Paris, 1890, passim.

I

L'existence et l'action du sacerdoce catholique constituent un fait social de premier ordre, non seulement dans l'histoire de l'Église, mais dans les annales de l'humanité. Et comme le sacerdoce ne vit que par l'Eucharistie, il y a là un témoignage important à recueillir, en faveur des vivifiantes énergies de l'auguste sacrement.

On ne sait pas assez, même parmi les fidèles, ce qu'il faut au prêtre catholique de vigilance, d'abnégation et souvent d'héroïsme, pour être constamment à la hauteur de ses devoirs. On s'imagine parfois qu'il mène une vie facile, ou qu'il pratique la vertu comme par enchantement.

Erreur profonde.

Croit-on, par exemple, que la loi du célibat perpétuel — d'ailleurs si justement imposée par l'Église à ses ministres, — n'est pas un perpétuel sacrifice? Il faudrait connaître bien peu la nature humaine, pour ne pas apercevoir la beauté, la grandeur, mais aussi la difficulté de cette immolation constante de soi-même. Sevrer son cœur des joies légitimes de la famille humaine, contenir en soi le don de la vie, étouffer la voix si impérieuse de la chair et du sang, en un mot mener une existence virginale dans un monde corrompu ou corrupteur, n'est-ce pas là, je le demande, un sacrifice vraiment héroïque, et peut-être plus difficile, à certains égards, que celui de l'apôtre et du martyr ?

C'est avec un respect mêlé d'admiration qu'il faudrait saluer ce magnifique et perpétuel triomphe de l'esprit sur la chair. Car le clergé catholique, pris dans son immense majorité, donne au monde le fortifiant spectacle d'une vie pure et sans tache. Les ennemis du sacerdoce eux-mêmes sont obligés de le reconnaître. Et je n'en veux d'autre preuve que les cris de joie qu'ils poussent, quand par hasard un pauvre prêtre a le malheur d'oublier ses serments. En applaudissant à l'exception, ils prouvent la règle.

Ce n'est pas le lieu de montrer la raison d'être ni les hautes convenances du célibat ecclésiastique. La seule chose à noter ici, est le fait lui-même, et son caractère surhumain. Car abandonnée à elle-même, la créature est incapable d'un tel sacrifice. On ne s'élève à de telles hauteurs qu'avec le secours de Dieu, qui donne sa grâce à tous ceux qui la demandent et la cherchent où il faut.

C'est précisément ici que l'Eucharistie exerce une influence exceptionnelle sur la vie sacerdotale. Chaque matin, en effet, le prêtre va chercher à l'autel, dans ce rendez-vous mystérieux que lui donne Jésus-Christ, la force nécessaire pour mener une vie pure. Là, au contact de son cœur avec le Cœur sacré de son Maître, il apprend à dominer l'amour des créatures et à s'élever plus haut. Et quand ses lèvres, trempées dans le calice, ont bu à longs traits le sang qui purifie de toute souillure, il semble qu'un courant de chasteté nouvelle circule dans ses veines, électrisant tout son être et lui communiquant je ne sais quelle énergie divine qui protège et consolide sa vertu.

Aussi je ne m'étonne plus que l'Eglise ait eu la sublime audace d'imposer à ses ministres la redoutable obligation du célibat. L'Eucharistie explique cette mesure. Avec le sacrement de la pureté et de l'amour, l'Eglise savait fort bien qu'il est relativement facile d'immoler à Jésus-Christ son cœur et sa chair. Donnant au prêtre le pain des Anges en nourriture, elle avait le droit de lui demander une vie angélique.

Et c'est ainsi que le célibat perpétuel, qui est la gloire du sacerdoce, est en même temps un des plus beaux hommages qu'on puisse rendre à la puissante énergie de la sainte communion.

On arrive à la même conclusion, si l'on jette un coup d'œil sur l'ensemble de la vie sacerdotale. Curé de campagne ou missionnaire, éducateur de la jeunesse ou aumônier des pauvres, le prêtre catholique n'a partout qu'un devoir et une ambition : conduire les hommes au Ciel et soulager le plus possible les infortunes de la terre. C'est une belle vocation assurément, et qui tentera toujours les âmes nobles et généreuses, où l'amour de Jésus-Christ est plus fort que tout le reste. Mais comme cette vocation est difficile à remplir, et que d'innombrables sacrifices elle exige du prêtre !

Voyez, par exemple, ce modeste curé qui passe sa vie au fond d'une campagne, dans une de ces paroisses semi-païennes qu'on rencontre, hélas ! un peu partout, à notre époque. Tout semble conspirer contre son ministère pastoral : l'immoralité ravage la paroisse, l'impiété y a ses représentants officiels, la mauvaise presse pénètre dans un grand nombre de familles, et l'indifférence religieuse gagne chaque jour du terrain. Pour combattre ces obstacles, le zélé pasteur veut fonder une école chrétienne et créer des patronages où il invitera la jeunesse. Mais que d'obstacles arrêtent ses projets ! D'abord il n'a pas de ressources, il est obligé de quêter dans sa paroisse, et Dieu sait les refus humiliants, l'accueil dédaigneux, l'aumône avare qu'il rencontre. Ce n'est pas tout. Les mauvais journaux l'attaquent, les sectaires de l'endroit le calomnient, les personnages officiels le surveillent. On note soigneusement ses moindres paroles, on épie ses démarches, on dénature ses intentions, on le dénonce en haut lieu Il sera peut-être l'objet d'une enquête officielle, et il entendra ses paroissiens déposer contre lui. Si l'enquête lui est défavorable, on lui supprimera la modeste indemnité qui lui permettait de vivre, et les œuvres qu'il projetait seront arrêtées du même coup.

Des épreuves aussi dures vont-elles décourager l'humble curé de campagne ? S'il n'était qu'un vulgaire fonctionnaire, comme certains ignorants le prétendent quelquefois, certes ! il demanderait aussitôt à être relevé d'un poste aussi ingrat, et il secouerait la poussière de ses pieds sur la paroisse rebelle ou indifférente qui a méconnu son dévouement Mais le zélé pasteur n'est pas de la race des découragés, parce qu'il se nourrit tous les jours du Pain des forts, et qu'il puise, chaque matin, dans le sang de Jésus Christ, ce que saint Chysostome appelle « une audacieuse persévérance ». Non seulement il ne songe pas à abandonner sa paroisse, mais, à l'exemple de son divin Maître, il donnerait volontiers sa vie pour son troupeau, et il restera avec lui jusqu'à la mort, s'il le faut, sans jamais désespérer de l'avenir Il priera davantage pour ses paroissiens : il ajoutera des mortifications à ses prières, et il fera tant et si bien, qu'il obtiendra de Dieu, sinon la conversion de toute sa paroisse, du moins le salut de bien des âmes.

Voilà la vie du prêtre catholique, ou plutôt un de ses aspects particuliers. Il y a là, d'ailleurs, dans ce tableau restreint de l'existence sacerdotale, un ensemble de vertus assez rare pour exciter notre admiration, et pour justifier cette parole originale que disait un jour Napoléon 1er, rencontrant un prêtre qui allait visiter un malade pendant un orage épouvantable : « Ah ! Messieurs, quelle pâte d'hommes, que nos curés de France (1) ! » Le grand

(1 Chocarne, *Vie du P. Lacordaire*, Paris, 1880 ; t. II, p. 257. La page tout entière vaut la peine d'être citée : « Si Platon et Socrate, disait le P. Lacordaire, avaient pu voir ce spectacle d'un homme grave, instruit, ami de la vraie

empereur avait raison ; et, s'il avait voulu chercher l'explication du fait, il en aurait constaté le caractère surnaturel, et il n'aurait pas manqué de l'attribuer, avant tout, à la grâce eucharistique, quand elle est reçue dans une âme vraiment sacerdotale et qui sait utiliser le don de Dieu.

Du curé de campagne au missionnaire en pays sauvage, la transition est naturelle, parce que tous deux ont une vocation héroïque, et que tous deux vont puiser l'héroïsme à la même source, la divine Eucharistie.

Voici quelques traits empruntés au hasard à l'émouvante histoire des Missions catholiques, qui

---

Sagesse, se renfermant dans une bourgade pour cultiver l'intelligence et la conscience de pauvres paysans, instruire leurs enfants, les consoler dans leurs souffrances et les assister dans leurs derniers combats, ils eussent été ravis d'admiration. Voilà pourtant le Curé de campagne ! Peut-être contracte-t-il dans ce genre de vie des formes moins nobles, moins polies ; mais il y a dans cette âpreté de la surface plus de vrai dévouement que dans la plus fine aristocratie. C'est le sang des Barbares qui a régénéré l'empire romain ; c'est encore le même sang du peuple qui est l'organe de toutes les grandes choses, et en particulier de celle qui sauve le monde; le dévouement sacerdotal. Napoléon I*r*, dans une promenade, est surpris par un affreux orage et forcé de se réfugier dans une chaumière. Comme il était sur le seuil de la porte, il voit passer un Curé qui affronte l'orage à pas précipités; il l'appelle et lui demande où donc il peut aller par un pareil temps ? — « Monsieur, lui répond le digne prêtre sans le reconnaître, je vais porter à un mourant les dernières consolations de la religion. » Napoléon, ému, regarde ses amis en leur disant : « Messieurs, quelle pâte d'hommes que nos curés de France ! »

montrent bien le rôle capital que joue la sainte communion dans la vie du missionnaire.

Le XIXᵉ siècle a admiré, et c'était justice, le sublime dévouement du P. Damien, qui mourait de la lèpre en 1889, après avoir consacré une grande partie de son existence à l'évangélisation des lépreux de Molokaï. On peut soupçonner quelque chose des souffrances qu'il endura, par ce fragment d'une lettre qu'il écrivait au début de son ministère : « La lèpre, disait-il, est une maladie quasi incurable. L'haleine même des lépreux devient tellement infecte, que l'air en est empoisonné. J'ai eu beaucoup de peine à m'habituer à vivre dans cette atmosphère. Un jour, pendant la grand messe, je me suis trouvé tellement suffoqué que j'étais sur le point de quitter l'autel pour aller respirer l'air au dehors ; mais je fus retenu par la pensée de Notre-Seigneur faisant ouvrir devant lui le tombeau de Lazare. Maintenant la délicatesse de mon odorat ne m'occasionne plus cette souffrance, et j'entre sans difficulté dans les chambres infectes de ces pauvres lépreux. Quelquefois cependant, j'éprouve encore de la répugnance ; c'est lorsqu'il s'agit de confesser des malades dont les plaies sont remplies de vers, semblables à ceux qui dévorent les cadavres dans la tombe (1). »

Où donc le P. Damien puisait-il le courage nécessaire pour surmonter les répugnances de la

---

(1) P. Tauvel, *Vie du P. Damien*, Lille, 1887 ; p. 95.

nature et affronter de si horribles dangers? Son secret était le même que celui de tous les saints : l'Eucharistie était la source de son perpétuel héroïsme. « Sans le Saint-Sacrement, écrivait-il à son frère, une position comme la mienne ne serait pas tolérable. Mais, ayant Notre-Seigneur avec moi, je continue à être gai, et je travaille avec ardeur au bonheur de mes chers lépreux (1). »

Tous les missionnaires tiennent le même langage, et répètent à l'envi la parole que disait un jour saint François Xavier au milieu des écrasants labeurs de son apostolat : « La plus grande peine du missionnaire est d'être privé du pain céleste qui fortifie le cœur de l'homme, et qui est l'unique consolation dans les traverses et les maux de cette vie (2). » Parole tellement vraie, que, sans la perspective d'avoir Jésus-Christ comme compagnon et comme nourriture, les missionnaires n'oseraient pas affronter les durs et périlleux labeurs que demande la conquête des âmes. Ils l'ont déclaré maintes fois, entre autres cet évêque du Mackensie, Mgr Grouard, qui demandait un jour au pape Pie IX la permission pour ses missionnaires de conserver toujours la sainte Eucharistie, et par conséquent sans lampe. « Mon fils, dit le Pape, une telle demande exige réflexion. — Très Saint Père, répondit l'évêque, si Votre Sainteté ne peut l'ac-

---

(1) *Ibid.*, p. 171.
(2) *Lettres de saint François-Xavier*, lettre 108.

corder, il faudra abandonner la mission du Pôle Nord, car il nous est impossible d'y vivre de la manière dont nous devons le faire sans avoir le bonheur de posséder toujours la divine Eucharistie. » — Le Pape, vivement ému, s'écria : « Mon fils, faites ce que vous désirez (1). » Depuis ce moment, chaque missionnaire emporte avec lui son trésor, la divine Hostie du tabernacle, que tous les prêtres catholiques sont unanimes à proclamer, d'un bout du monde à l'autre, la suprême consolation de leurs épreuves et l'indispensable soutien de la vie sacerdotale.

II

Ce n'est pas seulement le sacerdoce catholique, ce sont toutes les congrégations religieuses qui rendent à la sainte communion un hommage public et social, en reportant hautement au Dieu de l'Eucharistie l'honneur des services si importants qu'elles rendent à l'Eglise et à la société tout entière.

Ce n'est pas le lieu de tracer le tableau, même sommaire, de ces innombrables services. Il suffira de prendre quelques traits çà et là, dans l'histoire des Œuvres contemporaines, auxquelles se vouent la plupart des congrégations religieuses.

Une de ces œuvres, et peut-être la principale,

(1) *Le Très Saint-Sacrement*, mars 1893, p. 643.

est l'enseignement chrétien, distribué aussi par une foule de prêtres et de laïques, qui rivalisent avec les religieux du zèle le plus pur. C'est une mission de choix, mais qui suppose un dévouement sans bornes.

L'enseignement supérieur exige une application plus forte, des recherches scientifiques plus difficiles, une tension d'esprit plus fatigante, en un mot une production intellectuelle si considérable, qu'elle ne peut s'opérer qu'aux dépens de la vie physique. C'est là que les écrivains catholiques s'exercent, suivant le mot de Lacordaire, à se crucifier à leur plume ; et il n'est pas rare de compter parmi eux des martyrs de la vraie science, qui, au lieu de verser leur sang tout d'un coup, comme les martyrs de la vraie foi, le donnent chaque jour goutte à goutte, pour Jésus-Christ et son Église. De ce nombre fut l'illustre Ozanam, mort en 1854, dans la pleine maturité de l'âge et du talent, pour s'être dépensé sans mesure au service des pauvres et de la vraie science. C'était un convive assidu de la table eucharistique.

Vient ensuite l'enseignement secondaire, où le maître chrétien n'est plus seulement un professeur de science, mais, avant tout, un éducateur des âmes. Et c'est ici le côté difficile de sa mission. Il doit étudier, autant que possible, chacun de ses élèves à part ; lui signaler ses défauts d'une main ferme et douce ; l'habituer à la lutte contre ses penchants vicieux, et lui enseigner le moyen d'être vainqueur ; le soutenir et le diriger dans la réforme de son caractère ; implanter dans son âme les habitudes chrétiennes ; en un mot, le façonner peu à peu à l'image de Jésus Christ. Vocation sublime, mais difficile entre toutes, parce qu'elle exige un ensemble de qualités assez rares, et surtout l'abnégation la plus complète de soi-même. Où donc les maîtres chrétiens vont-ils puiser la lumière et la force qui leur sont nécessaires pour ce travail d'infinie patience ? Posez-leur la question, ils vous feront tous la même réponse, en vous montrant le Cœur de Jésus dans l'Eucharistie. « C'est là, vous diront-ils, qu'on apprend les secrets de la véritable éducation. Avant de former Jésus-Christ dans les autres, il faut d'abord le former en soi-même, et le grand moyen de reproduire les traits du divin Maître est de se mettre en contact direct et personnel avec Lui, le plus souvent possible. » C'est la méthode qu'employait, entre autres, pour citer un exemple tout récent, ce prêtre admirable du collège de Lesneven, l'abbé Edouard Le Guillou, qui mourut à la fleur de l'âge, en 1893, et dont la vie tout entière peut se résumer en deux mots : l'amour passionné de l'Eucharistie, et le dévouement le plus absolu pour ses élèves. Mgr Valleau, évêque de Quimper, ne put s'empêcher de pleurer sa mort. « Quel amour de la jeunesse, écrivait-il à son sujet, et quel besoin du salut des âmes dans ce vrai prêtre éducateur ! Comme il savait exercer sur elle une influence bienfaitrice !...... Mais aussi quels accents, quand il parlait de la sainte Eucharistie ! Son désir le plus ardent et qui perce en chacune de ses lettres, c'est que Jésus soit aimé, adoré, et reçu dans son divin sacrement. C'est encore l'Eucharistie qui est le thème invariable de ses exhortations en chaire, au catéchisme, et dans ses pieuses réunions de la Congrégation (1). » Voilà tout le secret de l'abbé Le Guillou pour élever la jeunesse : il fut *le vrai prêtre de l'Eucharistie*, et c'est le beau nom qu'on lui donne encore dans le diocèse de Quimper.

Les maîtres chrétiens des écoles primaires n'ont pas une tâche moins difficile à remplir que les professeurs de collèges et d'universités. Leurs fonctions n'exigent pas sans doute les mêmes efforts intellectuels ; et ils ne connaissent pas, en général, ces préoccupations poignantes qui tourmentent parfois le prêtre, quand il s'agit de décider l'avenir et la vocation d'un jeune homme. Mais, en revanche, l'enseignement proprement dit est peut-être plus ingrat à l'école primaire qu'au collège. Ici, du moins, on goûte certaines satisfactions intellectuelles et de réelles consolations. L'élève apprécie déjà le dévouement de ses maîtres ; et, s'il a le cœur bien fait, il leur témoignera sa reconnaissance, non seulement par une affection sincère, mais surtout par des progrès sérieux dans la science et la vertu. A

(1) P. Lambert, *Un serviteur de l'Eucharistie* : *l'abbé E. Le Guillou*, Paris, 1894 ; lettre-préface.

l'école primaire, où il n'y a que de jeunes enfants, la plupart des élèves sont incapables de comprendre le dévouement de ces modestes *Frères* et de ces humbles *Sœurs*, qui passent leur vie à répéter sans relâche les mêmes exercices et les mêmes leçons. Apprendre aux enfants à lire, à écrire, à calculer, à dessiner etc., et cela pendant quarante ou cinquante ans, n'est pas toujours très agréable. Humainement parlant, l'horizon intellectuel de l'école primaire est bien borné ; et, si l'on excepte l'enseignement de la religion et de l'histoire sainte, il n'offre que des points de vue peu surnaturels pour l'esprit du chrétien Joignez à cela le devoir beaucoup plus important de la formation morale que le maître doit remplir vis-à-vis de l'enfant, et vous soupçonnerez l'immense difficulté de sa tâche. Car il ne faut pas oublier, dit un écrivain moderne « que l'enfant naît avec le germe de tous les vices : il est orgueilleux, vindicatif, envieux, gourmand, paresseux ; en général, il préfère le mal au bien. Si ces inclinations vicieuses, au lieu d'être réprimées, se fortifient par l'habitude, elles deviendront incorrigibles (1). »

Et c'est ici qu'il faut encore poser la même question à ces Religieux et à ces Religieuses qui consacrent leur vie à l'instruction chrétienne des enfants. Où vont-ils chercher le courage, la patience, et l'abnégation quotidiennes qui leur sont nécessaires ?

(2) Martinet, *Œuvres complètes*, Paris, 1860 ; tome IV, p 93.

Leur réponse à tous sera identique : « Ouvrez nos Constitutions et nos Règles, vous diront-ils ; et lisez le chapitre qui concerne la fréquentation des sacrements. La haute importance que nos Fondateurs et nos Fondatrices ont attachée à la sainte communion ; le soin très spécial qu'ils ont pris de nous recommander cette salutaire pratique ; les avis si précieux qu'ils nous ont donnés à ce sujet, tout cela vous donnera l'explication de notre conduite. C'est l'Eucharistie qui nous soutient dans nos labeurs de chaque jour, et c'est dans le Cœur de Jésus que nous apprenons à aimer nos enfants ».

Bien plus, les Fondateurs de certaines congrégations ont si bien compris l'importance exceptionnelle de la sainte communion dans l'instruction chrétienne de l'enfance, que, pour faciliter davantage la mission des éducateurs, il leur ont fait la recommandation expresse de favoriser, parmi leurs élèves, la réception assidue des sacrements. Voici, entre autres, les avis que donne saint Jean-Baptiste de la Salle aux *Frères des Ecoles chrétiennes* : « Il faut, leur dit-il, qu'à l'imitation des **apôtres**, vous ayez une *attention toute spéciale* à *faire recevoir les Sacrements* à ceux que vous instruisez... Vous devez veiller à ce qu'ils se confessent souvent, après leur avoir appris la manière de le bien faire ; et, par dessus tout. les disposer à faire saintement leur première Communion et à *communier ensuite fréquemment*, afin qu'ils puissent conserver les grâces reçues la première fois qu'ils auront fait cette importante action. Oh ! si vous conceviez les grands biens que vous leur feriez en leur procurant la conservation et l'augmentation de la grâce *par le fréquent usage des sacrements*, vous ne vous lasseriez jamais de les en instruire, de les y exhorter (1) ».

Avec l'enseignement chrétien, les congrégations religieuses s'occupent aussi des Œuvres charitables proprement dites. Elles soignent, entre autres les malades, les incurables, les pauvres, les orphelins, les idiots, les aveugles, et, d'une façon générale, les malheureux de toute nature. Ici encore, il faut une charité sans bornes, et souvent de l'héroïsme. C'est le mot qui traduit le mieux, en particulier, le dévouement de ces admirables Religieuses qui se consacrent dans les hôpitaux au service de la souffrance et de la misère humaine. Les adversaires les plus déclarés du christianisme reconnaissent eux-mêmes ce qu'il y a d'héroïque dans ces sublimes vocations. « Peut-être, dit Voltaire, n'est il rien de plus grand sur la terre que le sacrifice que fait un sexe délicat, de la beauté, de la jeunesse, et souvent de la haute naissance, pour soulager dans les hôpitaux le ramassis de toutes les misères humaines, dont la vue est si humiliante pour notre orgueil et si ré-

(1) B. de la Salle, *Méditations*, Paris, 1866 ; 56⁰ médit., 3⁰ point, et 200⁰ médit., 2⁰ point.

voltante pour notre délicatesse (1) ». Eh! sans doute, dit un grand Evêque, citant ce passage; mais ne vous arrêtez pas au fait, cherchez-en l'explication. Croyez vous que ces retraites soient inaccessibles aux ennuis, aux dégoûts, aux orages du cœur? Que le cœur humain, qui se fatigue de plaisir, ne se fatigue jamais de sacrifices? Lorsqu'en parcourant ces salles lugubres, ces anges songent qu'au lieu de cette vie douce et brillante qu'un seul mot leur rendrait, au lieu de cette famille qui les rappelle, il faudra panser ces plaies étrangères, entendre ce râle des agonisants, ensevelir ces cadavres inconnus, non pas une semaine, un mois, mais trente ans, mais toujours; croyez-vous que leur courage ne soit jamais prêt de succomber sous cet avenir? » (2) N'est-ce pas un vrai martyre, que cette vie passée au milieu de la mort, dans cette atmosphère lugubre et malsaine où tout se réunit pour crucifier la nature; où l'oreille n'entend que des gémissements et des râles, l'odorat ne sent que des haleines fétides, et les poumons ne respirent qu'un air fatalement corrompu? Il y a là, quoi qu'on en dise, un dévouement qui surpasse les forces de la nature humaine livrée à ses seules énergies; et je n'en veux d'autre preuve que les tentatives impuissantes qu'on a faites de nos jours pour improviser, en dehors du Christ et de son

(1) *Essai sur les mœurs,* chap. 139.
(2) Mgr Gerbet, *Le Dogme générateur,* etc., Paris, 1852; p. 101.

Eglise, des infirmiers et des infirmières chargés de soigner les pauvres malades. Il n'y a qu'un moyen de procurer le soulagement efficace de la souffrance humaine, et de se dépenser corps et âme au service de la misère : c'est l'exemple et le secours perpétuel du divin Crucifié. Lui seul est capable de faire dominer les répugnances de la nature, et d'élever jusqu'aux sublimes hauteurs de l'héroïsme continu. Et ce prodige de charité fraternelle ne peut régulièrement s'opérer que par le sacrement de l'amour.

Il n'est pas jusqu'aux incrédules contemporains qui n'aient reconnu, à leur manière, l'action de l'Eucharistie sur la charité fraternelle ; témoin la déclaration de Taine, dont personne ne suspectera la véracité. Dans un de ses ouvrages, où il examine la situation de l'Eglise en ce siècle, il ne cache pas ses sympathies ni son admiration pour les œuvres de charité et d'apostolat qu'elle a enfantées depuis la Révolution. Et il raconte que des étrangers, visitant un jour la maison-mère des Lazaristes, entendirent ces paroles de la bouche du supérieur général, le R. P. Etienne : « Je vous ai fait connaître le détail de notre vie, mais je ne vous en ai pas donné le secret. Ce secret, le voici : c'est Jésus-Christ connu, aimé, servi dans l'Eucharistie (1). » L'historien libre-penseur a-t-il compris

(1 *Les Origines de la France contemporaine*, *Régime moderne*, II, p. 114.

la justesse et la beauté de cette parole ? On ne saurait le dire. Une chose est certaine, c'est que tous les chrétiens qui sont dignes de ce nom feraient, sans hésiter, la même profession de foi, car les âmes généreuses se tournent comme d'instinct vers la divine Eucharistie, quand il s'agit de montrer le grand foyer d'amour où s'allument les ardeurs de leur inextinguible charité.

CHAPITRE IV

La sainte Communion
RÉPARE LES PERTES DE LA VIE SURNATURELLE.

La vie surnaturelle peut être plus ou moins riche et plus ou moins languissante. Elle est faite, sans doute, pour croître et se développer constamment dans notre âme jusqu'au moment de sa transformation en vie bienheureuse. Elle n'est assujettie, de sa nature, à aucune période de décadence ; et Dieu ne désire qu'une chose, la voir se fortifier en nous par ces ascensions du cœur dont parle l'Ecriture. Mais, hélas ! ces progrès continus dans la vie chrétienne, sans le moindre arrêt et sans faiblesse aucune, sont un privilège spécial que Dieu se réserve d'accorder à qui lui plaît. C'est le partage d'un bien petit nombre. Chez la plupart, il y a des défaillances au moins légères, des négligences quelquefois nombreuses, des fautes plus ou moins graves sans doute, mais réelles, et qui sont autant de pertes pour l'âme en état de grâce.

L'Eucharistie a précisément pour effet de *réparer ces pertes* de la vie surnaturelle.

Que faut-il entendre, au juste, par cette formule?

Evidemment, on ne peut pas l'interpréter en ce sens que la sainte communion aurait pour fonction régulière de rendre la vie de la grâce aux pécheurs qui l'ont perdue par le péché mortel. Sacrement des vivants et non des morts spirituels, l'Eucharistie est faite pour les justes qui possèdent ce principal vital d'existence surnaturelle qu'on appelle la grâce sanctifiante. D'ailleurs, à vrai dire, la rémission du péché mortel n'est pas une *réparation* de pertes vitales, mais une *restitution* complète de la vie, une résurrection pure et simple.

Impuissante de sa nature vis-à-vis des fautes graves qui détruisent en nous la vie divine, l'Eucharistie possède en revanche une efficacité merveilleuse contre le péché véniel, qui se borne à l'affaiblir. Nous verrons tout à l'heure en quel sens peut se produire une déperdition plus ou moins considérable de cette vie sublime. Ce qu'il importe de noter pour le moment, c'est que toute perte vitale proprement dite, qui n'entraîne pas la mort dans l'ordre de la grâce, est surtout l'œuvre du péché véniel. Si donc l'Eucharistie a pour fonction de remettre ce péché, et d'exciter en nous l'amour de Dieu, il est clair que le concile de Florence visait directement cet effet spécial; en nous présentant la communion comme un agent réparateur de la vie surnaturelle.

CHAPITRE IV

La sainte Communion
répare les pertes de la vie surnaturelle.

La vie surnaturelle peut être plus ou moins riche et plus ou moins languissante. Elle est faite, sans doute, pour croître et se développer constamment dans notre âme jusqu'au moment de sa transformation en vie bienheureuse. Elle n'est assujettie, de sa nature, à aucune période de décadence ; et Dieu ne désire qu'une chose, la voir se fortifier en nous par ces ascensions du cœur dont parle l'Ecriture. Mais, hélas ! ces progrès continus dans la vie chrétienne, sans le moindre arrêt et sans faiblesse aucune, sont un privilège spécial que Dieu se réserve d'accorder à qui lui plaît. C'est le partage d'un bien petit nombre. Chez la plupart, il y a des défaillances au moins légères, des négligences quelquefois nombreuses, des fautes plus ou moins graves sans doute, mais réelles, et qui sont autant de pertes pour l'âme en état de grâce.

L'Eucharistie a précisément pour effet de *réparer ces pertes* de la vie surnaturelle.

Que faut-il entendre, au juste, par cette formule ?

Evidemment, on ne peut pas l'interpréter en ce sens que la sainte communion aurait pour fonction régulière de rendre la vie de la grâce aux pécheurs qui l'ont perdue par le péché mortel. Sacrement des vivants et non des morts spirituels, l'Eucharistie est faite pour les justes qui possèdent ce principal vital d'existence surnaturelle qu'on appelle la grâce sanctifiante. D'ailleurs, à vrai dire, la rémission du péché mortel n'est pas une *réparation* de pertes vitales, mais une *restitution* complète de la vie, une résurrection pure et simple.

Impuissante de sa nature vis-à-vis des fautes graves qui détruisent en nous la vie divine, l'Eucharistie possède en revanche une efficacité merveilleuse contre le péché véniel, qui se borne à l'affaiblir. Nous verrons tout à l'heure en quel sens peut se produire une déperdition plus ou moins considérable de cette vie sublime. Ce qu'il importe de noter pour le moment, c'est que toute perte vitale proprement dite, qui n'entraîne pas la mort dans l'ordre de la grâce, est surtout l'œuvre du péché véniel. Si donc l'Eucharistie a pour fonction de remettre ce péché, et d'exciter en nous l'amour de Dieu, il est clair que le concile de Florence visait directement cet effet spécial, en nous présentant la communion comme un agent réparateur de la vie surnaturelle.

§I. — Les Données Théologiques.

1

On ne s'attend pas à voir exposer ici la théorie complète du péché véniel. Il est pourtant nécessaire de rappeler les principes généraux qui le concernent, pour bien faire comprendre la question que nous traitons dans ce chapitre.

Tout le monde sait qu'il y a une différence radicale entre le péché mortel et le péché véniel.

Celui-là soustrait complètement l'homme à l'obéissance fondamentale, à l'ordre élémentaire où il est tenu de rester vis-à-vis de Dieu ; en d'autres termes, il place notre *fin dernière* dans la créature, faussant ainsi du même coup nos rapports essentiels avec Dieu, brisant le lien vital qui nous unissait à lui par la grâce, et souillant notre âme d'une tache humainement ineffaçable.

Le péché *véniel* a un caractère tout autre. Il ne s'attaque pas absolument à Dieu considéré comme *fin dernière*, et ne nous empêche pas de rester, vis-à-vis du Créateur, dans l'ordre et la soumission fondamentale. Toutefois, il nous attache, outre mesure, aux choses créées, qui fixent momentanément notre cœur, arrêtent son élan *actuel* vers Dieu, et deviennent ainsi comme une sorte de fin prochaine où il se complaît. D'où résulte un trouble évident, quoique accidentel, dans le plan divin qui nous gouverne. Comparé aux fautes graves, le péché véniel est une désobéissance légère, qui n'entraîne pas la rupture avec Dieu, puisque l'âme reste toujours orientée vers sa fin dernière ; mais, comparé aux mouvements de l'âme juste qui se rapproche de sa vraie destinée par les bonnes œuvres, c'est une déviation incontestable du but, ou, à tout le moins, un arrêt dans la marche vers le ciel.

Laissant d'ailleurs subsister l'union fondamentale avec Dieu, le péché véniel n'entraîne pas après lui de souillure proprement dite, ou, du moins, ne produit qu'une tache légère, semblable à ces poussières plus ou moins fines qui se déposent à la surface des corps et ternissent leur brillant.

Saint Thomas, dont nous exposons la doctrine, distingue en effet comme deux sortes de beauté ou d'éclat dans toute âme en état de grâce (1). Il y a la beauté *habituelle*, qui accompagne toujours la grâce sanctifiante dont elle est le reflet ; puis la beauté *actuelle*, qui résulte des bonnes œuvres, et, en général, du fonctionnement harmonieux de la vie surnaturelle. La première est en dehors et au-dessus des atteintes du péché véniel ; car on sait qu'il *ne diminue pas* la grâce sanctifiante proprement dite. Les dons de Dieu sont sans repentance, et quand notre Père qui est aux cieux com-

(1) *Sum. Theol.*, I. II. q. 89. a. 1. Cf. III. q. 87. a. 2. ad 3.

munique à ses enfants ce quelque chose de sa propre nature qui est la grâce, il entend bien que nous gardions ce trésor fondamental dans son intégrité divine, jusqu'au moment où nous avons le triste courage de le chasser de notre cœur par le péché mortel.

Impuissant vis-à-vis de la grâce sanctifiante et de la beauté habituelle qu'elle confère à notre âme, le péché véniel s'attaque en revanche, avec un plein succès, à la beauté actuelle qui est en nous l'épanouissement de la vie divine. Nous avons décrit, au début de ce travail, l'organisme général de cette vie mystérieuse dont le fonctionnement est d'autant plus harmonieux, que toutes nos facultés se prêtent avec une docilité plus absolue aux influences de la grâce. L'âme juste ne saurait donc attacher trop d'importance au nombre et à la qualité de ses bonnes œuvres. Plus elle déploie de saine et généreuse activité pour affermir le règne de Dieu en elle-même et dans les autres, plus elle augmente l'intensité de sa vie surnaturelle. Et c'est surtout la charité, comme nous l'avons dit, qui contribue à ce résultat.

Or, le péché véniel a ceci de particulier, qu'il arrête ou diminue l'activité surnaturelle, et, en première ligne, l'amour divin. Au lieu de diriger nos facultés vers Dieu, il les incline vers la créature, non sans doute pour s'y complaire au point de sacrifier l'amitié divine, mais pour en jouir outre mesure, malgré le précepte le plus formel.

C'est donc le grand obstacle qui s'oppose en nous à l'exercice normal de la vie déifique. Car il est tout le contraire de l'*amour actuel*, où cette vie trouve précisément son véritable régulateur. Il y a une opposition radicale entre l'acte qui élève notre cœur vers Dieu, et celui qui l'abaisse vers la créature. Le premier est un mérite, et le second, une faute.

Quand le péché véniel devient une habitude, et passe, pour ainsi dire, à l'état chronique, il produit alors la *tiédeur*, qui est une sorte de dégoût du divin (1). Rien n'entrave davantage le jeu régulier de la vie surnaturelle. Tous les ressorts de l'âme tiède sont comme paralysés, quand il s'agit de servir Dieu et de garder ses commandements. Le Saint-Esprit a voulu nous tracer lui-même un sombre tableau de cet état psychologique, pour nous en inspirer l'horreur. « Il serait à souhaiter, nous dit-il, que vous fussiez froid ou chaud. Mais, parce que vous êtes tiède... je suis sur le point de vous vomir de ma bouche. Vous dites que vous êtes riche, et que vous nagez dans l'opulence. Erreur ! Car vous êtes misérable, pauvre, aveugle et nu (2). » Aussi l'Esprit-Saint nous invite-t-il à secouer la tiédeur ; bien plus, il nous indique lui-même le remède qu'exige le mal. C'est « d'acheter de l'or en fusion », autrement dit, d'obtenir de Dieu qu'il veuille bien

---

(1) S. Thom., II-II, q. 35, a 2 et sq.
(2) Apoc., III, 15-17.

nous aider, par des secours énergiques, à réchauffer notre cœur et aviver notre amour languissant. Et, comme l'Eucharistie est le foyer principal des divines ardeurs, on peut croire qu'elle était visée directement par l'invitation de l'Esprit-Saint.

II

Il est incontestable que l'Eucharistie est le remède sacramentel par excellence du péché véniel.

C'est l'enseignement du concile de Trente, qui nous présente la communion « comme *un antidote* chargé de nous délivrer *de nos fautes quotidiennes* (1). » Cette délivrance, ou ce pardon, ne concerne pas évidemment le péché mortel, qui échappe de sa nature à l'action eucharistique, et que nous n'avons pas, Dieu merci ! à effacer tous les jours. Il s'agit là du péché véniel, phénomène, hélas ! si fréquent, qu'on peut l'appeler *quotidien*, et dont personne ne peut éviter — toute sa vie — la malsaine influence, sans un privilège spécial. L'homme avait donc besoin d'un secours médicinal qui fût toujours à sa portée, pour guérir son mal. « Tombant à chaque instant dans le péché, dit un Père de l'Eglise, il me faut aussi un remède de tous les jours. » Et ailleurs : « Nous prenons

(1) Sumi voluit sacramentum hoc... tanquam antidotum quo liberemur a culpis quotidianis (Sess. XIII, cap. 2).

chaque jour le pain céleste, afin de remédier à nos infirmités quotidiennes (1). »

L'Ecriture elle-même insinue clairement cette vertu réparatrice de la sainte communion, dans ce passage bien connu de l'Evangile, où Notre Seigneur invite les fidèles à chercher le réconfort de l'âme. « Venez à moi, leur dit-il, vous tous qui sentez le poids du labeur et de la souffrance, et je vous ranimerai (2). » Sans doute, des paroles si consolantes ne visent pas spécialement l'action eucharistique ; elles ont une portée plus générale, et conviennent à toutes les situations de l'âme humaine, qui a besoin de Jésus Christ dans ses accablements et ses fatigues. Mais précisément parce qu'il n'y a pas de restriction à cette formule, la promesse du Sauveur ne peut pas concerner exclusivement sa vie mortelle, mais elle doit s'appliquer aussi à son état eucharistique. C'est là que le divin Consolateur est établi en permanence, pour restaurer l'âme humaine. C'est à la sainte table qu'il nous a ménagé ce sublime rendez-vous dont parle l'Evangile, sous la forme d'un festin merveilleux, où les âmes fatiguées se retrempent, où les tièdes se réchauffent, où les mourantes se raniment. L'auteur de l'*Imitation* comprenait si bien le rapport étroit qui existe entre l'Eucharistie et l'invitation du Sauveur, qu'il a inscrit d'emblée ces divines paroles en tête de

---

(1) S. Ambros. ou plutôt l'auteur anonyme du *De Sacramentis*, lib. ɪɪ. c. 4.

(2) Matth. xɪ, 28.

son dernier livre, consacré tout entier, comme on le sait, à l'auguste sacrement.

La liturgie catholique met bien en relief cet aspect particulier de l'économie eucharistique dans la vie surnaturelle. Et c'est surtout au moment qui suit la communion à la Messe, que l'Eglise attire l'attention de ses ministres et de ses fidèles sur la vertu purificatrice du sacrement de l'amour. La prière que récite alors le prêtre, — elle s'appelle la *Postcommunion*, — est à la fois une supplication ardente qu'il fait monter vers Dieu, pour lui demander la surabondance de ses grâces, et une invitation discrète qu'il adresse aux fidèles de tirer du sacrement qu'ils ont reçu le fruit spécial que se propose l'Eglise. Or, parmi les fruits de salut qu'elle sollicite alors de la miséricorde divine et qu'elle engage la liberté humaine à s'approprier par un concours généreux à la grâce, vient se placer fréquemment le pardon des péchés véniels.

Ici encore, les formules liturgiques qui expriment cet effet spécial de la communion, offrent une variété remarquable. Elles se ramènent pourtant, semble-t-il, à deux classes générales, où l'on envisage tour à tour l'aliment eucharistique comme une source de *purification* et un principe de *restauration* ou de *renouvellement* pour la conscience (1).

(1) Le lecteur remarquera sans peine l'analogie qui existe entre ces formules et celles que nous avons signalées au chapitre II. Elle s'explique par l'analogie des matières elles-

Nous en citons quelques-unes au hasard : — « Seigneur, que votre action médicinale nous débarrasse de toutes nos perversités, et nous amène à tout ce qui est droit (1). Nous vous en prions, Seigneur, que votre sacrement nous purifie, et que son action en nos âmes achève de vous les rendre agréables... Accordez-nous le pardon par la vertu du sacrement que nous venons de recevoir (2). » Ailleurs, c'est « l'expiation, la guérison et surtout le renouvellement ou la réfection de l'âme, qu'on attribue à l'Eucharistie. « Seigneur, faites que l'efficacité de votre sacrement restaure notre âme, et la fasse participer à ce mystère de salut, en la débarrassant de la vétusté qui la dépare (3) »

C'est dans le même sens que s'exprime le catéchisme du concile de Trente, qui fut publié, comme on le sait, par l'ordre du pape Pie V, en guise de commentaire à l'exposé officiel que les Pères de Trente avaient fait de la doctrine catholique. Il s'étend avec complaisance sur l'analogie que nous avons tant de fois signalée entre les effets de la nourriture matérielle et ceux de l'aliment eucharistique, et il tire de là un argument, pour affirmer

---

mêmes. Notons cependant qu'il y a une différence notable de points de vue dans les deux cas Ici, en effet, on considère la vertu médicinale de la communion comme *purificatrice*; tandis que, précédemment, on montrait son caractère *préservateur*

(1) Domin. VII et XIX Pentec.
(2) Sabb. post Dom. IV. Quadr. Cf. Fest. S. Mathiæ.
(3) Domin. I Quadr. Cf. Dom. VII. Pentec.

la rémission du péché véniel par la sainte communion. « Tout ce que l'ardeur de la concupiscence enlève à l'âme juste, en la faisant tomber dans certaines fautes peu graves, lui est restitué par l'Eucharistie qui efface ces souillures légères; de même que dans l'ordre naturel, — car il ne faut jamais perdre de vue la comparaison déjà employée, — les pertes quotidiennes qui sont dues au jeu de nos organes sont réparées par la nourriture physique (1). »

La discipline générale de l'Eglise dans l'administration des sacrements de Pénitence et d'Eucharistie vient à l'appui de notre thèse, et nous fournit un argument précieux, basé sur la fréquence de la communion et la rareté relative de l'absolution en matière de péché véniel.

On peut dire en effet, d'une façon générale, que les fidèles en état de grâce se sont toujours approchés plus souvent de la sainte table que du tribunal de la Pénitence. Il y a eu des exceptions sans doute, du onzième au treizième siècle notamment. Mais, dans l'ensemble de son histoire, l'Eglise a recommandé et distribué davantage la sainte communion. C'est le sacrement qui a eu, et de beaucoup, ses préférences les plus intimes. C'est lui qu'elle a conseillé, et conseille encore avant tout, quand il s'agit de ses enfants privilégiés, ceux qui sont en état de grâce. Et pourtant, elle n'ignore

(1) Pars 2ᵃ, n. 53.

pas que les âmes les plus pures commettent parfois le péché véniel. N'est ce pas la preuve que, dans sa pensée, l'Eucharistie possède une vertu spéciale contre ces fautes légères dont les plus parfaits ne savent pas se préserver ? Car ce n'est pas, notons-le bien, le sacrement de Pénitence, mais le sacrement d'Amour qu'elle invite alors ses enfants coupables à recevoir ; ce n'est pas l'absolution proprement dite, c'est la communion qu'elle leur présente comme le *remède quotidien* de leur mal. Il serait d'ailleurs pratiquement impossible d'absoudre tous les pécheurs qui voudraient obtenir au saint tribunal le pardon journalier de leurs fautes vénielles. L'économie sacramentelle eût été imparfaite, s'il n'y avait pas eu, pour effacer les souillures légères, un bain purificateur autre que la Pénitence.

Est-ce à dire que ce dernier sacrement ne soit pas dirigé de sa nature contre le péché véniel ? Loin de nous une telle pensée. Non seulement il remet toutes sortes de fautes par l'absolution sacerdotale, mais il offre aussi l'avantage d'en inspirer l'horreur, par la confession qu'il suppose, la contrition qu'il exige, et les avis du prêtre qui l'accompagnent. Tout cela est incontestable, mais ne détruit pas ce que nous avons dit plus haut. Si efficace qu'il soit, le sacrement de Pénitence ne joue pas et ne peut pas jouer un rôle aussi pratique que l'Eucharistie dans la rémission du péché véniel. Il n'est pas, chaque jour, à la portée des âmes, comme la communion qui est toujours là pour effacer nos manquements quotidiens.

Aussi, dans les premiers siècles de l'Eglise, et pendant une période de temps assez considérable, les fidèles ne songeaient-ils pas à demander au sacrement de Pénitence le pardon de ces fautes. Il était suffisant, à leurs yeux, de soumettre le péché mortel au pouvoir des clefs, puisqu'ils avaient à leur disposition d'autres moyens énergiques — et avant tout l'Eucharistie — pour remettre les péchés véniels. Cette coutume peut sembler actuellement étrange, et même téméraire; Dieu me garde de vouloir la ressusciter parmi les fidèles ! Mais elle prouve au moins une chose, l'importance que les chrétiens d'autrefois attachaient à l'Eucharistie comme au sacrement réparateur de la vie surnaturelle.

III

Un mot de la *manière* dont la sainte communion efface le péché véniel.

Saint Thomas nous l'apprend, ou plutôt nous l'insinue, quand il cherche les fondements théologiques où s'appuie le dogme que nous étudions. Deux choses, écrit-il, sont à considérer dans l'Eucharistie : les éléments constitutifs du sacrement, et son action ou effet propre. Or, à ce double point de vue, il est manifeste que l'Eucharistie a le pouvoir de remettre le péché véniel.

D'abord, le sacrement a été institué sous forme

de nourriture C'est le principe fondamental qu'on ne doit jamais oublier, le point de départ de toute argumentation en matière de théologie eucharistique. Or si la chair du Christ est « en toute vérité une nourriture et son sang en toute vérité un breuvage, » il s'ensuit que le sacrement, à ne considérer que la matière et la forme dont il se compose, possède une vertu réparatrice à l'égard de la vie surnaturelle. Car tout aliment, quel qu'il soit, est essentiellement réparateur. Et l'acte de la nutrition a pour but, non seulement d'entretenir ou d'augmenter les forces vitales, mais aussi de réparer les pertes qu'elles ont subies. En tout ordre de choses, il faut que l'être vivant remplace, par une assimilation convenable d'éléments étrangers, les perpétuelles dépenses d'énergie qu'exige l'effort vital. Le corps humain, par exemple, est obligé d'emprunter au règne végétal et animal ce qu'il perd de ses chaudes effluves, par le seul jeu de ses organes et l'action du milieu ambiant. De même, il convient que les déperditions de vie surnaturelle dont nos fautes journalières sont le principe, soient compensées par une assimilation d'ordre divin, la seule qui puisse restaurer pleinement les forces de l'âme baptisée. Et ce rôle appartient au sacrement de l'Eucharistie, que Notre-Seigneur a institué tout exprès pour être la nourriture du chrétien, c'est à dire l'aliment réparateur par excellence de son âme appauvrie (1)

(1) *Sum. Theol*, III, q. 7., a. 4.

Plusieurs théologiens, notamment ceux de l'école thomiste, se sont emparés de ce raisonnement du Docteur angélique, pour en tirer cette conclusion, que le sacrement de l'Eucharistie remettait les péchés véniels *ex opere operato*, c'est à dire par son énergie intrinsèque et immédiate, à la manière du sacrement de pénitence. On suppose, bien entendu, que le communiant réunit toutes les conditions exigées en pareil cas, et qui se résument dans cette formule générale du concile de Trente, « l absence de tout obstacle à l'action sacramentelle, *non ponentibus obicem* (1). »

Quoi qu'il en soit de cette opinion, qui revendique pour l'Eucharistie l'honneur d'une efficacité immédiate et directe contre le péché véniel, tous les théologiens sont unanimes à reconnaître qu'elle joue, vis-à-vis de lui, un rôle d'élimination *indirecte*, d'une énergie incomparable, en allumant dans l'âme des foyers d'amour qui le consument. C'est le second argument que fait valoir saint Thomas, quand il s'exprime ainsi : « L'effet propre de ce sacrement est la charité, non seulement en habitude mais aussi en acte ; car il pousse à agir ; et l'acte d'amour efface les péchés véniels (2). »

La portée de ces paroles est facile à saisir. Que le lecteur veuille bien se rappeler ce que nous avons dit, au début de ce chapitre, sur la nature du pé-

---

(1) Trid., Sess. *De Sacram.*, can. 6.
(2) *Loc. cit.*

ché véniel et l'influence paralysante qu'il exerce dans l'âme, au détriment de ses progrès spirituels. Sans doute, il ne va pas directement jusqu'à détruire, ni même jusqu'à diminuer ce principe vital de l'existence surnaturelle qui est la grâce sanctifiante. Mais il contrarie en nous l'épanouissement de la vie divine, parce qu'il empêche l'essor et gêne le fonctionnement régulier des vertus qui accompagnent la grâce. Or, dit saint Thomas, les contraires s'excluent les uns les autres (1). Pas n'est besoin d'une nouvelle effusion de grâce sanctifiante pour chasser le péché véniel, puisque les deux ne sont pas incompatibles. Ce qui l'exclut d'une âme, c'est tout acte de charité ou de contrition dont il est l'opposé et l'irréconciliable ennemi.

On arrive à la même conclusion, avec la théorie que nous avons exposée, au second chapitre de ce travail, sur la genèse des trois concupiscences. Elles se ramènent toutes, avons-nous dit, en dernière analyse, à l'amour exagéré du *moi*, autrement dit l'égoïsme. Or, si tous les péchés, quels qu'ils soient, ne sont qu'une forme variée des trois concupiscences, et celles-ci elles mêmes des produits d'un seul et même facteur, — l'égoïsme, — il est clair que la pratique de la vertu qui est la plus incompatible avec l'amour exagéré du *moi* écartera virtuellement de l'âme baptisée les fautes vénielles dont elle est coupable. Cette vertu, on le devine,

---

(1) III. q. 87. a. 2.

est la charité, qui est comme le centre où aboutissent toutes les autres. Plus elle s'enracine dans le cœur de l'homme par des actes généreux, et plus elle en chasse ces résidus de l'égoïsme qu'on nomme les péchés véniels, — dans la mesure, bien entendu, où ces actes d'amour contiennent le repentir au moins *virtuel* des fautes légères qu'on a pu commettre (1).

Or, l'Eucharistie, il n'est pas besoin de le dire, est le générateur par excellence de l'amour divin. A l'attouchement de Jésus-Christ, le cœur humain se réveille, excité par une vertu mystérieuse qui le fait battre à l'unisson du Sacré-Cœur, et le rend capable des élans les plus généreux. Que de pécheurs ont été transformés, que d'âmes tièdes ont été embrasées par ce contact divin, qui fait fondre la glace la plus dure et la plus invétérée, celle de l'égoïsme ! Suivant le mot de saint Jean Damascène, c'est un charbon de feu qui purifie l'âme, comme autrefois les lèvres du prophète Isaïe.

IV

En terminant ce paragraphe, il convient de montrer l'action du sacrement de l'amour, non plus sur le péché véniel proprement dit, mais sur les causes générales dont il procède, les racines dernières qui le supportent. Nous le ferons d'ailleurs briève-

(1) *Sum. Theol.* III, q. 87, a. 1.

ment, car cette question se rattache, au fond, à une autre que nous avons déjà traitée, en parlant des propriétés que possède l'Eucharistie pour assurer la conservation de la vie surnaturelle.

Non seulement la communion efface le péché véniel, mais elle en prévient, dans une certaine mesure, l'éclosion inévitable, en atteignant plus ou moins le principe du mal.

L'effet propre du sacrement, avons-nous dit, est d'unir l'âme à Dieu par des actes d'amour, et, par conséquent, de diminuer l'égoïsme qui est naturellement si vivace au fond du cœur humain.

Or, c'est précisément à cette source empoisonnée que baignent, on peut le dire, toutes les racines du péché véniel. Depuis que la chute primitive a brisé l'ordre et l'harmonie qui régnaient, dans l'état de justice originelle, entre la partie supérieure et la partie inférieure de la nature humaine, il y a en nous une rupture constante d'équilibre, qui se traduit tour à tour par la recherche infatigable de la jouissance sous toutes les formes, et par la fuite instinctive de la souffrance. Nous sommes devenus à la fois ces êtres indolents et passionnés, orgueilleux et vils, téméraires et lâches, qui manquent surtout d'une chose, la mesure. Aidés de la grâce, nous parvenons encore à vaincre d'ordinaire la propension animale qui nous pousse à nous détourner complètement de Dieu par le péché mortel. Mais, quand il s'agit de combattre cette tendance égoïste qui nous empêche de rapporter à Dieu nos

Cet état bienheureux est un idéal que **nous n'atteindrons** jamais sur la terre. Nous pouvons du moins nous en rapprocher quelque peu, par l'emploi judicieux et persévérant des remèdes que contient la sainte communion. Car l'Eucharistie, étant le sacrement de l'amour, est aussi le sacrement de la pureté du cœur, qui comprend à la fois la chasteté proprement dite et l'expulsion du péché véniel.

A mesure que l'âme, fortifiée par la communion, se dégage de ses misères quotidiennes, il se fait en elle une restauration merveilleuse, image plus ou moins imparfaite de l'ordre et de l'harmonie qui régnaient dans l'âme de nos premiers parents. La partie inférieure de notre nature obéit plus facilement à la partie supérieure, qui se conforme davantage elle-même aux volontés divines.

Comment s'en étonner, quand on songe que l'Eucharistie étend son influence à l'homme tout entier ? De même que la nourriture matérielle concourt à notre bien-être général, en assurant directement l'exercice de la vie physiologique et, par voie indirecte, le fonctionnement de nos facultés intellectuelles ou morales, de même — avec une intensité inverse — la nourriture eucharistique agit à la fois sur l'âme et le corps de celui qui la reçoit comme il faut. A la différence des autres sacrements, l'Eucharistie saisit l'homme tout entier, corps et âme, pour les disposer tous deux aux transformations suprêmes de la vie future. Et voilà précisément pourquoi elle contribue plus que tout autre à ce travail de restauration générale que la grâce veut opérer ici-bas dans la nature humaine. Car l'homme est un composé mystérieux de corps et d'âme, étroitement soudés l'un à l'autre, mais vivant d'ordinaire dans une lutte intestine, où tous deux cherchent à remporter la victoire. Les sacrements, en général, ont pour but d'assurer le triomphe de l'âme qui doit commander au corps et se soumettre à Dieu. Mais c'est par l'Eucharistie surtout qu'on arrive à ce magnifique résultat. C'est à elle que revient de préférence l'honneur du succès, le rétablissement de l'ordre dans notre nature bouleversée. Non seulement, comme dans tous les rites sacramentels, elle donne à l'âme des grâces générales ou spéciales qui lui permettent à la fois de dominer le corps et d'obéir à Dieu, mais elle va plus loin : elle fait sentir au corps lui-même son action bienfaisante, calme ses révoltes, contient ses élans, le dispose à l'obéissance, et met en lui le germe divin de la résurrection bienheureuse. L'homme tout entier est ainsi atteint par les deux côtés de sa complexe nature, et dirigé plus sûrement, par cette impulsion, vers la fin dernière où il doit tendre de tout son cœur, de toute son âme, de toutes ses forces.

§ 2. — Le Témoignage des Saints et de leurs Imitateurs.

I

L'hagiographie éclaire cette vérité d'un nouveau jour. Les Saints, nous l'avons dit assez souvent, sont les modèles authentiques qu'il faut étudier dans la psychologie de la grâce ; et c'est leur vie intime, expliquée quelquefois par leurs ouvrages, qui nous montre en action les effets des sacrements.

L'histoire de sainte Gertrude en est la preuve. On sait que l'illustre vierge recevait de Notre-Seigneur les plus étonnantes faveurs et les communications les plus intimes. Le divin Maître lui fit précisément connaître que les fautes vénielles, loin d'être un obstacle aux effets de la communion, trouvent en elle leur remède et leur antidote souverain, lorsque l'âme n'y demeure pas attachée.

C'était un des jours de fête de la sainte Vierge. Gertrude considérait avec tristesse ce qu'elle appelait son ingratitude et sa négligence ; et elle se désolait surtout du peu de dévotion qu'elle croyait avoir eue pour la Mère de Dieu et les Saints en général. Elle eut alors une vision consolante, où elle aperçut Notre-Seigneur qui s'entretenait avec sa Mère et les autres Saints : « Ne trouvez-vous pas, leur disait-il, que j'ai suffisamment réparé les manquements de Gertrude, en me communi-

quant moi-même à elle avec les **suaves délectations
de ma divinité ?** — Oui, certes, répondirent-ils, il
y a là une compensation surabondante à ce qu'elle
nous devait. » Alors Notre-Seigneur, se tournant
avec bonté vers Gertrude, lui dit : « Etes-vous
maintenant satisfaite ? — Je le serais entièrement,
mon Dieu, si je n'étais convaincue d'une chose :
c'est que, malgré le pardon de mes négligences
antérieures, je vais sans doute en commettre de
nouvelles, vu ma faiblesse et ma tendance au péché. — Je me donnerai à vous de telle sorte, lui
dit le Seigneur, que vos négligences spirituelles,
passées ou à venir, seront par moi complètement
réparées. Mais pourtant je vous demande une
chose : c'est de vous appliquer à vous conserver
sans tache, après la réception de mon sacrement. »
Et, comme Gertrude lui objectait qu'elle com-
mettrait sans doute quelque faute, le divin Sauveur
lui dit : « Ne les laissez pas séjourner dans votre
âme ; mais, aussitôt que vous vous en apercevez,
dites avec ferveur : *Mon Dieu, ayez pitié de moi !* ou
bien cette prière : *Jésus-Christ, mon unique espérance, faites que mes péchés soient effacés par les mérites de votre sainte mort !* » Gertrude, s'approchant
alors de la sainte table, vit que son âme était devenue d'une pureté admirable, comme le cristal le
plus limpide ; et que la divinité de Jésus-Christ,
étincelant en elle comme l'or enchâssé dans ce
cristal, y produisait des aspirations si suaves, si
merveilleuses et si inconcevables, qu'elles faisaient

les délices de l'auguste Trinité et de tous les Saints. C'est alors que Gertude comprit la vérité de cette parole, « que toutes les pertes spirituelles peuvent se réparer par une bonne communion. » (1)

Bien d'autres Saints ont rendu le même hommage à la vertu purificatrice du sacrement de l'Eucharistie, témoin sainte Hyacinthe Mariscotti, du tiers-ordre de saint François, à Viterbe. Les Religieuses de ce monastère, qui étaient vouées en partie à l'éducation des jeunes filles, s'efforçaient de leur inspirer la plus tendre dévotion pour l'Eucharistie; et notre Sainte, en particulier, leur recommandait instamment, à cause de ses avantages précieux, la pratique de la communion fréquente. Or, un jour, une de ces enfants lui dit avec une simplicité charmante : « Mais, ma Mère, comment oserai-je m'approcher si souvent de la table sainte, étant si faible, si remplie de défauts ? » — « Mon enfant, répondit la sainte, l'Eucharistie est un feu qui purifie et consume toutes nos misères et imperfections; faites ce que vous pouvez pour vous rendre digne, et puis ce feu divin fera le reste. » (2)

Saint François de Sales, qu'il faut toujours citer en matière de psychologie surnaturelle, tient le même langage dans son *Introduction à la vie dévote* :

---

(1) Gertrud. *Legatus divinæ pietatis*, Paris, 1875, lib. III, cap. 37.

(2) Cf. Vie de sainte Hyacinthe, par Mgr Vintimiglia, Rome, 1844.

« Si les mondains, écrit-il à Philothée, vous demandent pourquoi vous communiez si souvent, dites-leur que c'est pour apprendre à aymer Dieu ; pour vous purifier de vos imperfections ; pour vous délivrer de vos misères ; pour vous consoler en vos afflictions ; pour vous appuyer en vos faiblesses. Dites leur que deux sortes de gens doivent souvent communier : les parfaits, parce qu'étant bien disposés, ils auroyent grand tort de ne point s'approcher de la source et fontaine de perfection ; et les imparfaits, afin de pouvoir justement prétendre à la perfection ; les forts, afin qu'ils ne deviennent faibles, et les faibles, afin qu'ils deviennent forts ; les malades afin d'estre guéris, les sains afin qu'ils ne tombent en maladie; et que vous, comme imparfaite, faible et malade, vous avez besoin de communiquer avec vostre perfection, vostre force et vostre médecin. » (1)

On trouve, dans la vie de saint Vincent de Paul par Abelly, un trait bien frappant, qui confirme de tout point ce que nous avons dit sur les effets réparateurs de la sainte communion. Le bon Saint racontait volontiers « qu'il avait connu une dame de condition et de piété, laquelle avait par le conseil de ses directeurs continué longtemps à communier les dimanches et jeudis de chaque semaine ; mais que s'étant mise depuis entre les mains d'un confesseur qui suivait cette nouvelle

---

(1) *Introduction à la vie dévote*, 2ᵉ part. chap. 21.

doctrine (le Jansénisme), par je ne sais quelle curiosité et affectation de plus grande perfection, il l'avait détournée de cette sainte pratique, ne la faisant communier au commencement qu'une fois en l'espace de huit jours; puis il l'avait remise à la quinzaine, ensuite au mois, etc.; et qu'après avoir demeuré huit mois dans ce relâchement, faisant un jour réflexion sur elle-même, elle s'était trouvée dans un état très déplorable, toute pleine d'imperfections et sujette à commettre un grand nombre de fautes, à se plaire dans la vanité, à se laisser emporter à la colère, à l'impatience et à ses autres passions; et enfin tout autre qu'elle n'était avant cet éloignement de la sainte communion : de quoi étant extrêmement étonnée et touchée : « O malheureuse ! dit-elle en pleurant, en quel état est-ce que je me trouve maintenant ! d'où est-ce que je suis déchue, et où est-ce qu'aboutiront tous ces désordres et emportements ? Mais d'où m'est arrivé un si malheureux changement ? C'est sans doute d'avoir quitté ma première conduite, et d'avoir écouté et suivi les conseils de ces nouveaux directeurs, qui sont bien pernicieux, puisqu'ils produisent de si mauvais effets, comme je le connais par ma propre expérience. O mon Dieu qui m'ouvrez les yeux pour le reconnaître, donnez-moi la force de m'en dégager entièrement ! » Après quoi, s'étant séparée de ces nouveaux directeurs, et ayant renoncé à leurs dangereuses maximes qui l'avaient toute détraquée et presque perdue, elle se remit par des conseils plus salutaires dans ses premières pratiques; et, fréquentant comme auparavant les sacrements avec les dispositions requises, elle y trouva *le repos de sa conscience et le remède pour tous ses défauts* (1). »

Cette histoire, qui a dû se répéter plus d'une fois sur les différents points du temps et de l'espace, prouve bien le rôle que l'Eucharistie joue dans la vie surnaturelle, qui baisse ou monte, se ralentit ou se ranime, se désagrège ou se répare, suivant que l'âme baptisée s'éloigne de la sainte table, ou se nourrit comme il faut du corps et du sang de Jésus-Christ.

II

Avec et après les Saints, leurs imitateurs ont souvent proclamé les effets réparateurs de la communion.

L'histoire d'Angleterre nous en fournit un exemple dans la personne de Thomas Morus, l'illustre chancelier qui paya de sa tête son inviolable attachement à la foi catholique.

On était à la veille du schisme que le roi Henri VIII se préparait à consommer. Les mœurs étaient en décadence, et la piété baissait de toutes parts. On apercevait déjà comme les symptômes précurseurs d'une rupture avec Rome. C'était le

(1) *Vie de saint Vincent de Paul* par Abelly, livre III, chap. 8, sect. 1.

moment, pour les âmes sincèrement catholiques de se retremper plus que jamais aux sources vives de la foi et de l'amour. Thomas Morus le comprit, et il se fit une douce obligation de communier tous les jours. Cette pratique étonna plusieurs fonctionnaires, et provoqua les remarques des prélats courtisans. On lui fit entendre qu'un homme absorbé comme lui par les affaires de l'Etat, et mêlé aux frivolités de la cour, ne devait pas communier si souvent. Mais le chancelier, qui avait étudié sa religion et qui connaissait à merveille les effets que produisent les sacrements, fit cette réponse pleine de bon sens et de courage : « Vos objections sont précisément à mes yeux autant de motifs pour m'approcher tous les jours de la sainte table. Exposé sans cesse à la dissipation, j'ai besoin de trouver le recueillement et le calme ; harcelé par mille tentations quotidiennes, il me faut un bain purificateur pour ma conscience, en même temps qu'un remède et un réconfortant ; appelé sans cesse à trancher les affaires les plus délicates, j'ai besoin de lumière et de sagesse, et c'est pourquoi je vais consulter Jésus-Christ dans la communion. » Belle et fière réponse, bien digne d'un futur martyr !

Il arrive quelquefois que d'excellents chrétiens apportent une réelle négligence à s'approcher de la sainte table. De là, presque toujours, une déperdition sensible de vie divine, qui se traduit d'ordinaire par un certain malaise ou langueur générale de l'âme, et qui conduit très souvent à cet état dangereux qu'on appelle la tiédeur. Les âmes les plus généreuses n'échappent pas toujours elles-mêmes à cette crise, ou du moins elles ressentent comme les atteintes lointaines du mal. Nous en trouvons un exemple remarquable dans la vie d'un des grands chrétiens du xixe siècle, Frédéric Ozanam.

Il raconte lui-même la crise qu'il traversa, dans une lettre des plus émouvantes à un de ses amis; et il se reproche amèrement la somnolence où il était tombé : « Je puis le dire, écrit-il, parce que je le dis à ma honte et à la gloire de Dieu. Peut-être personne ne reçut plus que moi de généreuses inspirations, personne ne ressentit plus de saintes jalousies, de plus nobles ambitions. Il n'est pas de vertus, il n'est pas d'œuvre morale ou scientifique à laquelle je n'aie été convié par cette voix mystérieuse qui retentit au fond de soi même ; il n'est pas d'affections louables dont je n'aie ressenti l'attrait; pas d'amitiés et de relations précieuses qui ne m'aient été ménagées, pas d'encouragements qui m'aient manqué, pas une brise favorable qui n'ait soufflé sur ma tige pour y faire éclore des fleurs. Il n'est peut être pas, dans la vigne du Père de famille éternel, un cep qu'il ait entouré de plus de soins et dont il puisse dire avec plus de justice : « *Quid potui facere vineæ meæ et non feci?* » Et moi, plante mauvaise, je ne me suis point épanoui au souffle divin, je n'ai point plongé mes racines dans ce sol qu'il remuait autour de moi, je me suis flétri et desséché ; j'ai su le don de Dieu, j'ai senti l'eau vive baigner mes lèvres et je ne les ai point ouvertes ; je suis resté un être passif, je me suis enfermé dans ma lâcheté. En ce moment encore où l'appel d'en haut retentit à mon oreille où je sens l'inspiration se retirer un peu comme pour me menacer, mais non pour m'abandonner à jamais, en ce moment encore je ne sais pas vouloir, je ne sais pas agir, et je sens s'accumuler sur ma tête la responsabilité des faveurs que je néglige chaque jour...

« Deux choses surtout nous font palpiter d'une envie généreuse, nous autres chrétiens : ces deux choses sont la science et la vertu. On m'apprit de bonheur à les goûter, et je me crus fait pour elles. Dans nos conversations de ces vacances, je vous avais raconté mes rêves à cet égard. J'avais résolu, pour les deux années qui me restent à passer dans la capitale, des travaux plus sérieux et une réforme morale plus complète. J'avais mis mes désirs sous les auspices de notre Mère céleste, et je me confiais en mon bon vouloir. Or, depuis ce temps, trois mois se sont écoulés, et me voici les mains vides. Des malaises continuels, des démarches ennuyeuses ont commencé à éteindre mon ardeur ; et, lorsque j'ai eu tous les les loisirs et toutes les facilités désirables, je suis tombé dans une sorte de langueur fatale que je ne saurais secouer. L'étude que j'aimais autrefois me fatigue ; la plume pèse à mes doigts ; je ne sais plus écrire. Nous avons bien encore des conférences littéraires, mais les pauvrettes sont mourantes et ce n'est pas moi, à coup sûr, qui les sauverai. La force, ce don du Saint-Esprit, si nécessaire aux hommes de ce siècle pour cheminer sans chute à travers tant de périls, la force n'est point en moi. Je suis flottant au gré de tous les caprices de mon imagination. La piété me semble parfois un joug, la prière une habitude des lèvres, les pratiques du christianisme un devoir que j'accomplis avec lâcheté, une dernière branche à laquelle je me cramponne pour ne pas rouler dans l'abîme, mais dont je ne sais pas cueillir les fruits nourriciers. Je vois les jeunes gens de mon âge s'avancer tête levée dans les voies d'un progrès réel, et moi je m'arrête, et je désespère de pouvoir les suivre, et je passe à gémir le temps qu'il faudrait mettre à marcher!

« Voilà mon état plein de misère, et ce récit sert d'explication à ma négligence envers vous, s'il ne peut lui servir d'excuse. Si vous ne me pardonnez pas, vous me plaindrez du moins; vous changerez vos adulations amicales en salutaires reproches, en encouragements, en bons conseils, et surtout en prières. Vous comprenez aussi un autre motif de mon silence. Quand on écrit à un ami comme vous, on a besoin de lui parler de soi; et on n'aime pas à parler de soi, quand on se sent mauvais. J'attendais instinctivement de me sentir meilleur, pour m'entretenir avec vous. *Enfin, hier j'ai eu le bonheur de recevoir Celui qui est la force des faibles et le médecin des langueurs de l'âme, et aujourd'hui je vous écris dans la sincérité de mes regrets pour le passé et de mes bonnes résolutions pour l'avenir : oh ! priez, je vous en conjure, pour que celles-là enfin ne soient point trompées* (1). »

Cette lettre émouvante, où l'on sent d'ailleurs l'exagération d'une âme sincèrement humble qui se reproche ses moindres fautes (2), contient pourtant un aveu et une indication précieuse : l'aveu du relâchement inévitable qui envahit l'âme chrétienne, quand elle oublie de se nourrir du pain eucharistique ; l'indication du remède qui guérit ses langueurs, et y ranime la ferveur de l'amour et l'habitude du sacrifice.

(1) A. F. Ozanam, *Œuvres complètes*, tom. X, Paris, 1860. *Lettres*, tom. I, p. 153. *Lettre du 2 mars 1835.*

(2) Voici un fragment d'une lettre qu'il écrivait huit jours avant l'autre, et qui montre bien quels étaient les sentiments habituels d'Ozanam à cette époque : « Ne sommes-nous pas comme les chrétiens des premiers temps, jetés au milieu d'une civilisation corrompue et d'une société croulante? Jetons les yeux sur le monde qui nous environne. Les riches et les heureux valent-ils beaucoup mieux que ceux qui disaient à saint Paul : « Nous vous entendrons une autre fois? » Et les pauvres et le peuple sont-ils beaucoup plus éclairés et jouissent-ils de plus de bien-être que ceux auxquels prêchaient les Apôtres ? Donc à des maux égaux, il faut un égal remède ; la terre s'est refroidie, c'est à nous, catholiques, de ranimer la chaleur vitale qui s'éteint, c'est à nous de recommencer aussi l'ère des martyrs. Car être martyr, c'est donner sa vie pour Dieu et pour ses frères, c'est donner sa vie en sacrifice, que le sacrifice soit consommé tout d'un coup comme l'holocauste, ou qu'il s'accomplisse lentement et qu'il fume nuit et jour comme les parfums sur l'autel ; être martyr, c'est donner au ciel tout ce qu'on a reçu : son or, son sang, son âme tout entière. » *Lettre du 23 février 1835.*

§ III. — Le témoignage des Faits Sociaux.

Il y a, dans l'histoire de la communion, un fait important, où se manifeste, d'une façon remarquable, l'effet réparateur de l'Eucharistie sur les âmes qui ont subi une déperdition plus ou moins considérable de vie surnaturelle.

C'est à la sainte communion, en effet, qu'il faut attribuer, pour une large part, la renaissance de vie chrétienne qui s'épanouit dans l'Eglise, au xvie siècle, après le concile de Trente.

On sait que l'Eglise, à cette époque, traversa une crise redoutable. Des abus trop réels s'étaient glissés peu à peu dans son sein. Partout il y avait comme un réveil audacieux du paganisme, ainsi qu'un effroyable relâchement de la morale dans toutes les classes de la société. La désertion des sacrements n'avait pas peu contribué à cette triste situation. Depuis longtemps en effet, la communion fréquente n'était plus qu'à l'état de souvenir. Au xve siècle, il est vrai, saint Vincent Ferrier et Savonarole avaient essayé de réagir contre le mal, en poussant les fidèles vers l'Eucharistie. Leur prédication eut sans doute de beaux résultats, mais elle fut vite oubliée; et, au commencement du xvie siècle, l'indifférence des âmes pour la communion était générale. Un vent sec et pénétrant, d'un froid extraordinaire, semblait avoir desséché le monde. « Les choses en étaient venues à un tel point qu'une opinion s'était communément établie, selon laquelle l'Eglise aurait interdit la communion plus d'une fois l'an. On cite des savants et des docteurs comme les opposants les plus acharnés contre le mouvement de réaction qui commençait alors à se dessiner (1). » Saint Ignace de Loyola et ses compagnons étaient presque amenés devant l'inquisition, parce qu'ils communiaient une fois par semaine.

Le futur fondateur de la Compagnie de Jésus faillit être un jour la victime de ce jansénisme anticipé. Pendant qu'il habitait Alcala en 1526, il y menait une vie d'une vertu héroïque et communiait tous les dimanches. « Or, cette pratique parut si extraordinaire, que le docteur Alphonse Sanchez, chanoine de Saint-Just, lui dit : « C'est se familiariser avec Dieu d'une façon inconvenante, que d'aller ainsi chaque dimanche à la table sainte. » Et comme, malgré cet avis, Ignace, fort de son droit, se présentait encore le dimanche suivant pour recevoir l'Eucharistie, Sanchez lui fit publiquement l'affront de passer sans le communier. Il est vrai que le brave chanoine, qui ne péchait que par ignorance, éprouva aussitôt un remords de ce qu'il venait de faire, et revint sur ses pas pour communier Ignace ; néanmoins son premier mou-

---

(1) Dalgairns, *La Sainte Communion* (trad. Godard). Paris, 1868 ; tom. I, p 28.).

vement jette une triste lumière sur l'esprit de son temps (1). »

Cette description de l'indifférence qu'on avait pour la sainte communion concorde bien avec le sombre tableau que les historiens de cette époque ont tracé de la corruption générale. On sait comment Luther exploita habilement les scandales qui déshonoraient l'Eglise, et comment, sous prétexte de réformer les abus, il révolutionna la chrétienté. Ce n'était pas une révolution qu'il fallait faire, c'était une vraie réforme. Les Papes l'avaient déjà commencée. Mais, en face de l'audace croissante du protestantisme, il parut nécessaire de réunir un concile œcuménique. Et c'est aux Pères du concile de Trente qu'échut la glorieuse mission d'accomplir la vraie réforme catholique, dont la fausse réforme protestante n'avait été qu'une caricature.

Or, parmi les moyens que le concile employa pour rétablir la pureté de la morale et restaurer les fortes habitudes de la vie chrétienne, il en est un que les historiens n'ont pas toujours mis, peut-être, en suffisante lumière. C'est la recommandation pressante de recevoir plus souvent la divine Eucharistie. Voici les paroles du concile, qui ont une grande importance, parce qu'elles inaugurent, pour ainsi dire, une nouvelle phase dans l'histoire de la communion. « Le saint concile souhaiterait

(1) P. Coubé, *La Communion hebdomadaire*. Paris, 1899. p. 102.

que les fidèles, toutes les fois qu'ils assistent à la messe, non seulement fassent la communion spirituelle, mais reçoivent même le sacrement de l'Eucharistie, afin de tirer un fruit plus abondant du très saint Sacrifice (1). »

Sans doute, le concile ne va pas jusqu'à exprimer le vœu que tous les fidèles, indistinctement, fassent la communion quotidienne, comme certains auteurs ascétiques semblent le croire. Cette conclusion ne peut s'appliquer qu'aux âmes pieuses, qui ont le loisir d'assister tous les jours au saint Sacrifice. Quant à la masse des chrétiens, les préoccupations matérielles les mettent dans l'impossibilité morale d'entendre la messe plus souvent que le dimanche. Pratiquement, c'est donc la communion dominicale qui leur est conseillée.

Les recommandations du concile furent le point de départ d'une véritable croisade eucharistique. En Italie et en France notamment, plusieurs conciles provinciaux, préoccupés de répondre aux vœux exprimés à Trente, invitèrent les fidèles à s'approcher plus souvent de la sainte table. En même temps, des apôtres zélés de la communion fréquente surgissaient de toutes parts.

A Rome, c'est saint Philippe de Néri, le fonda-

---

(1) Trid., sess. XXII, c. 6 « Optaret quidem sacrosancta synodus, ut in singulis missis fideles adstantes, non solum spirituali affectu, sed sacramentali etiam Eucharistiæ perceptione communicarent, quo ad eos sanctissimi hujus sacrificii fructus uberior proveniret. »

teur de l'Oratoire, qui, dans la petite église de *San Girolamo della carita*, prêche et distribue la communion fréquente à une foule considérable de fidèles, ce qui faisait dire à un témoin oculaire que « chaque matin on aurait dit le jour de Pâques. » Grâce à cette méthode, il réussit à transformer la ville de Rome. Il faisait communier, les uns chaque dimanche, plusieurs à toutes les fêtes, d'autres trois fois la semaine, un certain nombre même tous les jours. Recevant le corps du Christ avec dévotion et pureté, ils profitèrent si bien de cette pratique éminemment fructueuse, que plusieurs d'entre eux s'élevèrent à une haute perfection, laissant après eux le souvenir d'une sainteté remarquable (1). Dans cette croisade eucharistique, saint Philippe avait pour auxiliaire saint Gaëtan de Thiène, qui fonda précisément la congrégation des Théatins pour faire revivre les pratiques eucharistiques des premiers siècles.

A Milan, c'est saint Charles Borromée, qui, dans ses vingt-trois années d'épiscopat, renouvela les mœurs de son diocèse, où régnait jusque-là la plus triste corruption. Les nombreux conciles qu'il tint à Milan nous le montrent tout brûlant de zèle pour inviter les fidèles à s'approcher des sacrements et surtout de la sainte table. « Que les curés et les prédicateurs, dit-il, exhortent *très souvent* le peuple au très salutaire usage de recevoir fréquemment

---

(1) Bolland., *Acta SS*, 20 mai, p. 553.

la sainte Eucharistie, par l'exemple et la pratique de la primitive Eglise, par les paroles et le témoignage des saints Pères, et enfin par le sentiment du saint concile de Trente. Que si quelque prédicateur disait, directement ou indirectement, quelque chose contre cette doctrine, que l'évêque de la ville ou du diocèse lui interdise la prédication comme à un homme scandaleux (1). »

En Espagne, c'est sainte Thérèse, que l'Eglise, dit Bossuet, met presque au rang des docteurs, et qui fut un des grands apôtres de l'Eucharistie. Elle fit inscrire, dans la règle des Carmélites, deux communions générales par semaine, ce qui était beaucoup pour cette époque. Par un privilège spécial, rarement accordé alors aux âmes les plus pieuses, elle s'approchait elle-même de la sainte table tous les jours. Et dans ses ouvrages comme dans ses lettres, elle inculque souvent l'amour de la communion fréquente et montre les avantages précieux qu'on en retire. Après elle, un autre écrivain espagnol de valeur, Molina le Chartreux, contribue largement à la diffusion de cette sainte pratique, et il exprime le souhait, dans son *Instruction des prêtres, tirée des Pères et des Docteurs de l'Eglise*, « que tous les chrétiens du monde communient une fois la semaine ou le dimanche, et que pas un, tant fût-il grand pécheur, ne recule plus de huit jours. »

(1) *Acta Mediol. Eccles.*, Lyon, 1683 ; IIIe synod. p. 74.

En Savoie, c'est le grand évêque de Genève, saint François de Sales, dont la vie tout entière fut une prédication des bienfaits précieux de la communion fréquente. Partout, on peut le dire, dans son évêché de Genève comme dans ses missions du Chablais, dans ses lettres de direction comme dans ses ouvrages de théologie ou de piété, ce bon et grand Saint s'applique à sanctifier les âmes par l'Eucharistie. On a trouvé, il est vrai, qu'il exigeait des conditions un peu sévères pour la communion de tous les huit jours ; et ni les théologiens, ni l'Eglise elle-même ne semblent avoir suivi son opinion sur cette matière. Mais, cette réserve faite, disons bien haut que saint François de Sales est au premier rang des serviteurs et des apôtres de l'Eucharistie, par la ferveur de son zèle, la sûreté de sa doctrine, la largeur de sa direction et le parfum exquis de sa tendre piété.

En France et dans toutes les parties de la chrétienté, les Jésuites se font un devoir de prêcher la communion fréquente Saint Ignace la recommande expressément dans ses *Exercices spirituels*, et ses disciples s'empressent de marcher sur ses traces. Dans tous les collèges de la Compagnie de Jésus, les maîtres s'efforcent de propager cette salutaire pratique parmi leurs élèves ; ce qui faisait dire à sainte Thérèse, bon juge en pareille matière : *Les Jésuites font du bien car ils font communier leurs écoliers tous les huit jours.*

Enfin, au-dessus de toutes ces voix individuelles, le catéchisme du concile de Trente fait entendre le langage de sa haute autorité. « Que les fidèles, dit-il, se persuadent qu'ils doivent communier fréquemment..... C'est pourquoi les curés devront leur rappeler souvent que de même qu'ils croient nécessaire de nourrir chaque jour leur corps, de même ils ne doivent pas négliger de nourrir chaque jour leur âme de ce sacrement ; car il est clair que l'âme n'a pas moins besoin de l'aliment spirituel, que le corps de l'aliment naturel (1) ».

Cette croisade eucharistique, entreprise par tant de conciles et de saints personnages, ne pouvait manquer de porter ses fruits. Elle fit rentrer peu à peu la communion fréquente dans les habitudes du peuple chrétien, et aboutit, grâce à elle, à des résultats immenses.

Ces résultats ont été indiqués par le concile du Vatican, dans sa première constitution dogmatique, quand il trace le tableau sommaire des heureuses conséquences qui suivirent le concile de Trente. Il signale, entre autres, « la discipline ecclésiastique relevée et fortifiée, le zèle de la science et de la piété ranimé dans le clergé, les séminaires créés pour l'éducation des élèves du sanctuaire, les mœurs du peuple restaurées par le double moyen d'une instruction plus soignée et *d'une pratique plus fréquente des sacrements* (2) ».

(1) Pars II^a, De Euchar. sacram. 63
(2) Constit. Dei Filius, init.

Cette restauration de la vie chrétienne, que les Pères du Vatican regardent comme l'effet spécial d'un commerce plus assidu avec les sacrements de Pénitence et d'Eucharistie, se manifesta de mille manières à la fin du xvi° siècle et au xvii°. Jamais, par exemple, on ne vit apparaître ou se transformer à la fois tant de congrégations religieuses, vouées à tous les services publics de l'Eglise, soit en menant la vie contemplative comme les Carmélites, soit en se consacrant de préférence à l'éducation de la jeunesse, au ministère de la prédication et aux œuvres de charité, comme la plupart des autres congrégations. Jamais également on ne vit imprimer une impulsion plus généreuse aux Missions catholiques, soit dans l'intérieur même de l'Eglise, soit à l'étranger. Jamais surtout on ne vit briller au front de l'Eglise une couronne plus riche de sainteté et de vertu ; témoin cette légion de Saints et de Saintes qui s'appellent : saint Pie V, saint Charles Borromée, saint Ignace de Loyola, saint Philippe de Néri, saint Gaëtan de Thiène, sainte Angèle de Mérici, saint François Xavier, saint François Borgia, saint Camille de Lellis, saint Pascal Baylon, saint Stanislas Kostka, saint Louis de Gonzague, sainte Magdeleine de Pazzi, saint Pierre d'Alcantara, saint Jean de la Croix, saint Fidèle de Sigmaringen, sainte Thérèse, sainte Françoise Romaine, saint Félix de Cantalice, saint Laurent de Brindes, saint Jérôme Emilien, saint François de Sales, saint

Joseph Calasanz, saint François Caracciolo, saint Vincent de Paul, saint François Régis, saint Jean-Baptiste de la Salle, etc., témoin encore ces vénérables personnages qui embaument l'Eglise du parfum de leurs vertus : César de Bus, dom Barthélemy des Martyrs, le cardinal de Bérulle, le P. de Condren, Michel Le Nobletz, le P. Maunoir, M. Olier, M. Bourdoise, le P. Eudes, le vénérable Holzhauser, M. de Kériolet, et une foule d'autres, dont l'apparition simultanée ou successive, dans l'espace de cinquante ou soixante ans, achève de donner à la renaissance catholique un éclat incomparable.

C'est un spectacle magnifique, en vérité, que cet épanouissement, j'allais dire cette exubérance prodigieuse de vie surnaturelle ! Et remarquons bien qu'une floraison si puissante et si rapide de grandes œuvres, de grandes institutions et de grandes saintetés catholiques, suppose elle-même, dans l'Eglise tout entière, un sol d'une fécondité exceptionnelle. L'histoire ne peut enregistrer que les œuvres qui émergent de quelque manière, et frappent le regard. Mais que de surprises ne seraient-elles pas réservées à l'explorateur qui pourrait visiter en détail les humbles régions où vivent la plupart des âmes ! Il en est du monde surnaturel comme du monde physique. Quand un pays est couvert d'une végétation luxuriante, arrosé de grands fleuves et fécondé par des sources innombrables, c'est la preuve que le sous-sol contient d'immenses nappes d'eau, qui, pour être cachées dans les profondeurs de la terre, n'en sont pas moins une richesse nationale. De même, si l'on veut avoir une juste idée des richesses surnaturelles de l'Eglise à cette époque, il faut faire entrer en ligne de compte tous ces trésors de vie humble et obscure qui restent ignorés de la plupart des hommes, mais que les Anges de Dieu recueillent dans les greniers éternels. Et c'est là un élément important de la grande rénovation catholique qui prouva au monde l'indéfectible vitalité de l'Eglise. Le retour à la communion fréquente y avait contribué dans une large mesure.

CHAPITRE V

La sainte Communion
réjouit la vie surnaturelle.

L'Eucharistie n'est pas seulement le meilleur soutien de la vie surnaturelle, la nourriture qui la développe, le remède qui la guérit. Elle en est aussi la récompense et le charme, parce qu'elle est la source précieuse des consolations les plus pures et des joies les plus hautes.

Cette quatrième propriété de la communion est basée, comme les trois autres, sur l'analogie qui existe entre les effets de la nourriture corporelle et ceux de la nourriture eucharistique. De même que les aliments ordinaires procurent à l'homme un certain bien-être et contentement général qui est comme l'épanouissement joyeux de la vie physique, de même l'Eucharistie apporte avec elle la paix de la conscience, le calme au milieu des peines et des épreuves, et je ne sais quelle vigueur et quelle promptitude joyeuse au service de Dieu et du prochain. Car son action s'exerce, avant tout, sur les sommets de l'âme, dans ces régions spirituelles où l'intelligence vit de lumière, et la volonté d'espérance et d'amour.

Il n'est pas rare, d'ailleurs, que les joies surnaturelles retentissent jusque dans nos facultés organiques, et remplissent notre cœur de ces émotions délicieuses, de cette ferveur sensible qui se traduit quelquefois par des larmes, et par une sensation de bonheur inexprimable. Mais c'est là un résultat accidentel, pour ainsi dire, et non régulier ; tandis que la joie surnaturelle proprement dite est l'effet certain du sacrement, quand on le reçoit avec les dispositions convenables, et que Dieu ne juge pas à propos de suspendre cet effet pour le bien de notre âme.

§ I. — Les Données Théologiques.

I

Il semble au premier abord que l'Ecriture soit muette sur cette fonction spéciale de l'Eucharistie, ou du moins ne fournisse aucun argument décisif en faveur d'une thèse qui est bien faite, cependant, pour conquérir les suffrages de tous les cœurs catholiques. Mais quand on y regarde de près, et qu'on réunit en un seul faisceau les divers témoignages qu'elle contient, on ne peut s'empêcher d'admirer l'éclatante lumière qu'elle projette sur ce point spécial du dogme eucharistique.

Tout le monde sait que la communion nous est présentée dans l'Ecriture comme un banquet où les chrétiens sont invités à s'asseoir, pour se nourrir du corps et du sang d'un Dieu, sous les espèces ou apparences du pain et du vin. C'est le tableau qu'en trace l'Evangile, quand il raconte l'institution du sacrement, le soir du Jeudi-Saint Les préparatifs de fête que Notre-Seigneur demanda lui même en personne, la solennité des circonstances où fut célébré le mystère, le nom même de *Cène* qui est resté attaché à cette première communion eucharistique, tout montre que le sacrement de l'amour n'est pas autre chose, dans la pensée de Jésus-Christ, qu'un mystérieux banquet dont Dieu est à la fois le sublime ordonnateur et l'aliment ineffable.

Or, ce caractère de l'Eucharistie entraîne avec lui une conséquence, qui a été signalée de bonne heure par la Tradition et surtout par la liturgie proprement dite. L'idée de banquet est en effet inséparable de l'idée de joie. De là cette coutume, qui se retrouve sur tous les points du temps et de l'espace, de fêter par un banquet les solennités de la vie publique, aussi bien que les joies plus intimes de la vie privée. Modeste repas de famille ou festin somptueux des grands jours, partout domine la même pensée de joie, qui semble d'autant plus forte, qu'elle est mise en commum. C'est là bien souvent que les difficultés s'aplanissent, au milieu de l'allégresse et de l'épanouissement des convives. Un banquet, pour tout dire, est le couronnement obligé de la plupart des fêtes.

Et cette coutume, au fond, n'est que l'expression

d'une vérité éminemment philosophique, comme le remarque Bossuet. « On entretient l'amitié par cette douce communication ; on partage ses biens, ses plaisirs, sa vie même avec ses amis ; il semble qu'on leur déclare qu'on ne peut vivre sans eux, et que la vie n'est pas une vie sans cette société : « Mangez, buvez, mes amis ; enivrez-vous, » c'est-à-dire réjouissez-vous, « mes très chers, » disait l'Epoux à ses amis. Et la Sagesse, pour nous inviter à sa compagnie, n'a rien à nous proposer de plus attirant qu'un repas qu'elle nous prépare : « Venez, mes amis, manger mon pain, buvez le vin que je vous présente (1). »

Appliquées à l'Eucharistie, ces remarques ont encore plus de force, si l'on examine à part le signe ou le symbole *du vin*, sous lequel Notre-Seigneur a voulu instituer l'auguste sacrement. « Jésus-Christ s'est servi de pain et de vin pour nous donner son corps et son sang, afin de donner à l'Eucharistie le caractère de force et de soutien, et le caractère de joie et de transport ; et afin aussi de nous apprendre, par la figure de ces choses qui font notre aliment ordinaire, que nous devions tous les jours non seulement soutenir, mais encore échauffer notre cœur, non seulement nous fortifier, mais encore nous enivrer avec lui, et boire à longs traits dès cette vie l'amour qui nous rendra heureux dans l'éternité (2). »

(1) *Méditations sur l'Evangile*, La Cène, 52ᵉ jour.
(2) Bossuet, *ibid*.

Les grands théologiens scolastiques n'ont pas manqué de mettre en relief la haute signification des espèces eucharistiques. Albert le-Grand, qui s'est étendu sur ce point avec une spéciale complaisance, a soin de faire remarquer que la causalité sacramentelle est en rapport étroit avec la portée du signe, et qu'il faut analyser exactement celui-ci, pour bien comprendre celle-là (1). En d'autres termes, il y a des analogies intimes entre les propriétés de la communion et les propriétés du signe qui la représente. Saint Thomas nous dit lui-même, à la suite du pape Innocent III, que « Jésus Christ a choisi le vin pour instituer la divine Eucharistie, parce que cette liqueur est très propre à exprimer l'effet de cet auguste sacrement. Le vin réchauffe, réjouit, enivre. Or, tels sont les effets produits sur nous par ce sacrement : il augmente la ferveur de l'âme, il nous remplit de joie spirituelle, et procure parfois à l'âme l'ivresse de l'amour (2). »

C'est dans le même ordre d'idées que se plaçait en ce siècle un disciple du docteur angélique, le P. Lacordaire, rappelant que le vin était le symbole naturel de la joie. « Lorsque, dit-il, l'homme eût porté pour la première fois à ses lèvres la coupe bienfaisante, il s'aperçut qu'il y avait entre le breuvage et son âme une mystérieuse affinité,

---

(1) *De Euchar.*, dist. III, tract. II, cap. 5.
(2) IV *Sent.*, dist. XI. q. 2. a. 3. Cf. Innocent. III. *De Myster.*, l. IV, cap. 4.

et que la mélancolie, ce voile triste qui nous couvre au dedans depuis le péché, tombait peu à peu sous l'influence réparatrice de la grande liqueur. C'était comme une révélation de cette nourriture invisible dont vivent les Saints dans le ciel, et qui réjouit dans la jeunesse de Dieu l'immortalité de la leur (1). » C'était en même temps, pouvons-nous ajouter, le symbole de la liqueur eucharistique, où vont se délecter les âmes qui cherchent le vrai bonheur, parce que la communion est le gage et l'avant-goût de la béatitude éternelle.

L'Ecriture ne nous présente pas seulement l'Eucharistie comme un banquet, mais encore et surtout comme un banquet *nuptial*. Et à ce nouveau titre, elle est une source de joie surnaturelle.

Nous avons dit plus haut que les relations d'amour, dont la grâce est le lien entre Dieu et l'âme juste, sont assimilées par l'Ecriture à l'union matrimoniale. Et quand il s'agit d'attribuer spécialement la fonction d'Epoux à l'une des trois Personnes divines, c'est surtout au Verbe Incarné qu'elle reporte cet honneur. Car c'est lui qui s'est uni personnellement à la nature humaine, afin d'unir chacun de nous à la nature divine. Or l'Eucharistie joue un rôle capital dans ce commerce ineffable du Christ avec le chrétien. Elle nous donne en effet quelque chose de plus que les autres sacrements, puisque nous y recevons l'Humanité sainte

---

1. *Conférences* de Toulouse, 2ᵉ conférence., p. 42.

du Sauveur. C'est donc là, on peut le dire, que se consomme ici-bas cette mystérieuse alliance dont parle le Cantique, et qui sera parachevée plus tard, lorsque le divin Epoux se communiquera à ses élus dans tout l'éclat de sa beauté et les ravissements de sa gloire.

N'y a-t-il pas là, je le demande, une indication précieuse pour le théologien qui étudie les divers aspects de la sainte communion ? Car ce n'est pas sans raison que l'Ecriture nous présente ce mystère sous la forme d'un banquet nuptial. Il ne faudrait pas croire que nous avons là une conception simplement poétique, qui s'adresse à l'imagination, mais qui ne peut fournir aucune base d'argumentation à une théologie sévère. Ce n'est pas de la poésie, c'est du dogme qu'on trouve chez les auteurs sacrés, quand ils nous parlent des merveilles eucharistiques.

Quelle est donc la conclusion que nous devons tirer de l'Ecriture, quand elle nous montre la sainte communion comme une fête nuptiale, où se rencontrent Jésus-Christ et l'âme juste? On la devine sans peine, et nous ne voulons que l'indiquer, car il est des choses « que les Anges se répètent avec la joie du transport et la limpidité de l'amour séraphique, et que les oreilles de l'homme ne peuvent supporter facilement (1). » Disons donc, d'un seul mot, qu'un des éléments essentiels d'une cérémo-

---

(1) Mgr Landriot, *l'Eucharistie*, Paris, 1868, p. 384.

nie nuptiale est la joie. De toutes les fêtes qu'on célèbre parmi les enfants des hommes, c'est une des plus joyeuses, parfois même des plus délirantes. Eh bien ! les transports de l'amour humain sont l'image des allégresses que produit l'Eucharistie en sa qualité de banquet nuptial, où se consomment ici-bas les relations du divin Époux avec l'âme qui communie : le sacrement de l'amour est aussi le sacrement de la joie surnaturelle.

II

Interrogeons maintenant la liturgie de l'Eglise, et, d'une façon générale, les monuments traditionnels de la doctrine catholique.

C'est surtout à la fête du Saint-Sacrement qu'apparaît, dans tout son éclat et son charme, ce caractère particulier de l'Eucharistie que nous étudions en ce chapitre.

On sait que l'office de cette fête, composé par le Docteur angélique à la demande du pape Innocent III, est un des morceaux les plus importants du bréviaire romain, non seulement parce que la science théologique de son auteur le met hors de pair, mais aussi parce que la Fête-Dieu est une des plus solennelles et des plus touchantes de l'année liturgique. Or, quand on lit cet office, où la majesté du dogme eucharistique est si bien encadrée par une piété suave et douce, on ne peut s'empêcher de faire la remarque que saint Thomas a voulu mettre en un relief spécial cet effet de la communion qui est la joie surnaturelle.

C'est d'abord l'antienne du *Magnificat*, où l'Eglise chante « la suavité merveilleuse du pain céleste que Dieu donne à ses enfants, pour leur montrer sa tendresse. » Puis viennent les antiennes et les psaumes de *Matines*, dont plusieurs rappellent la même idée dans un très beau symbolisme. On nous montre tour-à-tour « les fidèles enrichis par l'abondance du froment et du vin, se reposant dans la paix du Christ, et les convives du banquet divin éclatant d'allégresse, parce qu'ils reçoivent le Christ qui fait tressaillir le cœur et la chair de l'homme ». Au second nocturne, saint Thomas prend lui-même la parole : « Festin précieux et admirable, s'écrie-t-il, festin salutaire et plein de toutes les délices !... Personne ne saurait dire toute la suavité de ce sacrement, où l'on goûte à sa source la vraie douceur spirituelle, où l'on renouvelle la mémoire de cette charité merveilleuse que le Christ a manifestée dans sa Passion : *Suavitatem hujus sacramenti nullus exprimere sufficit, per quod spiritualis dulcedo in suo fonte gustatur.* »

L'Eglise est tellement pénétrée de cette pensée, qu'elle la proclame, en termes éloquents, chaque fois qu'elle expose le Saint-Sacrement sur ses autels, pour lui rendre les hommages d'adoration qu'il mérite et lui demander les bénédictions dont elle-même a besoin. Un court mais sublime dialogue s'engage alors entre le prêtre qui va bénir la foule, et les fidèles qui sont prosternés devant la sainte Hostie : « *Panem de cœlo præstitisti eis ;* c'est vraiment le pain du ciel que vous leur avez donné, Seigneur ! » Et la foule répond : « *Omne delectamentum in se habentem;* oui, c'est un pain qui contient toutes les délices. » Sur les lèvres du peuple chrétien, cette réponse, en ce moment solennel, est une des plus belles professions de foi que je connaisse.

Ce n'est pas seulement d'aujourd'hui que l'Eglise, dans sa prière publique et officielle, proclame ce caractère de la divine Eucharistie. Aussi haut qu'on puisse remonter dans les documents liturgiques, on trouve une association d'idées remarquable entre la sainte communion et la joie surnaturelle. C'est ainsi, par exemple, que parmi les diverses particularités de la messe dans les plus anciennes liturgies connues, il y en a une qui leur est commune, celle du chant qu'on exécutait pendant la communion à la messe solennelle : « *Gustate et videte quoniam suavis est Dominus* ; goûtez et voyez combien le Seigneur est doux (1). » On tenait, par ces paroles, à attirer l'attention spéciale des fidèles sur les suavités du festin eucharistique. Et, chose remarquable, ce chant se rencontre, dès le quatrième ou cinquième siècle, dans la plupart des grandes églises de la chrétienté, Rome, Jérusalem, Milan, Arles, Tolède et Paris (2).

(1) Psalm. XXXIII, 9.
(2) Duchesne, *Origines du culte chrétien*, Paris, 1890 ; p. 62 et 181.

Cette coutume en rappelle une autre, qu'offrent certaines liturgies locales, celle de saluer l'hostie, immédiatement avant la communion, par la formule suivante que récitait le prêtre : « *Ave in æternum sanctissima caro, mea in perpetuum summa dulcedo ;* Salut, ô corps trois fois saint, vous qui êtes pour toujours mes suprêmes délices ! » Et de même, avant de prendre le précieux sang : « *Ave in æternum cœlestis potus, mihi ante omnia et super omnia dulcis :* Salut éternel, ô divin breuvage, vous qui me réjouissez avant et par-dessus toutes choses ! » (1).

Au reste, dès la plus haute antiquité, une des idées les plus familières aux fidèles était la joie spéciale que produit en nous la sainte communion. On en trouve une preuve remarquable dans le langage symbolique des premiers siècles. Parmi les emblèmes en usage pour désigner la divine Eucharistie, considérée comme nourriture de l'âme baptisée, un des plus touchants et des plus gracieux est assurément le vase rempli de lait. « Sainte Perpétue raconte que le Pasteur mit en sa bouche, à la veille du martyre, un lait délicieux, et les détails de cette scène touchante font voir qu'il s'agit du sacrement de l'Eucharistie. Dans les peintures des catacombes, il n'est pas rare de rencontrer cet emblème, entouré des grâces d'une poésie pleine

---

(1) D. Martène, *De Antiquis Ecclesiæ ritibus*, Rouen, 1700 ; lib. I, cap. 4, a. 12.

d'amour. Mais, que le vase de lait s'y montre dans la main du pasteur ou à ses côtés, qu'il repose sur un monticule gardé respectueusement par les brebis elles-mêmes, ou que l'Agneau divin, Pasteur des pasteurs, le tienne suspendu près de lui à sa houlette, la signification ne diffère en rien sous l'expression variée du symbole (1). » Elle se révèle en pleine lumière dans cette autre peinture où, placé sur le dos même de l'Agneau, portant la palme de son sanglant triomphe, le vase mystérieux paraît entouré du nimbe, comme renfermant le Christ Jésus avec toutes les suavités de son amour, admirablement symbolisées par la douceur de l'aliment matériel.

Il y a, dans les Actes des Martyrs du troisième siècle, un épisode assez curieux, où apparaît bien, sous l'enveloppe du symbolisme que nous venons de mentionner, l'action mystérieuse du pain eucharistique, considéré comme principe de joie surnaturelle.

C'était en Afrique, pendant la persécution déchaînée par le second édit de Valérien. Le proconsul avait fait emprisonner un certain nombre de clercs, Lucius, Montan, Flavien, ainsi qu'une femme chrétienne, nommée Quartillosa. Dans le récit qu'ils nous ont laissé eux-mêmes de leur captivité, les futurs martyrs font un tableau navrant de leur

---

(1) D. Guéranger, *L'Année Liturgique*, Paris, 1878; *Temps après la Pentecôte*, tome I, p. 430.

triste séjour, mais ils consignent en même temps les visions consolantes que Dieu daigna leur accorder. Nous n'avons à mentionner ici que celle qui intéresse notre sujet, et dont fut favorisée la matrone Quartillosa. Elle venait d'apprendre le martyre de son mari et de son fils. Trois jours après, il lui sembla voir entrer dans sa prison son fils mort, qui lui dit ces paroles : « Dieu voit votre oppression et votre souffrance. » Alors parut un jeune homme d'une taille extraordinaire, portant dans la main une coupe de lait. « Ayez bon courage, dit-il, le Dieu tout-puissant s'est souvenu de vous. » Il fit boire les prisonniers, les coupes ne se vidaient pas. Soudain, la pierre qui fermait à moitié la porte du cachot sembla s'écrouler, laissant voir le ciel. Le jeune homme posa les coupes à droite et à gauche. « Vous voilà rassasiés, reprit-il ; cependant elles sont encore pleines, et une troisième va vous être apportée. » Le lendemain, le prêtre Lucien envoya le sous-diacre Herennianus et le catéchumène Janvier porter à chacun « l'aliment qui ne diminue pas », c'est-à-dire l'Eucharistie... (1). Quelque temps après, on conduisit les martyrs au supplice, et c'est ici qu'apparaît

---

(1) M. Allard, auquel nous empruntons ce récit (*Histoire des Persécutions de l'Eglise*, tome III, Paris, 1887 ; p. 121) ajoute en note : « Il s'agit évidemment de l'Eucharistie, symbolisée dans la vision par les coupes de lait intarissable. Sur le symbolisme du lait, voir *Rome Souterraine*, p. 325-329 ».

dans tout son éclat la divine vertu de la communion. Une multitude de païens et de chrétiens les suivaient, disent leurs Actes. Depuis le commencement de la persécution, les fidèles avaient vu bien des martyrs, mais jamais avec autant d'émotion et de respect. On ne se lassait pas de regarder *le visage joyeux des condamnés* et d'entendre leurs discours. Ils moururent pleins de joie, réconfortés par l'Eucharistie, et heureux de verser leur sang pour l'amour de Jésus-Christ (1).

III

Comment s'étonner, d'ailleurs, que le sacrement de l'amour soit aussi le sacrement de la joie surnaturelle ? La joie naît de l'amour, comme le parfum s'échappe de la fleur. C'est l'amour épanoui et dilaté, dit saint Thomas ; l'amour satisfait par la présence de la personne aimée, ou par la vue du bonheur qu'elle possède (2). Car il y a deux degrés dans l'amour, et, partant, dans la joie.

Nous ne pouvons pas, en général, nous oublier nous-mêmes, au point d'être totalement absorbés par le bonheur de ceux que nous aimons. Même à ceux que nous portons au plus intime de notre cœur, nous demandons au moins la réciprocité d'une affection sincère : nous voulons jouir de leur

(1) Allard, *ibid.*, p. 122.
(2) *Sum. Theol.*, II-II, q. 28.

commerce et savourer le charme de leurs relations. Or, cette jouissance, pour être complète, suppose la présence réelle de nos amis. Passer quelques instants dans leur compagnie est déjà un bonheur; mais les posséder sous notre toit des heures entières, converser longuement avec eux, leur faire à loisir ces confidences qui sont réservées aux intimes, voilà le grand charme de l'amitié, et ce qui lui donne une suavité toute spéciale.

Et quand l'ami est en même temps un frère ou un époux, les communications deviennent encore plus familières, les confidences plus mystérieuses, les relations plus suaves. Ce n'est plus seulement l'amitié du choix qui unit et cimente les cœurs ; c'est l'amitié du sang qui fond, pour ainsi dire, deux vies en une seule, et qui les enivre de joie.

L'Eucharistie est tout cela, et mieux encore.

A elle seule déjà, la présence de Jésus Christ dans le tabernacle est un attrait irrésistible pour un grand nombre d'âmes ; et leur plus douce consolation est de passer devant le Saint-Sacrement les quelques instants qu'elles peuvent dérober à leurs occupations quotidiennes. Les épreuves et les tristesses inévitables de cette vie s'adoucissent et se colorent, pour ainsi dire, d'un rayon de soleil, quand on a le bonheur de visiter Jésus-Christ et de lui confier ses peines à cœur ouvert. Et c'est peut-être là, en cette fin de siècle où les tristesses abondent et les épreuves semblent grandir, une des principales raisons qui ont multiplié de nos jours, d'une façon prodigieuse, les adorateurs du Saint-Sacrement (1). Prêtres et fidèles se tournent comme d'instinct et plus que jamais vers le tabernacle, pour y chercher le calme dans l'épreuve, la paix dans la lutte, la sérénité dans la tempête.

Si Jésus-Christ, du fond de son tabernacle, fait sentir à ce point le suave rayonnement de sa présence, que ne fera-t-il pas pour les hôtes qu'il invite lui-même au banquet eucharistique ? Ici ce n'est pas seulement la présence morale du divin Consolateur, mais sa présence physique et personnelle au fond des âmes. Pour peu que le cœur humain s'entr'ouvre aux effusions divines, la glace qui le recouvre ne manquera pas de se fondre, et il tressaillera d'allégresse, en chantant un hymne de reconnaissance et d'amour à son céleste Bienfaiteur. C'est alors que les miséricordieuses tendresses du Sauveur Jésus nous apparaissent dans leur vrai jour, et que nous pouvons vraiment soupçonner quelque chose de son incompréhensible amour pour une pauvre créature. Et c'est une joie ineffable, quand on a le cœur bien fait, de se sentir si tendrement aimé par un Ami si généreux, un Frère si auguste, un Époux si magnifique !

L'Eucharistie est encore une source de joie, à un autre point de vue. Elle nous permet, en effet, d'aimer Dieu d'un amour pur, désintéressé, idéal

---

(1) Cf. l'ouvrage *L'Œuvre de l'Exposition et Adoration nocturne du Saint-Sacrement*, tome I. Paris, 1877 ; et tome II, 1899.

en quelque sorte, qui fait complète abstraction de soi-même, et se complaît, avant tout, dans la perfection et le bonheur de la personne aimée. C'est la plus haute expression de l'amour, et aussi la plus rare. Vis-à-vis de Dieu, nous sommes capables sans doute, du moins par intervalles et avec le secours de la grâce, de cet acte sublime. Mais il faut bien reconnaître que ce n'est pas l'apanage habituel de notre infirme nature, où il y a d'ordinaire un retour secret sur nous-même, une recherche, inconsciente peut-être, mais certaine, de notre propre bonheur.

Toutefois, il y a un moment dans notre existence quotidienne, où nous éprouvons une réelle facilité à aimer Dieu pour lui-même et pour lui seul. C'est le moment de la communion. Sous les touches mystérieuses du Cœur de Jésus, notre cœur s'épure et s'élève, pendant que notre esprit s'illumine des plus radieuses clartés. Comme il fait bon, alors, contempler la grandeur et la majesté de Dieu, sa sainteté infinie, et surtout sa bonté sans mesure, et la miséricorde qui semble ici-bas son attribut de prédilection : *Cui proprium est misereri semper et parcere!* Notre esprit se perd, sans doute, dans cet océan sans fond ni rivages ; mais comme il est heureux de se perdre dans cet abîme de perfections, et de rendre ainsi un suprême hommage au Dieu tout-puissant ! Notre cœur, lui aussi, se dilate et exulte de joie, à la vue des merveilles d'amour que Dieu a opérées dans l'Incarnation et l'Eucharistie, merveilles qui nous permettent de soupçonner quelque chose des mystères d'amour et de béatitude éternelle qui s'accomplissent dans le sein de l'auguste Trinité. Pour une âme chrétienne, c'est la joie la plus haute, la plus pure, celle qui constitue déjà comme un avant-goût du ciel.

Mais à quoi bon tant de raisonnements, même tirés de saint Thomas, pour établir une vérité si élémentaire, j'allais dire si évidente aux yeux du chrétien qui a fait l'expérience de la sainte communion ? Les joies eucharistiques, sans doute, sont plus ou moins vives et intermittentes. Trop souvent, elles font place à la sécheresse et à l'aridité. Mais, comme nous le verrons plus tard, c'est là une épreuve ou un châtiment, qui ne prouve rien contre le sacrement de la joie surnaturelle. Et saint Bernard avait bien raison d'en appeler à l'expérience de ceux qui communient comme il faut : « Ni la parole ne peut dire, ni la plume ne peut exprimer, l'expérience seule peut croire ce qu'est l'amour de Jésus ».

> *Nec lingua valet dicere*
> *Nec littera exprimere*
> *Expertus potest credere*
> *Quid sit Jesum diligere.*

Vous qui lisez ces pages, consultez vos souvenirs et interrogez votre expérience. N'est-ce pas dans la compagnie du Sauveur Jésus, après une fervente communion, que vous avez passé les moments les plus délicieux de votre vie. Il y a certainement, dans votre histoire intime, telle époque, tel jour, telle heure où vous avez goûté dans l'Eucharistie les joies les plus pures, les plus vives, les plus célestes que le cœur humain puisse ressentir ici-bas. Et dans ce sublime commerce avec le divin Epoux de votre âme, où vous avez entrevu quelque chose de ses splendeurs et de ses charmes inexprimables, il vous est arrivé sans doute de vous écrier, comme saint Pierre sur le Thabor : « *Domine, bonum est nos hic esse*; Seigneur, qu'il fait bon être ici ! » (1) Et vous auriez peut-être voulu, comme l'apôtre, fixer là votre demeure, pour jouir plus longtemps de la présence et des consolations de Jésus-Christ. Tant il est vrai que la sainte communion est le prélude et l'avant-goût de la béatitude éternelle !

IV

Les joies eucharistiques ont ceci de particulier, qu'elles ne sont nullement incompatibles avec le support, le goût et même le désir de la souffrance.

Il se passe alors, dans l'âme humaine, quelque chose d'analogue au phénomène mystérieux qui s'accomplissait dans l'âme de Jésus-Christ, pendant sa vie mortelle. Illuminée sans cesse par les clartés de la vision béatifique, son âme était plongée dans un ravissement perpétuel ; et, en même temps, par un contraste saisissant, elle était en proie aux

---

(1) Math., XVII, 4.

souffrances indicibles que demandait sa mission de Rédempteur. D'un côté, la joie sans mélange ; de l'autre, la douleur sans mesure. Etrange association, dont le secret est impénétrable, autant que la réalité en est certaine. Et comme tous les Saints ne sont pas autre chose que des copies du Christ, ils ont connu également, à des degrés divers, cette mystérieuse alliance de la joie et de la douleur. La sainte Vierge, surtout, a joui et souffert plus qu'aucune autre créature. Elle a goûté les joies incomparables de la maternité divine ; et, en même temps, elle a enduré de telles souffrances, que l'Eglise l'invoque sous le titre de Reine des Martyrs, et que les docteurs l'ont proclamée la corédemptrice du genre humain.

L'Eucharistie, qui a pour effet spécial de parfaire notre ressemblance avec Jésus-Christ, ne pouvait pas rester étrangère à cette loi mystérieuse qui associe la joie et la douleur dans l'économie rédemptrice. Et, de fait, la joie qu'elle produit est une joie mâle et forte, qui ne craint pas la souffrance, qui donne le courage de la supporter comme il faut, et même, chez les âmes d'élite, en inspire le goût, j'allais dire la passion. La chair du Christ « nous fait éprouver ce qu'elle éprouva elle-même, lorsque chargée des péchés du monde, elle se trouva face à face avec la nature divine dans l'union hypostatique. Spirituelle et glorieuse, elle ne peut toucher à la chair déchue de l'homme, sans lui en faire sentir les faiblesses, les humiliations et les hontes.

Elle est impassible, ses plaies sont éternellement fermées ; mais le sang de Jésus-Christ a gardé toute sa vertu. C'est toujours le sang du sacrifice, un sang victorieux, qui a conservé toute son impétuosité d'autrefois, qui pousse à tous les sacrifices, cherchant en nous des plaies par où il puisse s'échapper, et qui n'a jamais cessé de couler par torrents dans le monde. Il y a toujours dans l'Église une veine ouverte, une croix sanglante, un calvaire où l'homme nouveau souffre et meurt, où, après avoir reçu Jésus-Christ dans le sacrement, il se met entièrement lui-même dans le sacrifice, accomplissant ainsi, dans toute sa perfection, ce qui manque aux souffrances du Sauveur, dans son corps mystique. » (1)

Au fond, cette affinité incontestable de la communion avec la souffrance s'accorde parfaitement avec la propriété non moins certaine qu'elle possède, de consoler et de réjouir. Une parole de Notre-Seigneur, qui nous a été conservée dans les Actes des Apôtres, explique cette contradiction apparente : « *Beatius est magis dare quam accipere* ; il y a plus de bonheur à donner qu'à recevoir. » (2) Et dans la souffrance on donne, tandis que dans la consolation on reçoit. De là ces joies profondes qui accompagnent le sacrifice et le don de soi-même. De là aussi cet attrait que les Saints ont eu pour la souffrance, et les

(1) Abbé Jaffré, *Le Sacrifice et le Sacrement*, Vannes, 1899 ; p. 251.
(2) Act., XX, 35.

transports d'amour qu'ils éprouvaient, quand ils enduraient quelque chose pour Jésus-Christ : *Ibant gaudentes.* (1) Au fond, ce n'est pas la souffrance elle-même, ce n'est pas la croix proprement dite qu'ils recherchaient : c'est le Crucifié ! La souffrance ne saurait être *un but* pour le cœur humain, et l'Eglise n'enseigne pas une doctrine si barbare. Ce n'est *qu'un moyen*, d'ailleurs incomparable, de prouver notre amour. Et quand nous employons ce moyen comme il faut, avec cet esprit d'abandon qui caractérise le vrai chrétien, nous sommes sûrs de ressentir au fond du cœur la joie austère sans doute, mais délicieuse, qu'on éprouve à se sacrifier pour Jésus-Christ. Et c'est ainsi qu'en dernière analyse Dieu, toujours magnifique et d'une générosité sans égale, a trouvé le moyen de transformer nos souffrances en nouvelle source de joie, grâce surtout à l'Eucharistie !

§ II. — Le Témoignage des Saints et de leurs Imitateurs.

I.

De tous les effets de la communion, la joie est peut-être celui qu'on remarque le plus dans la vie des Saints. Et leurs biographes ne manquent pas, en général, de signaler cet aspect particulier de leur piété eucharistique. Il était juste, d'ailleurs,

(1. Act., V, 41.

qu'ayant participé d'une façon exceptionnelle aux souffrances de Jésus-Christ, ils fussent également privilégiés dans leur participation à ses joies les plus intimes. C'est là le centuple que Notre-Seigneur a promis ici-bas à ses fidèles serviteurs, en attendant la béatitude éternelle : *Centuplum accipiet, et vitam æternam possidebit.* (1)

Parmi les Saints qui ont connu et savouré à longs traits les délices du festin eucharistique, saint Philippe de Néri ne fut pas le moins favorisé. Ses historiens nous racontent qu'il célébrait le sacrifice de la Messe avec une ferveur qui étonnait les assistants. Dès qu'il arrivait à l'offertoire, une douce joie rayonnait sur son visage, et sa main tremblait de bonheur en versant dans le calice le vin qui allait être changé au sang du Sauveur. A l'élévation de l'hostie, il ne pouvait se lasser de contempler le Dieu caché, présenté à l'adoration des fidèles. Après la consécration, il était comme soulevé par son amour, et parfois touchait à peine le sol de la pointe des pieds. Quand il recevait le corps et le sang de Jésus-Christ, il éprouvait une douceur très sensible et savourait cette divine nourriture comme un aliment délicieux. Il semblait ne pouvoir arracher de ses lèvres le calice qui contenait le divin breuvage. Il épuisait avec une amoureuse énergie les dernières gouttes attachées au bord du calice et aspirait longtemps, comme si le

(1) Matth., XIX. 29

sang divin caché sous l'espèce sacramentelle eût dû ne jamais cesser de couler. Quand il avait terminé la messe et fait son action de grâces, il retournait dans sa chambre, si absorbé en Dieu qu'il n'apercevait pas ceux qui passaient auprès de lui. Il se mettait de nouveau en prière, et à la pâleur de son visage, à sa complète immobilité, on aurait cru qu'il allait mourir.

Dans les dernières années de sa vie, diverses personnes très éclairées et habituées à juger sainement des choses spirituelles, conseillèrent à saint Philippe d'obtenir la permission de célébrer la messe dans un oratoire privé, afin de pouvoir se livrer pleinement à sa dévotion, et s'unir à son Dieu avec plus de liberté d'esprit. Grégoire XIV lui permit de célébrer la messe dans une petite chapelle contiguë à sa chambre. Là il s'abandonna sans réserve aux opérations de la grâce. Pendant qu'il récitait l'*Agnus Dei*, ceux qui assistaient à la messe s'en allaient. Le clerc allumait une petite lampe, éteignait les cierges de l'autel, fermait les fenêtres et la porte de manière que personne ne pût entendre la voix et les soupirs du saint, sortait lui-même de la chapelle et suspendait au dehors une petite tablette où se lisaient ces mots : « Silence! le Père dit la messe. » Au bout de deux heures, le clerc retournait et frappait à la porte. Si le saint répondait, il entrait, ouvrait les fenêtres, rallumait les cierges de l'autel, et assistait à la fin de la messe. Quand le saint ne répondait pas, le clerc s'en allait et ne rentrait qu'après avoir entendu le son de la clochette qui le rappelait. Que se passait-il alors entre Dieu et son serviteur? Nul ne peut le dire. Mais, en le voyant revenir de l'autel, on devinait à son émotion et à sa pâleur qu'il sortait d'une longue extase, où il avait dû éprouver de tels transports d'amour et de joie, qu'il semblait comme anéanti par les faveurs divines (1).

Un autre Saint, tout récemment canonisé, Jean-Baptiste de la Salle, goûta lui aussi, dans une large mesure, les joies eucharistiques. Quand il célébrait la sainte Messe, son visage était comme transfiguré, et son cœur, inondé de joie, ressentait des palpitations extraordinaires, qui se faisaient entendre dans toute la chapelle (2). Il lui arriva plus d'une fois d'être comme ravi en extase, aussitôt qu'il avait pris le corps et le sang de Jésus-Christ. Il semblait alors perdu dans la contemplation muette de la bonté divine. A peine descendu de l'autel, et ayant encore dans sa poitrine le Dieu que l'Ecriture appelle « un feu consumant », il se plongeait aussitôt dans une longue action de grâces, où son visage rayonnait de ferveur et de joie. On le vit souvent rentrer dans la sacristie tout hors de lui-même et si transporté de l'amour divin, qu'il lui fallait reprendre haleine, parfois même s'asseoir, et attendre au moins un quart

---

(1) Bayle, *Vie de saint Philippe de Néri*, Paris, 1860; p. 77-78.
(2) *Fleurs Eucharistiques de la vie des Saints*. Jean-Baptiste de la Salle, Paris, 1898; p. 18 et sq.

d'heure avant de pouvoir déposer les ornements sacrés.

Les témoins de sa ferveur l'attendaient d'ordinaire au sortir de l'église, pour respirer en quelque sorte le parfum eucharistique dont son âme était embaumée. Ils se pressaient autour de lui, avides d'entendre sa parole et de participer à ses joies. Tels, ces invités, qui n'ont pas eu le bonheur de s'asseoir à un festin délicieux, et qui sont heureux d'en recevoir au moins quelques miettes. Le serviteur de Dieu les accueillait avec bonté, et chacune de ses paroles avait alors une expression de singulière douceur qui ranimait les courages abattus et les cœurs attristés. Parfois cependant, il sortait de son action de grâces, si pénétré de la pensée des grandes choses qu'il venait d'accomplir, si absorbé par la présence divine dont il venait de savourer les joies ineffables, qu'il n'était pas en état de converser avec les créatures. On se gardait bien alors d'interrompre ce mystérieux commerce ; la seule vue du saint prêtre était d'ailleurs la plus éloquente des prédications.

Le serviteur de Dieu savait apprécier les joies eucharistiques ; et, pour rien au monde, il n'eût consenti à se priver du bonheur de célébrer la sainte messe tous les jours. Il ne fallait rien moins que la maladie ou une impossibilité absolue pour qu'il dérogeât à cette sainte pratique. Cette privation lui était si pénible, et son désir de s'unir à Jésus-Christ si vif, qu'on l'a vu retrouver tout à coup des forces suffisantes pour satisfaire sa dévotion. Malgré l'avis des médecins, il se levait de son lit de douleur, et se traînait jusqu'à l'autel, soit pour y célébrer, soit pour y faire la sainte communion. Tant il est vrai que l'attrait de la divine Eucharistie est irrésistible chez les saints !

La bienheureuse Marguerite-Marie en est encore une preuve éclatante. On sait combien cette âme privilégiée reçut de Jésus-Christ les plus insignes faveurs. Elle participa largement aux souffrances du divin Maître ; mais elle fut associée d'autre part à ses confidences les plus intimes, à ses joies les plus enivrantes. Elle-même nous l'apprend dans ses écrits. « J'ai un si grand désir de la sainte communion, dit-elle, que quand il me faudrait marcher par un chemin de flammes, les pieds nus, il me semble que cette peine ne m'aurait rien coûté, en comparaison de la privation de ce bien. Rien n'est capable de me donner une joie sensible que ce pain d'amour, après la réception duquel je demeure anéantie devant mon Dieu, mais avec une si grande joie que je passe quelquefois un quart-d'heure pendant lequel tout mon intérieur est dans le silence et dans un profond respect, pour entendre la voix de Celui qui fait tout le contentement de mon âme ». Ailleurs, elle associe elle-même le désir de la souffrance aux joies eucharistiques. « Non, dit-elle, sans le Saint-Sacrement et la croix, je ne pourrais pas vivre et supporter la longueur de mon exil, dans cette vallée de larmes, où je ne souhaite jamais la diminution des souffrances, car plus mon corps en est accablé, plus mon esprit sent de joie et de liberté pour s'occuper et s'unir avec mon Jésus. » Et racontant une apparition dont Notre-Seigneur la favorisa un jour après la sainte communion, le vendredi dans l'octave de la Fête-Dieu, elle ajoute ces paroles : « Cette grâce eut tant d'effet, que rien n'a été capable depuis de troubler tant soit peu la paix de mon âme ; je ne sentais plus de capacité dans mon cœur que pour aimer mon Dieu. » L'amour, voilà le secret de la joie. Et la Bienheureuse le comprenait mieux que personne, quand elle disait : « Je vois plus clair que le jour qu'une vie sans amour de Jésus-Christ, c'est la dernière de toutes les misères ». (1)

II

Il n'y a pas que les Saints à goûter les douceurs eucharistiques. Tous ceux qui communient comme il faut peuvent jouir du même bonheur, à des degrés divers. Et l'histoire nous en offre d'innombrables exemples.

Frédéric Ozanam, ce professeur du collège de France dont nous avons déjà parlé, était, comme nous l'avons dit, un convive assidu de la sainte

---

(1) *Ecrits de la Bienheureuse Marguerite-Marie*, Paris, 1862; *passim*.

table. Les joies de la communion lui étaient si familières, qu'il ne craignait pas de les invoquer comme un argument apologétique, pour prouver la divinité de la religion catholique. Un de ses amis lui confia un jour les doutes qui le poursuivaient, en le priant d'affermir sa foi chancelante. Ozanam lui répondit par une lettre superbe, où il esquisse à grands traits les motifs de crédibilité qui pouvaient convaincre le mieux son ami, et il termine sa lettre par ces paroles : « Voilà, mon cher ami, le court raisonnement qui m'ouvre les portes de la foi. Mais une fois entré, je suis tout éclairé d'une clarté nouvelle, et bien plus profondément convaincu par les preuves intérieures du christianisme. J'appelle ainsi cette expérience de chaque jour, qui me fait trouver dans la foi de mon enfance toute la force et toute la lumière de mon âge mûr, la sanctification de mes joies domestiques, la consolation de mes peines. Quand toute la terre aurait abjuré le Christ, il y a dans *l'inexprimable douceur d'une communion* et dans les larmes qu'elle fait répandre, une puissance de conviction qui me ferait encore embrasser la croix et défier l'incrédulité de toute la terre (1). » Belle et fière parole, où se révèle bien l'ardente piété d'Ozanam, et qui montre que le Dieu de l'Eucharistie subjugue, quand il lui plaît, le cœur et l'esprit de sa créature, par le charme irrésistible de son amour.

(1) Ozanam, *Lettres*, Paris. 1860, tome II, p. 386.

Les joies eucharistiques ne furent pas moins prodiguées à ce grand chrétien que nous avons déjà cité, le général de Sonis. Elles furent sa grande consolation dans ses nombreuses et cruelles souffrances, celles qu'il endura, entre autres, quand il fut victime d'un terrible accident, où fut cassée l'unique jambe qui lui restait. Pendant quarante jours, il dut rester immobile, avec des nuits sans sommeil et une douleur tellement aiguë, qu'elle lui arrachait presque des larmes. Mais son courage fut plus grand que son mal. L'âme avait pris un tel empire sur le corps, dit le Père Carme qui le visitait, que la douleur ne faisait que raviver son amour pour le Dieu qui l'éprouvait. La sainte communion, qu'on lui apportait fréquemment, *lui faisait oublier tout le reste.* Et avec quelle ardeur n'accueillait-il pas la divine victime ! « C'était plus qu'un saint, nous rapporte un témoin, c'était un ange. »

La communion l'enivrait de telles délices, que lui-même en éprouvait une sorte de confusion, comme il le disait dans une lettre à un de ses meilleurs amis, moine bénédictin de Solesmes. « Bien souvent, grâce à Dieu, je traîne mon corps infirme, et je porte mon âme altérée aux sources vives de la foi, au pied du Tabernacle où réside le Maître qui se donne à moi avec une libéralité qui me comble de confusion et me saisirait d'effroi, si je ne savais que l'amour a vaincu le monde. C'est donc là, à la sainte Table, à ces heures de délicieux silence où dort le bruit de ce monde et qui sont les premières du jour, c'est là que je pense à vous, et que je demande à notre bien-aimé Maître et Seigneur de bénir les eaux tranquilles et harmonieuses de votre vie de moine (1). »

On comprend que les âmes qui ont goûté ces joies ineffables aient toujours faim et soif de la sainte communion. Le P. Hermann, cet israélite converti qui devint ensuite un Religieux fervent, ne se lassait pas de visiter, d'adorer et de recevoir en son cœur l'Hostie du Tabernacle Il avait demandé, comme une faveur insigne, d'avoir sa cellule contiguë à l'oratoire du couvent. Il répétait volontiers que le Saint-Sacrement était pour lui le paradis sur terre ; et, comme on lui demandait un jour si la communion ne lui inspirait pas le désir d'aller au ciel goûter des joies plus hautes, il répondit avec une naïveté charmante : « Oh ! pourvu que je puisse communier tous les jours, je ne crois pas que Dieu me réserve un plus grand bonheur là-haut (2). »

(1) Mgr Baunard, *Le Général de Sonis*, Paris, 1890 : p. 453.
(2) P. Huguet *Célèbres conversions contemporaines*, Paris, 1869 ; p. 374.

§ III. — Le Témoignage des Faits Sociaux.

Les joies eucharistiques ne sont jamais plus vives qu'à certaines époques solennelles de la vie, comme la Première Communion, le choix d'une vocation définitive, la clôture d'une mission ou d'une retraite. L'âme est alors mieux disposée que jamais, et elle tire du sacrement des fruits plus considérables. Mais ce sont là des circonstances exceptionnelles, qui ne peuvent pas servir à appuyer une thèse générale. Il n'y a rien d'étonnant, par exemple, que la première rencontre de l'âme avec Jésus-Christ soit une source de bonheur inoubliable, dont le parfum embaume la vie tout entière. Mais que l'Eucharistie produise tous les jours des joies analogues, et que ces joies très hautes soient le partage, non seulement de quelques âmes privilégiées comme les Saints, mais de la masse générale des communiants, voilà un spectacle plus admirable peut-être, quoique moins remarqué.

Quelques exemples, empruntés à des conditions sociales très différentes, feront toucher du doigt, pour ainsi dire, cet effet consolant de la divine Eucharistie.

Vous avez sans doute remarqué, dans nos cités grandes ou petites, ces couvents d'apparence sévère et presque sombre, entourés de hautes murailles, isolés en général de toute habitation, et soigneusement clos à tous les regards. C'est là que demeurent les Religieuses cloîtrées, qui ont dit un éternel adieu au monde et à ses joies les plus légitimes. On ne peut s'empêcher d'éprouver je ne sais quelle impression grave et austère, à la vue de ces grandes maisons silencieuses, asiles perpétuels de la prière et de la pénitence. Et quand s'ouvrent devant vous les portes massives du couvent, et que vous pénétrez à travers de sombres corridors jusqu'au parloir plus ou moins glacial où l'on introduit les visiteurs, cette impression mélancolique n'est pas pour disparaître, bien au contraire. Des murs blanchis à la chaux, avec des sentences de l'Ecriture qui rappellent le néant des choses humaines ; parfois quelques tableaux sobrement encadrés ; et, au fond, une grille noire et basse, derrière laquelle on voit ou l'on entend les Religieuses, tout cela pénètre l'âme d'un saisissement mystérieux. Et l'on est tenté de plaindre celles qui vont s'ensevelir ainsi dans le cloître, et qui vivent sans doute, à en juger selon les apparences, dans la plus morne tristesse.

Aussi, quelle n'est pas la surprise du visiteur, lorsque, le rideau de la grille venant à s'ouvrir, il voit tout à coup comme une apparition vivante de la paix la plus suave, et d'une joie tout angélique ! Quel calme sur ces physionomies, et quelle sérénité dans ces regards habitués à la contemplation

---

(1) Gen., XXXIII, 17.

des choses éternelles ! *Hic domus Dei est et porta cœli* (1) ; on sent tout de suite que ce cloître est la maison de Dieu, et comme le vestibule du ciel. Et pourtant ce n'est là que l'extérieur et la surface. Mais s'il vous était donné de pénétrer au fond de ces âmes, vous y verriez des trésors autrement magnifiques de générosité, de ferveur et de joie. Au reste, conversez quelques instants avec ces humbles femmes, faites-vous initier discrètement aux détails de leur existence quotidienne, et vous surprendrez sans peine le secret de leur bonheur. Leur vie entière gravite autour d'un centre unique, qui est Jésus-Christ. Elles sont fières de servir un tel Epoux, heureuses de l'aimer, jalouses de lui plaire. Nuit et jour, on peut le dire, elle se consument devant Lui, comme la lampe silencieuse qui brûle constamment dans le sanctuaire. C'est là, aux pieds du tabernacle, et surtout dans la sainte communion, qu'elles passent les heures les plus délicieuses, et qu'elles éprouvent déjà comme un avant-goût du ciel.

Les joies eucharistiques aident puissamment ces saintes religieuses à remplir leur ministère de charité et d'expiation. Car, ici encore, nous retrouvons cette mystérieuse association de la joie et de la souffrance que nous avons déjà constatée. Et c'est peut-être dans le cloître que ce mélange existe à la dose la plus forte. Les Carmélites, par exemple, entendent bien pratiquer la maxime de sainte Thérèse, *Ou souffrir ou mourir*. Elles se sont constituées victimes pour les péchés du monde, et elles n'ont pas peur de la souffrance. Ces femmes délicates traitent leur corps avec une rigueur que bien des hommes ne pourraient supporter. De très lourds vêtements en toute saison, une nourriture grossière, un sommeil assez court sur une méchante paillasse, des jeûnes fréquents et des disciplines sévères, voilà le côté matériel de leur existence. Tout cela est pénible sans doute, et pourtant c'est encore la mortification la plus facile. Les épreuves intérieures, que Dieu proportionne d'ordinaire à la sublimité des vocations, sont autrement redoutables et douloureuses. Et c'est là qu'on reconnaît la trempe d'une âme, sa force de résistance, son attachement à Jésus-Christ Les Carmélites ne seraient pas les dignes filles de sainte Thérèse, si de telles épreuves pouvaient les abattre. A l'exemple de leur courageuse fondatrice, elles laissent passer l'orage, plus unies que jamais au Dieu qui les éprouve La surface de l'âme peut être agitée par la tempête, mais le fond reste calme et serein. Les joies sensibles de la communion ont disparu, mais l'Eucharistie garde l'âme dans une confiance absolue en la miséricorde divine, et dans la paix inébranlable qui en résulte.

Interrogeons maintenant une autre catégorie sociale ; et du cloître, où vivent les âmes d'élite, transportons-nous dans cet asile de la misère humaine qu'on nomme l'hôpital, et où se rencontrent pêle-mêle les déshérités de la vie. Entre le cloître et l'hôpital la distance est grande sans doute ; pas si grande cependant, qu'elle ne puisse être comblée, dans une certaine mesure, par les joies eucharistiques. Et j'en trouve la preuve dans les institutions charitables qui ont été fondées en ce siècle par un saint prêtre italien, le vénérable Cottolengo.

Parmi ces fondations, il y en a une qui est surtout remarquable, et qui existe encore à Turin. C'est la *Piccola Casa*, ou « Petite Maison de la Providence ». Cottolengo y avait réuni plusieurs centaines de malheureux, des invalides, des idiots, des épileptiques, des sourds-muets, des aveugles, des orphelins, des enfants en bas-âge, et des malades de toute espèce. Ceux qu'il accueillait de préférence étaient les plus souffrants, les moins recommandés et les plus rebutants. « *Sans doute*, disait-il, *tous nos pauvres sont nos patrons, mais ceux qui sont si rebutants de nature le sont trois fois plus Ce sont nos vraies perles.* » Sa grande préoccupation était de les rendre heureux et contents. Et sa méthode était bien simple. Il soignait à la fois l'âme et le corps de ces infortunés, avec la patience et la délicatesse d'une mère. Il ne négligeait rien pour assurer leur bien-être temporel, et il s'efforçait encore davantage de leur inspirer la plus tendre piété, bien convaincu que c'est l'unique secret du véritable bonheur. Cottolengo était un apôtre fervent et résolu de la communion fréquente.

En chaire et au confessionnal, il ne cessait d'exhorter toute sa famille spirituelle à s'approcher du divin Consolateur. Ses efforts furent couronnés d'un tel succès, que les étrangers qui venaient assister à la messe de communauté de la *Piccola Casa*, ne pouvaient s'empêcher d'exprimer leur étonnement et de dire : « Mais il y a donc ici communion générale tous les jours ? » De fait, la distribution de la sainte communion durait le plus souvent une heure et quelquefois une heure et demie.

C'était un spectacle saisissant, raconte l'historien de Cottolengo, que cette multitude bigarrée se dirigeant vers la sainte table. Religieux et Religieuses, anges de charité ; vieillards et infirmes, armés de béquilles ou de bâtons pour soutenir leurs pas chancelants ; aveugles conduits par les Frères ou les Sœurs ; paralytiques et estropiés portés sur un brancard ou sur une chaise à la table sainte, comme autrefois ceux de Jérusalem à la piscine probatique : tous participaient au même banquet, pour y trouver la consolation et la joie. A voir l'expression de paix, de tranquillité et de bonheur qui rayonnait sur leur visage après la communion, on sentait, à n'en pouvoir douter, la douce et suave influence de Celui qui réserve ses meilleures tendresses et ses faveurs de choix aux humbles et aux déshérités d'ici-bas.

Les pensionnaires de la *Piccola Casa* étaient d'ailleurs les premiers à le reconnaître. On demandait un jour à un pauvre vieillard s'il était heureux dans sa nouvelle demeure. « Comment voulez-vous, répondit-il, que nous soyons malheureux, quand le Bon Dieu vient nous voir si souvent ? » Belle et touchante réflexion, qui nous montre comment le vénérable Cottolengo avait su consoler les pauvres et les malades, adoucir leurs peines et ensoleiller leur existence par les joies eucharistiques (1).

(1) Voir Mgr Constans, Le Vénérable Cottolengo, Paris, 1894 ; 2 vol. in-8, passim.

CHAPITRE VI

OBJECTIONS ET RÉPONSES

Il n'est pas impossible que certaines objections se soient présentées d'elles-mêmes à l'esprit du lecteur, en parcourant les chapitres qui précèdent. Les arguments théologiques, les témoignages historiques et les faits sociaux qu'on a rapportés plus haut sont incontestables sans doute ; mais il y a, d'autre part, certains faits qui paraissent les contredire, et qui constituent de prime abord une difficulté réelle.

Ces faits méritent un examen attentif, qui nous permettra non seulement de résoudre l'objection, mais d'exposer en même temps, d'une façon sommaire, les conditions requises pour que la communion produise ses effets. Car on devine sans peine que si le sacrement de l'Eucharistie agit par sa vertu propre et intrinsèque, son action est néanmoins subordonnée à certaines dispositions du communiant. qu'il suppose comme condition indispensable.

§ 1. — La Communion est-elle parfois impuissante à conserver, à développer et à restaurer la vie surnaturelle ?

I

Nous avons dit que la sainte communion était le préservatif par excellence de la vie surnaturelle, et nous avons cité à l'appui de cette doctrine plusieurs faits historiques du plus consolant intérêt.

On objecte qu'il y a bon nombre de faits contraires, et que bien des personnes qui communient retombent vite dans leurs égarements passés, surtout quand elles ont contracté certaines habitudes vicieuses, qui semblent rebelles à toute médication. Dès lors, ajoute-t-on, la fréquentation de la sainte table semble inutile, et la vertu préservatrice qu'on lui attribue paraît contestable.

La réponse à l'objection est facile.

D'abord, les théologiens ont soin de faire observer que l'Eucharistie n'enlève jamais le triste pouvoir que nous avons d'offenser Dieu par le péché mortel. Nous conserverons jusqu'à la mort la liberté de choisir entre le bien et le mal ; car, dans le plan providentiel, la vie est un champ de bataille où personne n'est exempté de combattre. L'Eucharistie, sans doute, nous aide, et puissamment, à remporter la victoire, mais elle ne confirme pas en grâce, et elle ne dispense pas de la lutte.

Cette réserve faite, nous maintenons absolument que la sainte communion est le préservatif par excellence de l'état de grâce, et nous affirmons que sans elle tous les autres sacrements seraient impraticables ou impuissants. « Certes, nous savons de quelle nécessité sont les autres moyens, la pénitence comme vertu et plus encore comme sacrement, les bonnes lectures, les exhortations, la prière, les bonnes compagnies, la fuite des occasions : mais nous ne craignons pas de dire que ces ressources, sans la fréquente communion, sont impuissantes ou impossibles. Impossibles, si elles imposent des fardeaux trop lourds à des épaules trop faibles, des sacrifices trop grands à de trop timides courages ; impuissantes, parce que, sauf le sacrement de pénitence, elles n'atteignent pas au fond de l'être le principe et les racines du mal : or c'est jusque-là qu'il faut aller pour obtenir une conversion sincère, une guérison durable. Seul, le sacrement du sang, de la chair, de l'âme déifiés de Jésus a cette vertu de pénétrer au fond de l'âme, de se répandre ensuite dans toutes les puissances et dans les couches de la sensibilité où plongent les racines des passions, d'y demeurer et d'y faire agir en personne, pour appliquer ses remèdes souverains, le Dieu et l'Homme, le Créateur et le Restaurateur de l'humanité. Seul, le sacrement de la tendre bonté, de l'excès d'amour, offre au pécheur repentant qui remonte laborieusement les pentes du mal, dont le cœur saigne de tous les liens brisés, dont le front se couvre à chaque instant des nuages épais de la tristesse, de l'abattement et du désespoir, seul le calice de toutes les délices lui offre assez de consolations, de joies intimes, de paix profonde, pour l'encourager, récompenser ses efforts et ranimer son espérance : *Date vinum his qui amaro sunt corde !* (1). »

Il faut donc, pour éviter le péché mortel, s'approcher de la sainte table *fréquemment, régulièrement* et avec *persévérance*. Ces trois conditions sont nécessaires.

Il va de soi que la fréquence de la communion doit être fixée par le confesseur, qui a seul grâce d'état et compétence pour trancher les questions qui concernent les sacrements. Or, en pareille matière, les besoins des différentes âmes varient, pour ainsi dire, à l'infini. Telle personne évitera facilement tout péché grave avec la communion mensuelle, pendant que telle autre devra absolument communier au moins une fois par semaine, ou même plusieurs fois, et peut-être même tous les jours. C'est au confesseur, je le répète, qu'il appartient de proportionner le remède préventif de la communion à la nature et à la gravité du mal qui tourmente le pénitent, en tenant compte, par exemple, de l'âge, de la condition, du tempérament, des occasions, des habitudes, etc.

---

(1) P. Tesnière, *Conférences sur la Communion*, Paris, s d. tom. 2, p. 590.

Fréquente dans le sens qui vient d'être indiquée, la communion doit encore être *régulière*, en se conformant aux indications du confesseur. Si le pénitent suit les caprices de sa fantaisie, et ne veut, je suppose, communier que dans les périodes de ferveur, désertant la table sainte à la première épreuve ou sécheresse inévitable qui l'attend, tout fait craindre une rechute plus ou moins rapide et profonde. Chassé une première fois de l'âme qu'il dominait, le démon « prend avec lui sept autres compagnons d'une perversité plus profonde, qui entrent et établissent là leur demeure, de telle sorte que l'état final du malheureux est encore pire que le précédent » (1). La régularité dans la fréquentation des sacrements eût permis d'éviter ce malheur.

Aussi tous les directeurs attachent une réelle importance à cette condition. On connaît la réponse que fit un jour à ce sujet le P. Lacordaire. Il dirigeait à Sorèze un certain nombre de jeunes gens qu'il entourait de toutes les sollicitudes, et dont il entretenait soigneusement la persévérance ou le progrès par la fréquentation des sacrements. Or, il s'était fait un devoir d'être sans cesse à leur disposition. Il s'absentait rarement ; et quand des motifs impérieux l'appelaient ailleurs, il rentrait le plus tôt possible. Obligé de se rendre un jour à Paris, il n'hésita pas à faire deux cents lieues, raconte Montalembert, parce qu'il ne voulait pas

---

(1) Matth., xii, 45.

priver ses enfants du secours de sa paternité spirituelle. Son illustre ami cherchait à le retenir pour un motif important et délicat. « Non, je ne puis, lui répondit-il après quelque hésitation ; cela ferait peut-être manquer la confession de quelques-uns de mes enfants qui se préparent pour la fête prochaine. On ne peut pas calculer l'effet d'une communion de moins dans la vie du chrétien ! » (1)

Tant il est vrai que c'est une perte immense, et, jusqu'à un certain point, irréparable, de manquer volontairement ou de faire manquer aux autres, par sa propre faute, une seule communion.

La persévérance est la troisième condition nécessaire pour recevoir utilement le sacrement de l'Eucharistie, au point de vue que nous étudions. Il y a telle tentation qui harcelle une âme, non pas une semaine, ni un mois, ni une année, mais quelquefois toute la vie. Et elle doit, par conséquent, être sans cesse combattue par l'emploi du sacrement qui donne la victoire, la divine Eucharistie. La médication surnaturelle se comporte quelquefois comme les remèdes ordinaires. De même que les maladies invétérées résistent longtemps aux efforts de la science, de même certaines habitudes vicieuses sont difficiles à déraciner. Est-ce une raison pour se décourager, et cesser l'usage de remèdes qui ne produisent, en apparence, aucun

(1) P. Chocarne, *Vie intime du P. Lacordaire*, Paris, 1880 ; tom. II, p. 258.

effet? Non certes, et loin de nous une pareille pensée. Les malades s'estiment heureux, lorsque, à défaut d'une guérison difficile, ils constatent au moins l'arrêt du mal. Pourquoi serait-on impatient et découragé, quand il s'agit d'opérer la cure, autrement importante, d'une âme immortelle, destinée par Dieu à la vision béatifique? Empêcher seulement de s'éteindre la mèche qui fume encore, est-ce donc un résultat nul et méprisable? Sans doute la crise peut être longue et la guérison tardive; mais on est sûr de l'obtenir, avec de la persévérance. Car Jésus-Christ nous en a donné l'assurance formelle, et il n'est pas de ceux qui manquent une seule fois à leurs engagements : *Scio cui credidi* (1).

On demandait un jour au P. Olivaint, alors supérieur du collège Vaugirard à Paris, si les jeunes gens des collèges devaient continuer la communion hebdomadaire, leurs études terminées. « Il y en a, répondit-il, qui vous diront : c'est impossible, c'est ridicule. Moi, je vous dirai : c'est une question relative; et c'est pour cela qu'il faut être soutenu et guidé. Tel jeune homme qui est fort, pourra attendre quinze jours; tel autre, s'il ne se confesse et ne communie tous les huit jours, tombera dans le péché mortel et fera naufrage. On ne peut poser un principe absolu. Tous les jeunes gens portent-ils un vêtement de même longueur? Non, puis-

---

(1) II Tim., I, 12.

qu'ils ne sont pas de même taille. — Mon Père, c'est bien difficile de communier tous les huit jours. — Il s'agit de le vouloir. Je connais tel jeune homme qui ne s'est sauvé que parce qu'il a pris cette résolution et qu'il l'a suivie » (1).

II

L'Eucharistie, avons-nous dit, est le sacrement qui donne à la vie surnaturelle son développement intégral, sa plénitude la plus harmonieuse. Or, il y a, dans l'histoire de la communion, un fait considérable qui s'accorde difficilement, à première vue, avec une conclusion aussi affirmative. C'est l'extrême rareté des communions au XIIe et surtout au XIIIe siècle, c'est-à-dire dans la période la plus chrétienne peut-être de l'histoire de l'Eglise.

Par un contraste singulier qui semble la contrepartie de notre thèse, le XIIIe siècle est en même temps une époque où l'on constate un épanouissement superbe de la vie surnaturelle, et où les fidèles s'approchent fort peu du banquet eucharistique. Saint Louis, roi de France, ne communiait que six fois par an, et il était censé faire la communion fréquente. Les Clarisses, religieuses ferventes s'il en fût, suivaient la même règle. Dans le tiers-ordre de saint Dominique, qui comptait d'innombrables agrégés, on communiait

(1) P. Clair, *Pierre Olivaint*, Paris, 1878 ; p. 322.

quatre fois par an. Et quant à la masse des fidèles, ils désertaient si bien la sainte table, que le concile de Latran se vit obligé de leur prescrire au moins la communion annuelle, mais n'osa pas exiger davantage.

Comment se fait-il donc que le XIII° siècle ait été une période si remarquable de foi et de piété ?

Il y a là sans doute quelque chose d'étrange, et de nature à nous causer un vif étonnement, habitués que nous sommes à des pratiques toutes différentes. Certains auteurs, comme Dalgairns, n'hésitent même pas à considérer ce fait comme un vrai problème historique, dont la solution nous échappe (1). Mais quand on y regarde de près, la difficulté ne semble pas si considérable, et elle est bien loin d'être insoluble.

D'abord, la rareté de la communion n'entraîne pas nécessairement la rareté de la grâce. L'Eucharistie est sans doute la principale, mais non l'unique source de la vie surnaturelle. Il y en a d'autres, comme le sacrement de Pénitence, la prière, le jeûne, l'aumône, et toutes les bonnes œuvres en général. Le moyen-âge puisait largement à ces sources divines. Saint Louis, qui communiait six fois par an, se confessait tous les jours. L'esprit de foi avait alors une vivacité, une énergie, et un entrain que nous pouvons à peine

---

(1) P. Dalgairns, *La sainte Communion* (trad. Godard), Paris, 1868; t. I, p. 275.

nous représenter. On ne connaissait pas le respect humain, on s'enthousiasmait pour les grandes et nobles causes, et on priait beaucoup plus que maintenant. Les milliers d'ouvriers qui ont bâti nos merveilleuses cathédrales entendaient surtout faire acte de foi, et on peut dire que les chantiers de travail étaient alors des chantiers de prière. Rien d'étonnant que la vie chrétienne fût florissante, dans une société où l'esprit de foi et de prière avait un tel empire sur les âmes. La grâce n'est pas tellement enchaînée aux sacrements, qu'elle ne puisse être accordée à la prière et aux bonnes œuvres. Si le treizième siècle utilisait moins la source eucharistique, il puisait davantage aux autres. Il pouvait, plus facilement que nous, se priver de la communion fréquente. « Aujourd'hui, nous vivons dans une atmosphère viciée, toute chargée de germes d'irréligion et d'impureté. Nos tempéraments sont débilités. De même qu'aux ouvriers épuisés par le travail malsain des ateliers et des usines, il faut une nourriture plus substantielle qu'aux paysans qui respirent dans les champs et dans les bois l'air salubre de la grande nature, de même il nous faut à nous, usés par la vie moderne, une nourriture spirituelle plus abondante qu'à nos pères du moyen-âge, vivant dans un air plus pur (1). »

---

(1) P. Coubé, *la Communion hebdomadaire*, Paris, 1899, p. 100.

Une autre remarque qui a son importance, c'est que la vie surnaturelle est proportionnée beaucoup plus à *la qualité* des communions qu'à *leur quantité*. Au moyen-âge, on communiait peu sans doute, mais on communiait bien. Les époques où l'on s'approchait de l'Eucharistie, et surtout le temps pascal, étaient des échéances vraiment solennelles. La préparation qu'on y apportait était longue, sérieuse, austère même. Les chrétiens de cette époque n'avaient pas peur de se mortifier comme aujourd'hui. Le jeûne et la discipline étaient chez eux en honneur; ils faisaient le Carême dans toute sa rigueur, et se préparaient ainsi, par une rude pénitence, à la communion pascale. Rien d'étonnant si la nourriture eucharistique, prise dans des conditions exceptionnelles, même à de rares intervalles, soit aussi profitable qu'à d'autres la communion plus fréquente. Ce n'est pas toujours l'abondance de la nourriture qui entretient ou développe la vigueur; c'est, avant tout, l'assimilation qu'on parvient à se faire des éléments nutritifs.

Non seulement, au xiii° siècle, on communiait *mieux* qu'à notre époque, mais, en somme, on communiait *autant*. Sans doute, le chiffre *des communions* individuelles était plus faible, en général, que de nos jours; mais le nombre *des communiants* était beaucoup plus élevé. De sorte que la vie eucharistique circulait alors dans l'Eglise avec une abondance égale, peut-être même supérieure à celle d'aujourd'hui. « Il existe maintenant une élite qui communie fréquemment. Or, elle ne le cède en rien à l'élite du xiiie siècle, si même elle ne lui est pas supérieure. La masse du peuple est moins chrétienne, moins morale de nos jours qu'à cette époque. Mais c'est précisément parce que la masse du peuple communiait alors au moins à Pâques, tandis que maintenant elle connaît à peine le chemin de l'église. Or, la différence des époques vient des sentiments et des mœurs qui prédominent dans la majorité. L'élite n'y peut rien, du moins directement. Quelques brillants maxima qu'elle apporte dans le problème ne peuvent relever une moyenne de communions qui s'affaisse sous le poids de tant de minima, de tant d'abstentions. Si le siècle de saint Louis fut plus chrétien que le nôtre, c'est qu'en définitive la courbe eucharistique y fut plus élevée qu'elle ne l'est de notre temps (1). »

Est-ce à dire que la sève surnaturelle du treizième siècle n'eût pas été plus vigoureuse, si la communion fréquente y eût été en honneur ? Assurément oui. Le moyen-âge fut loin de réaliser l'idéal de la vie chrétienne. Il est juste d'admirer, sans doute, sa foi robuste, sa piété naïve et son courage chevaleresque. Mais on doit flétrir ses cruautés, ses violences et ses désordres. S'il n'a pas connu, en général, le libertinage des civilisations raffinées, il n'en fut pas moins passionné et souvent brutal. Et il est certain que la rudesse générale de cette

---

(1) P. Coubé, *ibid*.

époque se serait adoucie au contact sacramentel plus fréquent de Celui qui purifie les cœurs, et qui dompte les emportements de la nature. Loin d'être une objection contre la communion fréquente, le moyen-âge, avec ses qualités et ses défauts, proclame à sa manière la nécessité et les avantages de cette pratique éminemment fructueuse.

III

Une troisième objection conteste que l'Eucharistie soit un agent réparateur de la vie surnaturelle. Elle s'appuie sur ce fait que beaucoup de personnes font la communion fréquente, sans devenir meilleures. Au lieu de rompre avec l'habitude du péché véniel, comme cela devrait être, elles s'accommodent parfaitement de la critique et de la médisance, des jalousies et des rancunes, de toutes les méchancetés de la langue et des petitesses du caractère.

Il est malheureusement trop vrai que plusieurs personnes, appelées pieuses ou dévotes, ne font pas honneur au sacrement de l'amour divin. Mais, de bonne foi, qu'est-ce que cela prouve contre l'Eucharitie ? Oserait-on, par hasard, rendre le sacrement responsable des défaillances et des misères humaines ? Voudrait-on soutenir qu'elles sont le résultat de sa pauvreté et de son indigence ? Non, sans doute, car une telle affirmation ne supporterait pas l'examen. Elle est en opposition absolue avec les documents théologiques et les faits d'expérience que nous avons cités, et qui témoignent tous de la vitalité magnifique dont la communion est la source. Ce que l'Eucharistie a fait pour les Saints et leurs fidèles imitateurs, elle ne demande qu'à le faire pour tous les chrétiens qui communient ; car elle ne change pas de nature, en s'adressant aux uns et aux autres. Si tel ou tel communiant échappe à son action réparatrice, la faute n'en est pas au sacrement qui reste toujours le même, mais à ceux qui le reçoivent avec des dispositions très différentes, c'est-à-dire très imparfaites dans l'espèce.

On objecte encore que l'Eucharistie n'empêche pas la tiédeur, et que les âmes tièdes sont précisément celles qui s'approchent souvent de la sainte table.

Ainsi formulée, l'objection contient une grave inexactitude. Car si l'on trouve des âmes tièdes parmi les convives ordinaires du banquet eucharistique, on y rencontre aussi des âmes ferventes, et en grand nombre. Les meilleurs jardins ne sont pas à l'abri des mauvaises herbes, mais ils contiennent cependant, et en quantité considérable, des fleurs et des fruits magnifiques. Il en est de même pour cette portion choisie du jardin de l'Eglise qui est la communion fréquente. Ce n'est pas là surtout qu'il faut chercher la plante parasite de la tiédeur. Son vrai terrain de culture, ce sont les âmes qui se contentent du strict minimum eucharistique, la communion pascale. La tiédeur est leur état normal, et trop souvent, hélas ! le péché mortel, difficile à éviter, sans un commerce plus fréquent avec Jésus-Christ. L'assiduité à la sainte table aurait-elle pour unique résultat de préserver les âmes d'une chute aussi malheureuse, que le Dieu de l'Eucharistie mériterait encore une éternelle reconnaissance.

La communion n'empêche pas la tiédeur, il est vrai ; mais à qui la faute ? Ne serait-ce pas peut-être, et même certainement, parce que ce grand acte de la vie chrétienne n'est pas toujours accompli avec la sérieuse préparation qu'il mérite ? Quel fruit pouvez-vous tirer d'un acte que vous transformez en routine, en pratique purement extérieure, en simple rouage d'une spiritualité mécanique, qui communie pour communier ? A plus forte raison, la communion sera-t-elle défectueuse, si l'on va à la sainte table par je ne sais quelle ostentation vaniteuse, et, suivant le mot de Bourdaloue, par une secrète émulation, par comparaison avec celle-ci, avec celle-là, pour faire dire : voyez comme elle est pieuse ! (1) Ne demandez pas aux âmes tièdes de se préparer à la communion par une méditation sérieuse, et encore moins par un acte de renoncement ou un sacrifice généreux : elles ne comprendraient pas ce langage. Ne leur demandez pas non plus une

(1) *Essai d'octave du Saint-Sacrement,* 5ᵉ jour.

action de grâces tant soit peu recueillie elles se contentent de réciter, du bout des lèvres, je ne sais quel formulaire vague et banal qui les dispense de produire elles-mêmes des actes de reconnaissance et d'amour ; et elles ne tardent pas à quitter le Dieu du tabernacle, dont la présence ne leur dit rien. Il y a là un abus lamentable de la grâce eucharistique et une familiarité malséante avec le plus auguste des sacrements, qui provoquent un châtiment inévitable. Ou plutôt, c'est déjà le début du châtiment que d'apporter un pareil sans-gêne à la sainte table. L'âme n'a pas su apprécier comme il faut l'excellence de l'aliment divin ; elle n'en tire plus qu'une faible portion de valeur nutritive. Quoi d'étonnant si elle arrive peu à peu à mourir d'inanition ? C'est uniquement sa faute, et sa très grande faute : *mea culpa, mea maxima culpa*

§. II. — La Communion est-elle parfois impuissante à produire la joie surnaturelle ?

La quatrième objection concerne les joies de l'Eucharistie. Que d'âmes se plaignent de ne pas les éprouver, si ce n'est peut-être à de rares et courts intervalles ! Pour un grand nombre, la sécheresse et l'aridité semblent être devenues comme un état normal, et les consolations de l'Hostie leur sont à peu près inconnues.

Le fait est incontestable. Mais il comporte une

explication, qui met l'Eucharistie hors de cause

D'abord, il arrive souvent que ceux qui communient avec froideur sont responsables de leur sécheresse, parce qu'ils apportent eux-mêmes des obstacles volontaires et coupables aux joies eucharistiques.

En second lieu, il n'est pas rare que des obstacles involontaires, d'ordre physique ou moral, nous empêchent d'éprouver les consolations divines, sans diminuer d'ailleurs le mérite et les fruits de la communion.

Enfin on doit se rappeler que les joies surnaturelles ont pour siège régulier la partie supérieure de l'âme ; et qu'en outre, pour des motifs très sages, Dieu ne les accorde pas toujours à l'heure même de la communion, mais se réserve le droit de les retarder jusqu'au moment plus opportun de la lutte, de la tentation et de la souffrance.

I

On distingue d'ordinaire deux obstacles volontaires et coupables, unis d'ailleurs par une étroite affinité, qui empêchent l'âme de goûter les joies eucharistiques. C'est *l'attachement au péché véniel*, et *la négligence* qui précède, accompagne ou suit immédiatement la communion.

Il est tout simple que l'attachement au péché véniel soit un obstacle aux consolations et aux faveurs divines. La communion n'est pas seulement une nourriture, un préservatif et un remède ; elle est aussi une récompense, et c'est la joie qui lui donne ce caractère. Or, toute récompense doit être méritée par un effort ou un sacrifice, et, quand il s'agit des choses spirituelles, par cette délicatesse de l'âme qui consiste à faire plaisir à son Seigneur et à son Dieu. Celui qui cherche au contraire ses satisfactions dans les créatures, la bonne chère, la dissipation, les conversations inutiles, la vanité et la médisance, se condamne forcément à la privation des joies surnaturelles. Car ces joies supposent l'esprit de sacrifice et de mortification, et elles résultent de la parfaite soumission de l'âme à Jésus-Christ. Examinez donc votre conscience, et voyez si vous n'êtes pas vous-même l'artisan de vos sécheresses spirituelles. La joie n'est pas autre chose que la complaisance de l'âme dans la possession de l'objet aimé. Si vous ne mettez pas en Dieu vos complaisances intimes, comment pourriez-vous éprouver le bonheur de le posséder ?

La négligence qu'on apporte à la sainte table empêche également les joies eucharistiques, soit qu'elle vicie la préparation immédiate de l'âme à la réception du sacrement, soit qu'elle se manifeste dans l'acte même de la communion ou dans l'action de grâces.

Toutes les fois que l'âme se met en rapport avec Dieu par la prière, l'Esprit-Saint lui conseille de s'y préparer. A plus forte raison, cette préparation immédiate s'impose-t-elle, quand il s'agit d'un contact direct et personnel avec Jésus-Christ. Et si on néglige de la faire, il est moralement impossible d'obtenir les grâces de choix que Dieu réserve à ses amis intimes. Vous courez, je suppose, à l'église au sortir du lit, et là, sans prendre le temps de vous recueillir, sans faire jaillir de votre cœur ces actes de foi et d'humilité qui devraient éclater d'eux-mêmes dans un moment si solennel, vous allez à la sainte table avec je ne sais quelle familiarité béate, avec un sans-gêne qu'on devrait peut-être taxer d'insolence pour l'auguste Visiteur que vous allez recevoir. Serez-vous surpris, si vous ne recueillez pas les joies célestes de la communion avec la même facilité que vous prenez de l'eau bénite en entrant à l'église ? Il y a dans ce laisser-aller une irrévérence et une sorte de mépris qui fait mal. Et il faut en dire autant, proportion gardée, de ces regards dissipés et curieux qu'on jette à droite et à gauche, de ces distractions volontaires, de cette paresse et de cette torpeur qu'on n'essaie pas de secouer par un effort généreux.

Et dans l'acte même de la Communion, est-ce une chose inouïe que la négligence et la mondanité ? N'y a-t-il pas des âmes qui songent parfois, en ce moment redoutable, à attirer l'attention du public, par leur maintien, par leur toilette, et, ce qui est plus grave, par l'envie ou plutôt la démangeaison de paraître plus pieuses qu'elles ne sont ? Oui, hélas ! il se rencontre des personnes pour lesquelles la communion est une satisfaction d'amour-propre, qui s'applaudissent en elles-mêmes de pouvoir le faire aussi souvent que telle ou telle autre haut placée dans l'estime du pasteur, et qui transforment en concours de vanité l'acte le plus saint, le plus auguste et le plus redoutable de la religion. Est-il nécessaire de dire que ces personnes qui commettent ainsi le péché véniel en communiant, blessent le Cœur de Jésus, et se mettent elles-mêmes dans l'impossibilité de goûter les consolations eucharistiques ?

II

Les joies de la sainte table peuvent aussi être empêchées par des obstacles involontaires, dont nous ne sommes nullement responsables, et qui n'enlèvent rien aux fruits essentiels de la communion.

Le premier de ces obstacles est cette préoccupation de l'esprit qui résulte principalement d'un travail intellectuel intense, ou des soucis et des responsabilités qu'entraîne un gouvernement quelconque. Il y a là, dit saint Antonin, archevêque de Florence, un double motif de sécheresse : *Ob occupationes bonas studiorum vel regiminis* (1). C'est

---

(1) Cité par le P. Tesnière, *Conférences sur la Communion*, Paris, s. d.; 17ᵉ conférence, mise à contribution dans ce paragraphe.

un fait d'expérience que les études opiniâtres, et surtout les études abstraites, dessèchent plus ou moins le cœur. Le rude labeur de la pensée absorbe et confisque, pour ainsi dire, toutes les forces vives de l'âme, si bien que le cœur devient inhabile et impuissant à goûter les consolations d'en haut. Ajoutez à cela que les procédés techniques de la science ne ressemblent rien moins qu'aux opérations mystérieuses de la grâce, surtout dans ce qu'elles ont de plus délicat et de plus exquis, la joie surnaturelle. Pour goûter ce parfum, il faut que l'esprit et le cœur s'ouvrent d'eux-mêmes aux effusions divines, et soient dociles aux moindres touches du Cœur de Jésus.

Tout cela suppose une grande liberté d'esprit et une certaine aptitude à la contemplation intérieure. Et c'est précisément ce qui fait défaut à tous ces esprits qu'absorbe une préoccupation quelconque. Voilà, je suppose, un excellent prêtre qui est à la tête d'une vaste paroisse, où les fonctions du saint ministère exigent une activité dévorante. Il peut arriver, en outre, que ce zélé pasteur soit obligé de faire face à des occupations très variées. Il aura, par exemple, une église à bâtir, une école chrétienne à fonder, un patronage à diriger, un procès à soutenir contre des diffamateurs. Peut-on espérer qu'avec cet ensemble de préoccupations, de responsabilités, de tracas et de déboires inévitables, l'homme le plus apostolique puisse vaquer facilement, dans une liberté d'esprit que rien ne trouble, au paisible travail de la contemplation intérieure? Pourrait-on s'étonner qu'il fût privé, sans l'ombre d'une faute de sa part, des joies eucharistiques? Il en est de même de toutes ces âmes qui sont absorbées, bien malgré elles, par les labeurs quotidiens. Si elles font en sorte que leurs préoccupations n'aient rien d'excessif et de trop humain, si elles s'humilient de ne pouvoir mieux faire, leurs communions sont excellentes, malgré la sécheresse qui les afflige.

Un second empêchement est la souffrance physique ou morale, qui paralyse et engourdit les facultés de l'âme, et trop souvent les déprime. Que de fois m'est-il arrivé d'entendre cette plainte sur les lèvres des malades : Je ne peux plus prier! Quand l'attention et les forces physiques sont absorbées par un malaise général, ou par une douleur lancinante qui arrache au malade des plaintes involontaires, il éprouvera difficilement les joies de la communion C'est déjà beaucoup qu'il y puise la résignation à la volonté divine, et la force de supporter son mal en union avec Jésus-Christ. Les peines de l'esprit et du cœur sont encore plus douloureuses, sous certains rapports. L'âme affligée manque souvent, hélas! de ressort et d'énergie. Elle n'a plus d'élan ; son horizon est sombre, son atmosphère chargée. Un nuage de tristesse l'enveloppe, et parfois si épais, que les rayons de la joie eucharistique sont impuissants à le percer. Elle pourra sans doute, et souvent d'une façon admirable, donner le spectacle d'une patience angélique, d'une résignation parfaite, d'un abandon complet à la volonté divine. Elle arrivera ainsi à goûter la joie amère du sacrifice, et, par les sommets surnaturels de son être, à se complaire dans le Dieu qui la crucifie ; mais ce serait lui demander l'impossible, que d'attendre de sa part ces joies douces et sereines qui dilatent le cœur, et l'embaument d'un parfum délicieux.

La privation des joies eucharistiques peut venir encore d'un esprit naturellement distrait, dit Suarez : *Quia naturaliter distractus est* (1). Et cette formule convient à un grand nombre. Les intelligences bornées, que la nature a traitées avec parcimonie ; les esprits légers, mobiles, impressionnables à l'excès ; les natures lourdes et pesantes, peu propres aux choses spéculatives ; tous ceux que le défaut de culture, l'ignorance religieuse et les occupations exclusivement matérielles condamment, pour ainsi dire, à l'impuissance de méditer, de s'élever ou d'approfondir : voilà autant d'âmes qui ne connaîtront presque jamais les joies surnaturelles et les transports mystiques de la communion. Pourquoi ? Parce que la grâce se proportionne d'ordinaire au moule que lui offre la nature. Est-ce une raison pour toutes ces âmes de se troubler et de se lamenter, à cause de privations dont elles ne sont

(1) *De Euchar*, disput. 68. a. 9. n° 4.

pas responsables? Assurément non. Qu'elles sachent bien que Dieu demande des actes plutôt que des sentiments; que la communion renferme autre chose que des douceurs, et qu'elles participent toujours à ses biens les plus solides et les plus précieux; qu'il faut servir Dieu selon les les grâces qu'il nous communique, et qu'il proportionne toujours ses adorables exigences aux dons que nous avons reçus de sa miséricorde.

Enfin, il n'est pas rare que Dieu nous prive lui-même, au moins pour un temps, des joies de la communion. C'est une épreuve à laquelle il juge bon de nous soumettre, pour des raisons très sages, et, au fond, très miséricordieuses. Si notre âme était sans cesse inondée des consolations divines, n'y aurait-il pas à craindre pour nous d'être attirés à la sainte table par l'unique perspective des douceurs spirituelles, et non par la personne même de Jésus-Christ ? Le don ne ferait-il pas oublier quelque peu le Donateur, au détriment de notre faible vertu? Ne serions-nous pas exposés à la subtile tentation de nous croire plus parfaits que nous sommes? La véritable sainteté, au contraire, a toujours conscience de son infirmité, et elle se défie des illusions qui séduisent. Aussi les âmes généreuses ne se laissent ni troubler ni décourager par les sécheresses. Elles y voient plutôt un trait spécial de ressemblance avec le divin Maître, qui endura sur la croix une désolation autrement terrible, puisqu'elle réussit à lui arracher ce cri d'angoisse : *Mon Dieu, mon Dieu, pourquoi m'avez-vous abandonné ?* (1) Et comme les âmes d'élite n'ont qu'une ambition, celle d'être les copies vivantes de Jésus-Christ, elles sont heureuses, en un sens, de souffrir pour Lui la privation des joies les plus saintes, si tel est son bon plaisir. C'est l'histoire de la plupart des Saints, que Notre-Seigneur ne manque jamais d'associer à ses douleurs les plus intimes, avant de les introduire dans sa propre béatitude : *Si compatimur, ut et conglorificemur* (2).

III

Les âmes timorées, qui se désolent outre mesure des sécheresses de leurs communions, ont maintenant l'explication de cette épreuve. Une dernière considération, qui a son importance, contribuera, nous l'espérons, à les éclairer davantage et à les rassurer en même temps.

Qu'elles sachent donc bien que les joies eucharistiques, étant spirituelles de leur nature, peuvent exister réellement et passer néanmoins comme inaperçues ; et qu'en outre Dieu, toujours préoccupé de nos véritables intérêts, nous prive quelquefois de ces faveurs au moment de la communion, pour les réserver précieusement jusqu'à l'heure opportune

(1) Marc., XV, 34.
(2) Rom., VIII, 17.

où notre cœur a besoin d'être dilaté, en face de la tentation, de la lutte et de la souffrance.

Les joies de la communion ont pour siège régulier la partie supérieure de l'âme, l'intelligence et la volonté. Il arrive sans doute, et assez souvent, qu'elles débordent de ces hauteurs jusque dans l'imagination, qu'elles colorent de tableaux agréables, et dans le cœur sensible, qu'elles font palpiter des plus douces émotions. Le roi-prophète éprouvait des transports analogues quand il s'écriait : « *Mon cœur et ma chair ont tressailli d'allégresse pour le Dieu vivant.* » (1) Quiconque se donne à Dieu avec tant soit peu de générosité réelle, a connu ces émotions délicieuses ; le divin Maître est prodigue de ces encouragements et de ces faveurs.

Mais ces transports et ces joies débordantes ne sont pas la règle ordinaire dans nos rapports avec Dieu. Ce qui est ordinaire est ce qui ressort de la nature même des choses. Les joies eucharistiques, étant éminemment spirituelles, et par conséquent insensibles de leur nature, n'affectent que nos facultés supérieures. Les sommets de l'âme baignent seuls dans cette lumière qui nous donne le repos de l'esprit, le calme de la volonté, le bonheur de nous sentir en paix avec Dieu. Et tout cela se fait secrètement, d'une manière insensible et presque inaperçue. Telle une source cachée qui coule silencieusement, à fleur de terre, et qui porte avec elle la fé-

---

(1) Psalm. LXXXIII, 3.

condité, la fraîcheur et la vie. De même, à notre insu, Dieu verse la joie surnaturelle dans notre âme, et sa douce influence, pour être secrète, n'en est pas moins salutaire et profonde.

Au reste, les consolations eucharistiques ne sont pas nécessairement attachées à l'heure précise de la communion et de l'action de grâces. Il n'est pas rare qu'elles soient retardées jusqu'au moment où la divine Providence juge meilleur pour nous de les recevoir. Et c'est là un trait de bonté prévoyante, d'attention délicate, de la part du divin Maître. Il sait l'heure vraiment opportune où nous avons besoin d'élan, d'expansion et d'entrain. Et c'est alors qu'un rayon de joie se glissera dans notre âme, quand la tentation est plus vive, quand la tristesse et l'ennui menacent de nous envahir, quand la mêlée du combat est plus ardente, quand le poids du jour et de la chaleur est plus pénible.

La communion agit, sous ce rapport, à la façon des aliments matériels, dont le bien-être se fait sentir, non seulement à l'heure même du repas, mais longtemps après, par le réconfort et la vigueur qu'ils produisent. C'est l'enseignement des théologiens les plus autorisés, comme de Lugo et Suarez. (1)

Consultez d'ailleurs votre propre expérience, vous qui vous plaignez de vos sécheresses eucha-

---

(1) Suarez, *De Euchar.* disput. 63, sect. 9. Lugo, *De Euchar.*, disput. 12, sect. 5. n° 95.

ristiques. D'où vient que les jours de communion et souvent encore les jours qui suivent, vous êtes plus dispos au travail, plus courageux pour la lutte, plus résigné dans vos peines ? Pourquoi votre âme a-t-elle plus de facilité à vivre de la vie surnaturelle, à voir l'action de Dieu en toutes choses, à bénir sa providence, et à garder la paix intérieure dans ses préoccupations quotidiennes ? Comment se fait-il que vous soyez plus enclin à l'indulgence, plus aimable dans vos relations ordinaires, plus disposé à rendre service ? Ce n'est pas, j'imagine, à votre tempérament de nature que vous attribuerez des effets aussi surnaturels. Non, c'est la joie divine de la communion qui opère en vous, et qui vous donne cet ordre intérieur, cette paix, cette facilité pour le bien que vous éprouvez, peut-être sans le savoir.

Sachez donc comprendre les intentions miséricordieuses de la Providence, et remerciez Notre-Seigneur de prendre vos véritables intérêts, en vous sevrant quelquefois des joies eucharistiques, puisque cette privation momentanée tourne à votre avantage, et concourt, dans une large mesure, au fonctionnement harmonieux de votre vie surnaturelle.

CHAPITRE VII

La Sainte Communion est le gage de la Vie éternelle.

L'Eucharistie ne serait pas *la Vie* par excellence, comme l'appelaient les chrétiens d'Afrique, si elle ne jouissait de quelque prérogative pour conduire les âmes à la vie éternelle. Le Saint-Sacrement et le Ciel sont les deux grands chefs-d'œuvre de l'amour divin : il est tout simple que l'un soit le prélude et le gage de l'autre. A tous ceux qui le reçoivent ici-bas comme Auteur de la grâce, Dieu ne peut pas refuser, semble-t-il, de se communiquer là-haut comme Auteur de la gloire. L'amour ne fait pas les choses à demi. Et puisque, sur la terre de l'exil, Jésus a voulu se donner lui-même en personne, n'est-ce pas comme un engagement de sa part qu'il se donnera encore, mais cette fois à découvert, dans la splendeur de la patrie ? Il nous en a fait d'ailleurs la promesse consolante : *Qui manducat meam carnem et bibit meum sanguinem, habet vitam æternam, et ego ressuscitabo eum in novissimo die;* celui qui mange ma chair et qui boit mon sang possède la vie éternelle, et je le ressusciterai au dernier jour (1) ».

(1) Joa., VI, 55.

Il y a, dans ces paroles, deux promesses distinctes : l'une, où est affirmée l'existence d'un lien spécial entre la communion et le ciel ; l'autre, qui garantit la résurrection glorieuse des corps par l'Eucharistie.

§. I. La Communion et le Ciel.

I

Toutes les œuvres de Dieu se coordonnent à un but suprême, la manifestation de sa gloire. C'est la loi souveraine qui gouverne le monde de la nature, et à plus forte raison le monde de la grâce. Au premier rang des moyens surnaturels qui sont à notre disposition pour atteindre ce but, il faut mettre l'Eucharistie. « Dieu, dit saint Augustin, tout puissant qu'il est, n'a pas pu donner davantage ; tout sage qu'il est, il n'a pas su donner plus ; tout riche qu'il est, il n'a pas eu de quoi donner mieux (2) ». Avec le mystère de l'Incarnation, dont elle n'est que le prolongement sublime, l'Eucharistie constitue ici-bas la manifestation la plus éclatante des attributs de Dieu, et surtout de sa puissance, de sa sagesse et de son amour infini.

Comment s'étonner, dès lors, qu'elle ait des affinités spéciales avec cette autre manifestation de la gloire divine qui s'accomplit au ciel, dans les

---

(2) Aug., *In Joa.*, tract. VIII.

ineffables ravissements de la vision intuitive ? Comment s'étonner qu'elle soit le gage et l'avant-goût du bonheur éternel ?

C'est d'ailleurs la conséquence logique des propriétés que lui attribue le concile de Florence, pour conserver, développer, restaurer et réjouir notre vie surnaturelle.

La conservation de la vie surnaturelle n'est pas autre chose, comme on l'a vu, que la persévérance dans l'état de grâce ; et cette persévérance n'est elle-même que le trait d'union final entre la terre et le ciel. C'est en même temps l'achèvement de la grâce et le commencement de la gloire. Des causes accidentelles peuvent sans doute retarder la jouissance immédiate de la vision béatifique. Mais ces obstacles ne sont imputables qu'aux défaillances de la liberté humaine, qui ne sait pas utiliser comme il faut les trésors surnaturels dont elle a l'usufruit. La grâce reste toujours, en elle-même, la source merveilleuse qui jaillit jusqu'à la vie éternelle ; mais cette source peut être provisoirement arrêtée ou refoulée dans son cours, quand l'homme vient en contrarier les divines énergies.

Il n'est pas nécessaire, il serait même oiseux et superflu de résumer ici ce qui a été dit plus haut à propos du rôle important que joue l'Eucharistie dans la conservation de la grâce. Disons seulement, pour mémoire, qu'elle est un préservatif du péché sous un triple rapport : comme *fortifiant*, comme *remède* et comme *arme défensive*. Par les principes nutritifs qu'elle communique à l'âme, elle lui donne une nouvelle force de résistance contre la tentation ; par l'action médicinale qu'elle exerce, elle met un baume sur les plaies de la concupiscence ; et enfin, par les armes de choix qu'elle met à notre disposition, elle nous permet de vaincre le grand ennemi des âmes, le démon. Ces trois prérogatives ne sont elles-mêmes que des manifestations différentes d'une force unique, qui est l'amour. Et c'est par là que l'Eucharistie est la sauvegarde la plus précieuse de la vie surnaturelle. En attisant dans notre âme le feu de l'amour, elle nous rend capables d'une fidélité absolue à nos devoirs. Rien ne coûte à une âme qui aime Jésus-Christ Et ce qu'elle redoute par-dessus tout, c'est d'être séparée de lui et de le contrister par la moindre souillure. Le péché lui fait horreur. Sans doute, une surprise de l'ennemi est toujours possible, de même que sur le champ de bataille un soldat est constamment exposé à quelque blessure. Mais une âme qui aime Jésus-Christ ne reste jamais sous le coup d'une défaite, et elle prend aussitôt sa revanche.

Il n'est pas jusqu'aux pécheurs les plus endormis qui ne se réveillent eux-mêmes parfois, au simple souvenir d'une communion bien faite, et surtout de leur première communion. Que de traits émouvants on pourrait citer à ce sujet ! Et que de retours merveilleux, provoqués par ce souvenir, viennent réjouir le cœur du prêtre au chevet des mourants !

Aussi le rappelle-t-il volontiers aux pauvres malades ; et il est rare que les âmes les plus indifférentes, les plus endurcies, les plus hostiles même, ne se laissent pas attendrir à la pensée de cette communion inoubliable. La première visite que Dieu fait au cœur de l'homme, encore enfant, y dépose un germe de vie que les abus de la liberté peuvent stériliser longtemps, mais qui lève souvent plus tard, à l'heure suprême où se décident nos éternelles destinées.

Car l'amour est vraiment cet aiguillon dont parle l'Ecriture, contre lequel il est dur de regimber. C'est un stimulant qui nous réveille de nos torpeurs, secoue notre paresse, en un mot nous excite aux bonnes œuvres. Et, avec les œuvres, notre salut est moralement assuré. L'apôtre saint Pierre nous l'affirme. « Efforcez-vous donc, disait-il aux premiers chrétiens, d'affermir votre vocation et votre élection par les bonnes œuvres ; car en agissant de la sorte, vous ne pécherez jamais. Et, par ce moyen, Dieu vous donnera une entrée facile dans le royaume éternel de notre Seigneur et Sauveur Jésus-Christ. » (1) L'Eucharistie, foyer d'amour et principe de bonnes œuvres, est ainsi le gage assuré de la récompense que Dieu a promise aux âmes de bonne volonté.

Le *développement* de la vie surnaturelle, qui est le second effet de l'Eucharistie, conduit également

---

(1) II Pet., I, 10. 11.

à la vision béatifique. Le ciel n'est pas autre chose que la plénitude de la vie. Et comme le sacrement de l'autel a pour effet de communiquer ici bas cette plénitude, dans la mesure où l'âme la comporte, il est assez naturel d'établir un rapport spécial entre la grâce eucharistique et la gloire céleste. N'est-ce pas la sainte communion qui élève à leur plus haute puissance les relations d'intimité que nous contractons par la grâce sanctifiante avec les trois Personnes divines ? Et le ciel n'est-il pas précisément la consommation finale de cette union ineffable qui porte ici-bas le cachet eucharistique ?

C'est surtout par la charité que nous avons le pouvoir de perfectionner en nous cette ressemblance surnaturelle avec Dieu qui constitue le fond même de la grâce, et qui resplendira un jour dans les magnificences du ciel. Entre la communion bien faite et les accroissements de la gloire, il y a donc une connexion intime, puisque les actes d'amour sont l'effet propre de l'Eucharistie, et que l'augmentation de la béatitude céleste est en proportion avec l'intensité de l'amour. Rien n'est plus agréable à Dieu que la charité, et rien n'est plus méritoire pour la vie éternelle.

Il y aurait beaucoup à dire sur les lois qui président à l'accroissement du mérite, et, par là même, à l'augmentation de la gloire. Toutes ces lois, d'ailleurs, découlent d'un principe unique, qu'il importe de rappeler ici. C'est que la valeur de nos bonnes œuvres est proportionnée à l'intimité spéciale de l'union qu'elles nous procurent avec Dieu. Or, toutes choses égales d'ailleurs, l'acte de charité est privilégié sous ce rapport. Plus et mieux que tout autre, il nous rapproche de Dieu, considéré comme fin dernière, et nous fait contracter avec lui l'union la plus directe, la plus étroite, la plus indissoluble. De là, cette belle parole que prononçait un jour saint Jean Damascène : *Sumus in cœlo, quatenus sumus in Christo* ; nous sommes dans le ciel, autant que nous sommes dans le Christ » (1). La mesure de notre union actuelle avec Jésus-Christ est la mesure de notre future participation à la vision béatifique. Et comme c'est par l'Eucharistie que se consomme régulièrement ici-bas notre union avec le divin Sauveur, nous pouvons conclure que le sacrement de l'amour est le gage le plus précieux de la vie éternelle.

Conclusion d'ailleurs évidente, qu'Origène exprimait sous une forme originale, en disant : « *Cœlum es, et in cœlum ibis;* ciel vous êtes, au ciel vous irez. » Or, c'est par l'Eucharistie seule que nous recevons l'Homme-Dieu tout entier ; aucun autre sacrement ne donne par lui-même l'Auteur de la grâce en personne. Il y a donc un lien spécial entre la communion et la vision intuitive. L'une conduit à l'autre, comme le ciel de la grâce, si l'on peut ainsi dire, conduit au ciel de la gloire.

---

(1) *De Fid. Orthod.*, iv. 2.

La communion a pour troisième effet de *réparer les pertes* de la vie surnaturelle. A ce point de vue encore, elle est le gage certain de la gloire que Dieu réserve à ses élus. Deux sortes d'obstacles, en effet, peuvent empêcher l'âme juste d'entrer en possession du bonheur éternel. C'est le péché véniel d'abord, et ensuite la peine temporelle due au péché, qu'il faut subir dans ce monde ou dans l'autre. Or, l'Eucharistie a la vertu de dissiper ces deux obstacles, et d'ouvrir ainsi les portes du ciel à ceux qui communient comme il faut.

Elle remet le péché véniel, sinon par son énergie propre et immédiate, comme l'enseignent plusieurs théologiens, du moins par les actes d'amour qu'elle a le privilège d'exciter en nous. De même que les métaux précieux, jetés dans un brasier incandescent, se dégagent des moindres scories qui les ternissent, ainsi notre cœur se purifie des plus légères souillures, au contact du cœur de Jésus-Christ, toujours brûlant d'amour dans la divine Eucharistie.

Quant aux peines temporelles dues aux péchés, la communion sans doute n'est pas instituée pour les remettre directement. C'est une mission réservée au Sacrifice de la Messe, et aux œuvres satisfactoires en général. Mais il ne s'ensuit pas que la communion ne soit d'aucun secours, quand il s'agit de payer nos dettes à la justice divine. En attisant dans notre âme le feu de l'amour, elle nous excite et nous aide à venger sur nous-mêmes les innombrables péchés que nous avons commis, et qui sont autant d'outrages à la majesté du Dieu trois fois saint. Car il y a deux choses insupportables à un cœur aimant : la vue des taches qui le déparent aux yeux de Celui qu'il aime, et le souvenir des offenses qui ont contristé le Cœur de Jésus, en outrageant la Bonté Infinie. L'âme éprouve alors le besoin impérieux de l'expiation. C'est pour elle un hommage nécessaire, une satisfaction indispensable. De là, ces austérités et ces pénitences, ces sacrifices de toute nature, cette abnégation et cette immolation de soi-même qui caractérise la vie de tous les Saints. Ils étaient jaloux de l'honneur de Dieu et de la beauté de leur âme. Proportion gardée, toutes les âmes généreuses qui vivent de l'Eucharistie les imitent. Et plus elles croissent dans l'amour, plus elles avancent dans la voie sublime du sacrifice et de l'expiation. Réparer les outrages que le péché fait à Dieu, devient comme une fonction de leur vie, en même temps qu'un bonheur et un attrait irrésistible.

La communion est donc un principe éminemment actif, quoique indirect, d'expiation et de pénitence. C'est dire qu'elle contribue, dans une très large mesure, à la rémission des peines temporelles dues au péché, et qu'elle supprime, par voie de conséquence, les obstacles qui sont de nature à empêcher l'âme de prendre son essor immédiat vers la céleste patrie. En d'autres termes, elle constitue pour nous un titre de plus à l'acquisition de la gloire éternelle.

Enfin, considérée comme source divine de la *joie surnaturelle*, la communion n'est pas autre chose qu'un engagement souscrit par Dieu lui-même de nous associer pour toujours à son propre bonheur. Il y a quelque chose de divin, sans doute, mais en même temps d'imparfait dans les joies eucharistiques. Aucun bonheur de la terre ne leur est comparable ; et pourtant l'âme n'en est pas pleinement rassasiée. Destinés à voir Dieu face à face, il nous faut autre chose que la grâce, autre chose que l'Eucharistie ; notre âme aspire à la possession de Dieu tel qu'il est, à la participation de sa béatitude infinie. Et nous répétons, comme à notre insu, le mot célèbre de saint Augustin : « C'est pour vous, Seigneur, que vous nous avez créés ; et notre cœur est dans le malaise, tant qu'il ne trouve pas en vous son repos définitif (1). » Il ne nous suffit pas d'avoir été l'objet d'une élévation merveilleuse, en passant de la nature à la grâce ; nous aspirons à monter plus haut, à passer de la grâce à la gloire.

L'Eucharistie ne fait précisément qu'aiguiser davantage cette faim insatiable du bonheur suprême, que Dieu a déposée dans notre cœur. Quand l'âme a une fois entrevu la beauté de Jésus-Christ, se révélant à elle dans une communion fervente ; quand elle a goûté surtout la douceur ineffable de ce commerce intime avec la personne adorable du divin Maître, elle ne peut plus détacher son regard

(1) Confess., I, 1.

ni son cœur de ce monde supérieur où Dieu se communique à ses élus, en les abreuvant lui-même aux torrents de sa propre félicité. Ainsi s'expliquent les désirs brûlants du ciel qui caractérisent la vie de tous les Saints. Jamais leurs aspirations vers la patrie bienheureuse n'étaient plus ardentes qu'après la communion. Le cri de saint Paul s'échappait alors spontanément de leur poitrine : « *Desiderium habens dissolvi, et esse cum Christo* ; J'ai hâte de mourir et d'être avec le Christ (1). » C'est le terme sublime où aboutissent logiquement les joies eucharistiques. Elles sont un avant-goût et une révélation anticipée du ciel.

En même temps, elles sont une force pour y conduire. Quand notre cœur est dilaté par les joies de la communion, nous apportons je ne sais quelle promptitude et quelle générosité nouvelle au service de Dieu. Ce n'est plus marcher que nous faisons, dit l'Ecriture, c'est courir, dans la voie des commandements divins : *Viam mandatorum tuorum cucurri, cum dilatasti cor meum* (2). Et cette ardeur de l'âme, cette impétuosité qu'elle montre dans son amour, se traduit de mille manières, mais surtout par la pénitence volontaire et la souffrance joyeusement supportée. L'amour de la croix a toujours eu la prédilection des Saints, comme étant l'expression la plus haute de leur amour pour Dieu,

---

(1) Philip., 1, 23.
(2) Psalm. CXVIII, 32.

et en même temps la moins sujette à l'illusion et à l'erreur. Et c'est là qu'il faut chercher, avant tout, le secret de cette gloire incomparable qu'ils ont au ciel, et dont Dieu a quelquefois voulu nous révéler l'existence. Saint Pierre d'Alcantara, pour ne citer que lui, en est la preuve. Toute sa vie ne fut qu'une pénitence extraordinaire et une oraison sublime. A l'instant même de sa mort, sainte Thérèse, malgré la distance qui les séparait tous deux, le vit monter au ciel ; et Dieu permit qu'ensuite il apparut à la Sainte, pour lui révéler la splendide récompense qu'il devait à son amour de la croix : « O bienheureuse pénitence, lui dit-il, qui m'a valu une si grande gloire (1) ! » Entre les souffrances de la terre et les joies du ciel il y a comme un intermédiaire divin, chargé de sanctifier les unes et de préparer les autres : c'est l'Eucharistie.

II

La sainte communion est si bien le gage de la vie éternelle, que l'Eglise impose à tous ses enfants la stricte obligation de la recevoir, quand ils sont en danger de mort. A ses yeux, c'est un secours moralement indispensable pour arriver sains et saufs au terme de leur voyage ici-bas, et pour franchir heureusement le redoutable passage du temps à l'éternité. D'où le beau nom de *Viatique*,

(1) Breviar. Roman., 19 octob.

que la piété populaire et la langue théologique donnent à l'Eucharistie.

Aussi haut qu'on puisse remonter dans son histoire, on constate que l'Eglise a toujours attaché une souveraine importance à la réception de l'Eucharistie avant la mort. L'histoire des trois premiers siècles, en particulier, contient, à ce point de vue, un ensemble de faits, de coutumes et de pratiques qui méritent d'être signalées, parce qu'on y trouve la plus ancienne expression de la croyance traditionnelle.

Saint Luc nous apprend que les premiers chrétiens communiaient tous les jours, du moins à Jérusalem (1). En face des Juifs persécuteurs, qui lapidaient saint Etienne, emprisonnaient saint Pierre et décapitaient saint Jacques, les fidèles avaient besoin d'être préparés sans cesse au martyre ; et la communion quotidienne entretenait leur ferveur, en même temps qu'elle leur ouvrait déjà, comme à saint Etienne, la perspective des récompenses éternelles (2).

Au second et au troisième siècles, la communion, sans être absolument quotidienne dans la plupart des églises, resta néanmoins très fréquente. Saint Justin, parlant de la liturgie du dimanche, nous apprend qu'on ne distribuait pas seulement l'Eucharistie à ceux qui assistaient au sacrifice, mais

---

(1) Act., II, 42, 46.
(2) Act., VII, 55.

qu'on l'envoyait encore aux absents par le ministère des diacres. Au nombre de ces absents étaient certainement les malades, qui avaient besoin, autant et plus que les autres, de la nourriture eucharistique.

Aussi les Pères insistent sur la communion fréquente, parce que, d'un jour à l'autre, les fidèles pouvaient être mis en demeure de confesser leur foi, et de verser leur sang pour Jésus-Christ. Et la recommandation des Pères était corroborée au besoin par leurs propres exemples : témoin saint Ignace d'Antioche, qui souffrit le martyre en l'an 115, sous l'empereur Trajan. Pendant que l'illustre évêque était conduit à Rome, pour être livré aux bêtes, une de ses principales préoccupations, en même temps que le soutien de son courage, était la divine Eucharistie. Il nous a révélé lui-même à ce sujet ses pensées les plus intimes, dans la lettre admirable qu'il écrivit aux Romains pendant son voyage, à la veille de son martyre, quand il entrevoyait déjà les lions qui devaient le dévorer. « Je ne prends plus aucun plaisir à la nourriture matérielle, ni aux joies de cette vie. Je veux le pain de Dieu, le pain céleste, le pain de vie, qui est la chair de Jésus-Christ, Fils de Dieu, né à la fin des temps de la race de David et d'Abraham ; et je veux pour breuvage son sang, qui est l'amour incorruptible et la vie éternelle (1). »

(1) Ruinart, *Act. Mart.*, p. 702.

Les paroles d'Ignace et sa lettre aux Romains ne furent pas oubliées par les générations suivantes (1). On imita plus d'une fois son exemple, surtout quand la persécution sévissait avec rage. Les futurs martyrs faisaient leur possible pour recevoir le pain des forts, avant d'affronter le combat suprême. C'était d'ailleurs la recommandation expresse de leurs évêques et de leurs prêtres, témoin la lettre que les évêques d'Afrique chargèrent saint Cyprien d'écrire au pape saint Corneille, pour lui faire connaître les mesures qu'ils avaient prises à la veille des persécutions : « Nous regardons comme un devoir, disaient-ils, d'admettre à la communion ceux que nous exhortons à la lutte, afin qu'ils ne soient pas sans armes, ni exposés aux traits de l'ennemi ; nous voulons qu'ils soient protégés par le corps et le sang du Christ... Pourrions-nous les engager à confesser le nom chrétien au péril de leur vie, si nous leur refusions le sang du Christ avant la bataille? » (2). Paroles admirables, qui montrent la sollicitude des pasteurs pour leur troupeau, et aussi l'importance qu'on attachait à la réception de l'Eucharistie, quand il s'agissait de livrer le combat décisif.

De là, ces facilités spéciales qu'on accordait aux chrétiens qui désiraient communier. Ils emportaient au besoin l'Eucharistie dans leurs demeures,

---

(1) Voir, entre autres. S. Iren., *Adv. Hær.*, V, XXVIII 4.
(2) Epist , 54, ad *Cornel.*

et se communiaient eux-mêmes à l'approche du péril. Leur courage devenait plus solide, et leur persévérance plus sûre. On pénétrait même jusqu'au fond de leurs cachots, pour les nourrir du corps et du sang de Jésus-Christ. Quand on ne pouvait pas franchir le seuil de la prison, ni leur porter l'Eucharistie, il arrivait parfois, comme pour sainte Perpétue, que le seul souvenir de la communion, ou son image entrevue dans des visions mystérieuses, ranimait le courage des prisonniers (1). S'il y avait un prêtre parmi eux, il se faisait un devoir de leur distribuer le pain des forts. On dit même que saint Lucien, prêtre d'Antioche, se trouvant sans autel, se coucha dans la prison et offrit le sacrifice sur sa propre poitrine, afin de communier ses frères captifs (2). Munis de l'auguste sacrement, les martyrs se sentaient plus forts, et contre les séductions de la volupté et contre les tortures du bourreau.

L'histoire de sainte Agnès en est la preuve. Demandée en mariage par un païen qui était épris de sa beauté, Agnès répondit qu'elle avait contracté alliance avec le divin Époux des âmes. « J'aime le Christ, je veux appartenir à celui dont la mère est vierge, à celui que son père a engendré spirituellement. En l'aimant, je demeure chaste ; en le touchant, je reste pure ; en le possédant, je suis

---

(1) Ruinart, *Passio S. Perpetuæ*.
(2) Bolland., 7 januar., tom. I, p. 361.

vierge. » (1) Omnit tout en œuvre pour la faire changer de résolution ; mais ce fut inutile. Agnès resta inébranlable, enveloppant du même dédain les voluptés qui s'offraient à elle et les supplices qui la menaçaient. Son courage ne se démentit pas un seul instant, et c'est avec joie qu'elle offrit sa tête au bourreau, gagnant ainsi la double couronne de la virginité et du martyre.

Quel était donc le secret de cet héroïsme, qui nous étonne dans une jeune fille de treize ou quatorze ans ? Elle-même nous l'appprend, en termes d'une simplicité admirable : « Je suis unie à celui dont le soleil et la lune admirent la beauté. Déjà, par l'aliment céleste, sa chair est unie à la mienne, et son sang colore mes joues. » (2) Agnès ne craignait pas la mort, parce qu'elle avait reçu son Seigneur et son Dieu.

L'Eucharistie servait de viatique suprême, non seulement à ceux qui devaient affronter le martyre, mais aux malades qui se trouvaient en danger de mort. La sainte communion leur était portée par les diacres, et même par des clercs inférieurs, comme ce jeune acolythe nommé Tarcisius, qui fut martyrisé par les païens, parce qu'il ne voulait pas leur livrer le corps et le sang de Jésus-Christ.

---

(1) Breviar. Roman, *Fest. S. Agnet.*, respons. Matut.
(2) Breviar. Roman., *l. c.* « Ipsi sum desponsata cui Angeli serviunt, cujus pulchritudinem sol et luna mirantur Jam corpus ejus corpori meo sociatum est, et sanguis ejus ornavit genas meas. »

En l'absence des diacres et des clercs, on confiait le Viatique à de simples fidèles, pour le porter aux malades. L'historien Eusèbe nous a conservé à ce sujet le souvenir d'un fait touchant, raconté par saint Denys d'Alexandrie. « Il y avait en Egypte un vieillard fidèle, nommé Sérapion, qui, après avoir passé sans reproche la plus grande partie de sa vie, eut le malheur de faiblir durant la persécution et de sacrifier aux idoles. Il demandait souvent pardon de sa faute, et personne ne l'écoutait. Depuis, étant tombé malade, il resta trois jours de suite privé de parole et de sentiment. Le quatrième jour, étant un peu revenu à lui, il appela son petit-fils et lui dit : « Jusques à quand veut-on me retenir ici ? Hâtez-vous, je vous prie, et qu'on me laisse promptement mourir : allez chercher un prêtre ». Puis il perdit encore la parole. L'enfant courut chercher le prêtre ; mais il était nuit et le prêtre était malade. Comme j'avais ordonné qu'on donnât l'oblation aux moribonds, quand ils la demanderaient, et surtout quand ils l'auraient instamment sollicitée auparavant, afin qu'ils sortissent de ce monde avec de justes sentiments d'espérance, le prêtre donna à l'enfant une petite partie de l'Eucharistie, lui ordonnant de la faire couler dans la bouche du vieillard. L'enfant revint avec la portion consacrée : à peine fut-il entré que le malade s'écria : « Vous voilà donc enfin arrivé ! Je vois que le prêtre n'a pu venir ; mais faites promptement ce qu'il a ordonné et délivrez mon âme ».

L'enfant détrempa la portion eucharistique, et la fit couler dans la bouche du vieillard, qui, l'ayant consommée peu à peu, rendit aussitôt l'esprit (1). »

S'il faut en croire de pieuses légendes, Dieu aurait quelquefois sanctionné, par des miracles éclatants, la croyance des fidèles à l'efficacité spéciale de l'Eucharistie pour obtenir la vie éternelle. Il y aurait eu des résurrections de morts qui n'avaient pas pu recevoir le saint Viatique pendant leur vie, sans qu'il y eût de leur faute, et qui mouraient une seconde fois, aussitôt après avoir communié. Vrais ou faux, de tels récits prouvent au moins une chose : le rapport intime qui existait, dans la pensée des fidèles, entre la grâce eucharistique et la gloire éternelle (2).

III

L'histoire des Missions catholiques contient, à ce sujet, une foule d'épisodes authentiques, qui nous montrent la souveraine importance que les chrétiens de tous les temps et de tous les pays ont toujours attachée à la réception du saint Viatique, avant la mort. On ne lira pas sans intérêt le récit suivant, qui met en scène, au point de vue que nous signalons, deux chrétiens héroïques enchaînés dans une prison de la Cochinchine.

(1) Euseb., *Hist. Eccl.*, lib. VI, c. 44. Cf. Corblet, *Histoire du sacrement de l'Eucharistie*. Paris, 1885 ; t. I, p. 285.
(2) Corblet, *l. c.* p. 340, cite quelque faits de ce genre.

Deux princes annamites, s'étant convertis à la religion chrétienne, avaient été immédiatement emprisonnés sur l'ordre d'un des régents du pays. Leur cachot était une misérable case aux murs de terre, au toit de paillote, sans autre ouverture que la porte. Au milieu se trouvait une grande cage, formée de barreaux de bois solides, à peine dégrossis. Un missionnaire de la Société des Missions étrangères, ayant appris l'incarcération des deux princes chrétiens, demanda et obtint la permission de visiter les prisonniers. C'était le Jeudi-Saint, 30 mars 1893.

« Je trouvai, dit le missionnaire, l'un des confesseurs de la foi bien malade ; le prêtre indigène lui avait donné l'extrême-onction, l'avant-veille. Ces deux vaillants chrétiens furent très émus de ma visite ; ils me demandèrent si je ne pouvais pas leur donner la sainte communion.

« Depuis leur incarcération, ils s'étaient confessés plusieurs fois ; mais le prêtre annamite n'avait pas osé leur porter le Saint-Sacrement, par crainte de quelque profanation. Il redoutait que les soldats de garde ou quelque petit mandarin ne commît des irrévérences envers l'auguste sacrement de l'Eucharistie Et cependant les deux confesseurs de la foi désiraient vivement communier. Le malade surtout aspirait après le Viatique ; il me disait : « Père, je désire de toutes mes forces la communion ; mon âme a soif du corps sacré de Notre-Seigneur ! *(sic)* » Cette soif, moi prêtre et missionnaire, je la comprenais et je résolus de la satisfaire. Ma situation particulière et la manière dont je voyageais en imposaient suffisamment aux Annamites, pour que je n'eusse à redouter aucun manque de respect envers la sainte Eucharistie. J'envoyai mon servant annamite prier le grand mandarin de donner des ordres, afin que, le Samedi-Saint, le cachot fût approprié et qu'aucun étranger n'assistât au sacrifice de la Messe que je voulais y célébrer. Le mandarin me fit répondre qu'il se conformerait à mes désirs. Je vous laisse à penser quelle fut la joie des deux princes, quand ils surent que je dirais la messe dans leur cachot! Le Vendredi-Saint, j'envoyai au Son-Phông tous les objets du culte nécessaires au saint Sacrifice, et le Samedi-Saint je vins le célébrer.

« Je trouvai la prison évacuée par les gardes : la cage du milieu était vide : le grabat du prince malade avait été transporté dans la partie réservée aux gardes. Je préparai l'autel au fond de la cage et la messe commença. Messe émouvante que celle-là !

« Jésus-Hostie venait s'immoler dans le cachot où deux confesseurs de la foi souffraient et s'immolaient pour lui. L'autel était une petite table de prisonnier ; j'avais tout juste la place pour y poser le calice, le missel, et deux chandeliers de bois ; autour de moi courait la grille de la cage, le crucifix se dressait contre les barreaux du fond. A côté de l'autel, sur les ceps qui enserraient les pieds des martyrs, reposaient les burettes et la nappe de communion.

« Pour servant de messe, un jeune Annamite, capturé, puis vendu comme esclave par les sauvages Ba-Teu. Je l'ai racheté, converti et baptisé. Depuis sept ans qu'il est avec moi, la religion a modifié son caractère et adouci son cœur. Les larmes lui jaillissaient des yeux, quand il me demanda la permission de communier avec les deux seuls hommes qui devaient assister au saint Sacrifice, deux princes déchus, condamnés aux fers et à la décapitation, méprisés de la plèbe et haïs des mandarins. L'un d'eux priait, prosterné sur le sol de la prison ; l'autre, étendu sur un grabat, n'avait plus que la force de souffrir en attendant la mort ; quatre jours auparavant, il avait reçu les dernières onctions. Et cependant ces deux condamnés étaient heureux, ils me l'avaient dit et je le croyais, parce que je le comprenais. A celui qui possède Dieu, que peut-il manquer ? Depuis le jour de leur incarcération, ces deux confesseurs du Christ suppliaient Notre-Seigneur de leur accorder la grâce de communier au moins une fois l'an. Pendant longtemps, le Ciel sembla sourd à leurs prières ; ils commençaient presque à désespérer. Mais voici qu'un missionnaire, venu de loin sur les montagnes sauvages, leur apportait Jésus-Hostie dont leur âme avait soif. Quand je quittai mon district de Pelleï-Maria pour descendre en Annam, je ne pensais pas que Dieu me destinait à un tel honneur. Durant la messe, j'avais peine à retenir mes larmes. J'ai demandé pour les confesseurs de la foi la grâce de la persévérance, et pour moi, indigne et misérable pécheur, la grâce du martyre. J'aurais voulu, comme ces princes chrétiens, rendre à Jésus amour pour amour, sang pour sang : *Amore amoris tui moriar, qui amore amoris mei dignatus es mori !*

« Mon émotion grandissait, à mesure que s'avançait le saint Sacrifice. Au moment de la communion, je portai le pain des forts au martyr qui devait combattre encore, et j'administrai le viatique de l'éternel voyage à celui que le Bon Dieu allait bientôt couronner. Il ne voulut pas rester couché pour recevoir Jésus. Il se souleva sur ses bras affaiblis ; mais la douleur de l'effort arracha à sa poitrine déchirée un plaintif gémissement. Cette fois mes larmes débordèrent, et je prononçai en pleurant les paroles liturgiques : « Recevez, mon frère, le Viatique du corps de Notre-Seigneur Jésus-Christ, qui vous garde de l'esprit malin et vous conduise à la vie éternelle. »

« Et le martyr se recoucha joyeux : la victime était prête, la mort pouvait venir » (1).

---

(1) Extrait des *Missions catholiques*, 1894, 20 avril.

§ 2. — La Communion et la Résurrection glorieuse.

C'est Jésus-Christ lui-même qui a associé, pour la première fois, la communion et la résurrection glorieuse des corps. « Celui qui mange ma chair et boit mon sang possède la vie éternelle ; et je le ressusciterai au dernier jour (1). »

Il ne faudrait pas conclure de ce texte que la résurrection glorieuse, — la seule dont parle Notre-Seigneur, — soit exclusivement réservée aux personnes qui communient, et que les enfants, par exemple, quand ils meurent avant d'avoir participé au banquet eucharistique, sont exclus de ce privilège. L'usage qui existait, pendant les premiers siècles, de donner la sainte communion aux enfants aussitôt après leur baptême, ne prouve pas que l'Eucharistie fût regardée comme nécessaire à leur salut éternel, ni à leur résurrection future. Dans la pensée de l'Eglise qui autorisait cette coutume, la communion des enfants était simplement une sauvegarde de plus contre les obsessions du démon, et le moyen d'enraciner davantage dans ces jeunes âmes les germes de vie surnaturelle que le baptême y avait déposés. En changeant de discipline à cet égard, l'Eglise n'a pas changé un iota de sa doctrine, et elle a toujours enseigné que l'Eu-

(1) Joa., VI. 55.

charistie n'était pas nécessaire aux petits enfants pour obtenir la vie éternelle, ni pour ressusciter dans la gloire.

Mais s'il ne faut pas exagérer le rôle de la communion relativement à la résurrection des justes, il ne faut pas non plus l'amoindrir. Ce n'est pas sans raison que Notre-Seigneur a établi entre les deux un rapport spécial. Et si sa parole divine, qui est d'ailleurs très catégorique, avait besoin d'un commentaire autorisé, on le trouverait chez les Pères de l'Eglise. « Comment, dit saint Irénée, les hérétiques peuvent-ils soutenir que notre chair est livrée pour toujours à la corruption, sans recouvrer la vie, elle qui est nourrie du corps et du sang de Jésus-Christ ?... Non, non, nos corps ne sont pas les esclaves définitifs de la corruption, mais ils ont l'espoir de ressusciter, puisque nous recevons l'Eucharistie (1). » Saint Chrysostome va jusqu'à dire que, par respect pour la sainte Eucharistie dont se nourrit le chrétien, les Anges du ciel font une garde d'honneur autour du corps des élus qui reposent dans le sein de la terre, et qu'ils les conservent ainsi pour la vie éternelle (2 . Saint Cyrille d'Alexandrie nous affirme « que la vie qui réside en la chair du Christ, devenue nôtre dans la communion, ne sera pas plus qu'en lui vaincue par la mort ; au jour fixé, elle secouera les liens de l'an-

(1) *Adv. Hær.*, IV, xviii, 5.
(2) *De Sacerdot.*, lib. vi.

tique ennemie, et triomphera de la corruption dans son corps immortel (1). »

L'Eglise, dans sa liturgie, nous fait entrevoir également cette perspective de la résurrection glorieuse par l'Eucharistie. Avec une délicatesse toute maternelle, elle tient à faire entendre des paroles de consolation et d'espérance à ses enfants, quand ils viennent aux pieds de ses autels prier pour ceux qui ne sont plus. Elle fait chanter solennellement, à l'évangile de la messe quotidienne pour les défunts, les promesses de vie éternelle et de résurrection bienheureuse que Notre-Seigneur nous a léguées, et c'est précisément sur ces paroles qu'elle clôt le chant de l'évangile, pour en mieux graver le souvenir dans l'esprit de ses enfants.... Et au jour des grands deuils, devant le cadavre qui va descendre dans la tombe, l'Eglise tient à affirmer plus haut que jamais ses espérances immortelles. Et au milieu des pleurs et des déchirements, elle entonne un cantique qui est comme un défi jeté à la mort, pour la sommer de rendre un jour la proie qu'elle attend : « *Ego sum resurrectio et vita.... qui vivit et credit in me non morietur in æternum !* Je suis la résurrection et la vie ; quiconque croit et vit en moi, ne mourra pas pour toujours ! (2) » Ce sont les paroles de Jésus-Christ devant le tombeau de Lazare. Pour avoir droit à

---

(1) *Comment. in Joa.*, Lib., x, c. 2.
(2) Joa., XI, 25-26.

la résurrection bienheureuse qu'elles garantissent, une condition est indispensable : il faut *croire* et *vivre en Jésus-Christ*, c'est-à-dire recevoir habituellement la nourriture eucharistique.

Il y avait, dans certaines églises de l'antiquité chrétienne, une coutume abusive et sévèrement défendue, mais qui montre bien le prix inestimable qu'on attachait à la réception de l'Eucharistie avant la mort. C'est l'usage qui régnait çà et là, en Afrique, en France et surtout en Orient, de déposer une hostie consacrée dans la bouche des défunts qui n'avaient pas pu la recevoir en viatique. D'où vint cette coutume, et comment se propagea-t-elle dans une partie de l'Eglise ? Il est difficile de le dire. La signification qu'on lui donnait n'est pas d'ailleurs sans obscurité. Etait-ce pour préserver le corps du défunt contre les embûches du démon, ou pour témoigner publiquement que le défunt était mort dans la communion de l'Eglise ? Peut-être. N'y avait-il pas là, du moins pour certains chrétiens ignorants, comme une réminiscence de la superstition païenne qui se croyait obligée de mettre une obole dans la bouche des morts, pour payer le passage du Styx et de l'Achéron ? C'est encore possible. Mais nous croyons cependant que la plupart des fidèles qui se livraient à cette pratique, y attachaient une signification chrétienne, et songeaient plutôt à cette parole de Jésus-Christ : « Celui qui mange ma chair et boit mon sang, je le ressusciterai au dernier jour. » Ils avaient tort, sans doute, de donner à ces paroles une interprétation aussi erronée. Mais cette erreur elle-même est un hommage indirect qu'ils rendaient au dogme catholique, en proclamant, à leur manière, l'influence spéciale de l'Eucharistie sur la résurrection glorieuse. C'était un écho défiguré de la croyance traditionnelle.

Comment s'étonner, d'ailleurs, que l'Eucharistie soit un principe d'immortalité pour le corps humain où elle a résidé, tant de fois peut-être, comme dans son tabernacle de prédilection ? Est-ce que la chair du Christ ne contracte pas de ce chef une sorte de parenté avec la nôtre ? Oui, dit un savant théologien, Jésus-Christ veut bien considérer comme sienne, par une affinité spéciale, la chair de ceux qui le reçoivent dignement, et qu'il a comme consacrée par le contact de son propre corps. Sans doute, quand nous avons l'honneur d'être en état de grâce, nous sommes les temples du Saint-Esprit, et nos membres, dit saint Paul, sont les membres du Christ. Mais cette union mystique de notre chair avec celle du divin Sauveur n'atteint tout son développement, n'obtient toute sa plénitude et ne reçoit sa consécration en quelque sorte sacramentelle, que par l'Eucharistie. La communion imprime dans nos membres un sceau de parenté avec le corps de Jésus-Christ, et elle constitue ainsi un titre spécial à la résurrection glorieuse. Cette chair qui lui touche de si près, Notre-Seigneur ne voudrait pas l'abandonner à la corruption du tombeau (1).

Nous pouvons conclure que la divine Eucharistie sera une des causes principales de la gloire future dont resplendira le corps humain. « Tous les jours, elle y dépose le germe de la résurrection, les semences de l'immortalité : ce limon, pénétré par un parfum divin jusque dans ses parties les plus intimes, s'embaume lentement et s'imbibe de gloire latente. Après quelques années de cette infiltration lente et cachée, il se sera fait en lui comme un travail préparatoire : ce sera la transformation de l'insecte qui brise sa larve et prend son essor sur des ailes lumineuses » (2).

Au reste, nul ne peut conjecturer ici-bas quelle sera la richesse du manteau de gloire dont Dieu revêtira un jour nos corps ressuscités. C'est à peine si nous pouvons en soupçonner quelque chose, en lisant le récit des extases dont les Saints ont été favorisés. Dans ces phénomènes merveilleux, où leur physionomie était comme transfigurée et inondée de clartés éblouissantes, avec ce quelque chose de divin qu'on ne saurait exprimer, Dieu n'a-t-il pas voulu nous laisser entrevoir une image affaiblie de la gloire qui transformera nos corps? N'y a-t-il pas là comme un

---

(1) Franzelin, *De Euchar.*, Rome, 1887, thes. XIX, p. 304.
(2) Landriot, *L'Eucharistie*, Paris, 1867 ; v^e conf., p. 413.

rayonnement anticipé des splendeurs du ciel ? Il est assez remarquable, en tout cas, que les extases des Saints se produisaient presque toujours au moment de la communion. C'est alors sans doute que la grâce débordait dans l'âme avec une telle abondance, que Dieu la laissait rejaillir sur le corps : de même qu'un jour la gloire inondera notre âme de telles splendeurs, que notre corps lui-même ruissellera de lumière, digne en tous points de son auguste compagne, et associé pour toujours à son éternelle félicité.

FIN.

TABLE DES MATIÈRES

Lettre de Monseigneur l'Evêque de Vannes. . . . I
Préface. III

CHAPITRE I.

TABLEAU GÉNÉRAL
Des Effets de la Communion.

Pourquoi les effets de la communion sont-ils étudiés à la triple lumière de la théologie, de l'hagiographie et de l'histoire. I

§. — I. *Les Données Théologiques.* — 1. L'Eucharistie est, par excellence, le sacrement de la vie surnaturelle. — Les affirmations de l'Ecriture, des Pères, de la Liturgie. — La formule du concile de Florence. — Le langage des théologiens. — 2. Description sommaire de la vie surnaturelle, et de ses trois éléments : le principe vital, qui est la grâce sanctifiante ; les quasi facultés, ou les vertus infuses ; les actes vitaux ou les bonnes œuvres. — 3. Comment l'Eucharistie fait sentir son influence à ces divers éléments. — Confère-t-elle plus de grâce sanctifiante que les autres sacrements ? — Son action très spéciale sur la charité. — Le rôle de la grâce eucharistique dans la vie surnaturelle, résumé par le Curé d'Ars. 3

§. II. — *Le Témoignage des Saints et de leurs Imitateurs.* — 1. Leçon doctrinale qui se dégage de la vie des Saints. — Intérêt exceptionnel des documents hagiographiques — Témoignage et exemple de saint Charles Borromée, de saint Vincent de Paul, de saint François de Sales. — 2. Le rôle de la communion dans la vie surnaturelle, démontré par l'histoire contemporaine. — Valeur apologétique de ces faits. — Exemple du général de Sonis convive assidu de la table eucharistique 29

§. III. — *Le Témoignage des Faits Sociaux.* — 1. Importance croissante du mouvement eucharistique au XIXe siècle, depuis une vingtaine d'années surtout. — Comment les *congrès eucharistiques* ont attiré l'attention du public sur les résultats de la communion. — Exemple emprunté au Congrès de Lourdes (août 1899). *Rapport* sur le rôle de la communion dans les Œuvres de jeunesse à Aix. — 2. Ce n'est pas seulement tel ou tel groupe social qui bénéficie de l'action eucharistique, c'est la société tout entière. — Influence sociale de la communion, sous un triple rapport : a) Au point de vue de la *justice*. — Exemple des premiers chrétiens — Leçon donnée par M. Desgenettes. — b) Au point de vue de l'*égalité*. — Comment la participation au même banquet eucharistique a contribué à la suppression de l'esclavage antique. — Exemple de Turenne. — c) Au point de vue de la *fraternité*. — Faits sociaux qui montrent la justesse du mot de saint Paul : « *Nous tous qui mangeons le même pain, nous formons un seul corps.* » — Comment l'Eucharistie est une source de paix sociale, en facilitant le pardon des injures, que la morale rationaliste est impuissante à procurer. 47

CHAPITRE I

LA SAINTE COMMUNION
conserve la Vie surnaturelle.

En quel sens la conservation de la vie surnaturelle, autrement dit la persévérance dans la grâce, est l'effet de la communion. — Deux excès à éviter. 73

§ I. — *Les Données Théologiques.* — 1. Les affirmations de Notre-Seigneur dans le discours du *Pain de Vie.* — Episode emprunté à l'histoire d'Elie. — 2. Témoignage des Pères et de la Liturgie. Importance des prières liturgiques qui précèdent et suivent la communion, à la Messe. — 3. Un épisode de l'histoire de la communion, au XVIIe siècle. L'ouvrage d'Arnauld sur la *Fréquente communion*, et les erreurs qu'il contient. Conclusions dogmatiques et morales de cet épisode. — 4. Doctrine de saint Thomas, qui montre *comment* l'Eucharistie est à la fois un *fortifiant* et un *remède* contre la concupiscence, source ordinaire du péché, — et une *arme défensive* contre le démon, agent de la tentation. — La communion possède une efficacité spéciale contre les passions de la chair. Témoignage des Pères, etc. 77

§ II. — *Le Témoignage des Saints et de leurs Imitateurs.* — 1. Un trait de la vie de saint Pascal Baylon. — Le dominicain Taulère. — Saint Vincent Ferrier, et saint François de Sales. — Conversion d'un étudiant par saint Philippe de Néri. — Parole de saint Alphonse de Liguori. — 2. Différents épisodes de la vie d'Auguste Marceau, officier de marine sous Louis-Philippe. — Un trait de la vie du général Lamoricière. 114

§ III. — *Le Témoignage des Faits Sociaux.* — 1. La formation de la jeunesse dans les maisons d'éducation chrétienne. Importance de la communion pour assurer la persévérance des élèves dans la vertu, et maintenir l'amour du travail et la discipline. — Différents exemples qui le prouvent. — Comment dom Bosco, le fondateur des Salésiens, a su utiliser la communion fréquente pour transformer des milliers d'enfants et de jeunes gens abandonnés. — Le congrès eucharistique d'Anvers — Les Enfants de Paris. 128

CHAPITRE III

LA SAINTE COMMUNION
développe la Vie surnaturelle.

Différence qui existe entre l'Eucharistie et les autres sacrements. — Comment l'Eucharistie est-elle leur fin ?. 140

§ I. — *Les Données Théologiques.* — 1. Différentes prières de la Liturgie. — Sens profond que renferme l'acte de la nutrition eucharistique. — Témoignage des Pères. — Transformation mystérieuse qui s'opère entre Jésus-Christ et l'âme qui le reçoit dans la communion. — 2. Analogies qui existent entre le développement de la vie ordinaire et le développement de la vie surnaturelle. — Comment elles sont toutes deux gouvernées par les mêmes lois générales de la *nutrition* et de l'*exercice*. — 3. Comment l'Eucharistie resserre et fortifie les diverses relations de l'âme juste avec le Père, le Fils et le Saint-Esprit. — Rôle de la sainte Vierge dans le développement de la vie surnaturelle par la communion. . . 143

TABLE DES MATIÈRES

§ II. — *Le Témoignage des Saints et de leurs Imitateurs.* — 1 Comment les Saints ont pratiqué l'amour de Dieu, grâce à l'Eucharistie. — L'auteur de l'*Imitation de Jésus-Christ*. — Traits de la vie de sainte Gertrude. — Témoignage de sainte Angèle de Foligno, de Taulère, de saint François de Sales, du Curé d'Ars. — 2. Comment les Saints reportent à l'Eucharistie l'honneur des merveilles de charité et de dévouement fraternel qu'ils ont accomplies. — Exemple de saint Pierre Claver, l'apôtre des nègres. — 3. Les Imitateurs des Saints. Episodes de la vie du général de Sonis. 166

§ III. — *Le Témoignage des Faits Sociaux.* — 1. Comment les grandes institutions de l'Eglise, tels que le *Sacerdoce* et les *Congrégations religieuses*, sont redevables à l'Eucharistie de leur rôle sublime dans le monde. — Le célibat ecclésiastique : sa beauté, son caractère surnaturel, et son explication par l'Eucharistie. — L'ensemble de la vie sacerdotale rend hommage à l'efficacité de l'auguste sacrement. — Les travaux et les sacrifices des missionnaires ont la même explication et la même portée. Témoignage de saint François-Xavier, du P. Damien, apôtre des lépreux de Molokaï, et de Mgr Grouard, évêque du Mackenzie. — 2. Les Congrégations Religieuses rendent le même témoignage à l'Eucharistie, et déclarent qu'elles lui sont redevables des Œuvres importantes auxquelles elles se sont vouées. — L'œuvre de l'enseignement chrétien, à tous ses degrés, n'est jamais mieux accomplie que sous l'influence eucharistique. Exemples de Frédéric Ozanam, de l'abbé E. Le Guillou, des *Frères* et des *Sœurs* chargés de cette Œuvre. — Les Œuvres charitables proprement dites, qui exigent un dévouement sans bornes, ne vivent et ne prospèrent que par la communion. Exemple des Religieuses Hospitalières. Témoignage autorisé du libre-penseur Taine. 181

CHAPITRE IV

LA SAINTE COMMUNION
répare les pertes de la Vie surnaturelle.

En quel sens une déperdition de vie surnaturelle peut-elle se produire, et être ensuite réparée ?. . 200

§ I. — *Les Données Théologiques.* — 1. Théorie sommaire du péché véniel et de ses conséquences relativement à la vie surnaturelle. — 2. La communion est le remède par excellence du péché véniel. Doctrine du concile de Trente ; témoignages de l'Ecriture et de la Liturgie ; discipline pénitentielle de l'Eglise. — 3. Théorie de saint Thomas sur la *manière* dont la sainte communion efface le péché véniel — 4. Action médicinale de l'Eucharistie vis-à-vis de l'égoïsme, et des sources du péché véniel en général. 202

§ II. — *Le Témoignage des Saints et de leurs Imitateurs.* — 1. Comment la vie des Saints proclame la communion l'antidote souverain du péché véniel, lorsque l'âme n'y demeure pas attachée. Exemples de sainte Gertrude et de sainte Hyacinthe Mariscotti. — Un trait de la vie de saint Vincent de Paul. — 2. Les imitateurs des Saints. — Exemple de Thomas Morus, chancelier d'Angleterre. — Lettre éloquente de Frédéric Ozanam. 222

§ III. — *Le Témoignage des Faits Sociaux.* — Un épisode de l'histoire de la communion, au XVIᵉ siècle. — 1. Relâchement déplorable de la vie chrétienne, avant le concile de Trente. Indifférence des âmes pour la communion. — Un trait de la vie de saint Ignace de Loyola. — 2. Réforme opérée par le concile de Trente. Recommandation spéciale qu'il fait de la communion fréquente. Commencement d'une vraie croisade eucharistique. Langage des Saints et des Conciles provinciaux. — 3. Résultats merveilleux de cette croisade eucharistique. Renaissance catholique, manifestée, entre autres, par les Congrégations religieuses, les Missions, et l'apparition de nombreux Saints. 233

CHAPITRE V.

LA SAINTE COMMUNION
réjouit la Vie surnaturelle.

§. I. — *Les Données Théologiques.* — 1. L'Ecriture nous présente l'Eucharistie comme un banquet, et un banquet nuptial. Conséquences qui en découlent. — Symbolisme des espèces eucharistiques, et spécialement du Vin. — 2. Témoignage de la Liturgie et de la Tradition en général. — Passages remarquables de l'Office du Saint-Sacrement. — Anciennes coutumes liturgiques. — Langage symbolique des premiers siècles. — Emblème eucharistique du vase rempli de lait. — Une page des Actes des Martyrs. — 3. Doctrine de saint Thomas sur les rapports de l'amour et de la joie. — 4. Caractères particulier des joies eucharistiques. Elles n'excluent par le support, ou même le désir de la souffrance. 245

§. II. — *Le Témoignage des Saints et de leurs Imitateurs.* — 1. Les joies eucharistiques de saint Philippe de Néri, de saint Jean-Baptiste de la Salle, et de la bienheureuse Marguerite-Marie. — 2. Comment Ozanam trouvait dans les joies de la communion un argument apologétique en faveur de la religion catholique. — Exemple du général de Sonis et du P. Hermann. 265

§. III. — *Le Témoignage des Faits Sociaux.* — 1. Le rôle des consolations eucharistiques dans la vie religieuse, et spécialement dans les communautés cloîtrées. Comment elles aident les Religieuses à remplir leur ministère de prière, de pénitence et de charité. — 2. Influence des joies eucharistiques sur les déshérités d'ici-bas. — La *Piccola Casa* du vénérable Cottolengo. 275

CHAPITRE VI

OBJECTIONS ET RÉPONSES

§ I. — *La communion est-elle parfois impuissante à conserver, à développer et à restaurer la vie surnaturelle?* — 1. Conditions requises pour que la communion assure la conservation de l'état de grâce. — Il faut communier *fréquemment, régulièrement,* et *avec persévérance.* — Traits de la vie du P. Lacordaire et du P. Olivaint. — 2. Une objection historique contre l'influence eucharistique dans le développement de la vie surnaturelle. Rareté des communions dans la période la plus chrétienne du Moyen-Age. — Réponse à l'objection. — 3. On objecte que l'Eucharistie est impuissante à réparer les pertes de la vie surnaturelle, puisqu'elle n'empêche ni la tiédeur, ni les innombrables péchés véniels des personnes dévotes. — Réponse à l'objection. 282

§ II. — *La Communion est-elle parfois impuissante à produire les joies eucharistiques?* — Il est certain que la communion est accompagnée assez souvent de sécheresse et d'aridité. — Explication du fait. — 1. Ceux qui communient avec froideur sont souvent responsables de leur sécheresse, parce qu'ils apportent eux-mêmes des obstacles volontaires et coupables aux joies eucharistiques. — Ces obstacles sont surtout l'attachement au péché véniel, et la négligence qui précède, accompagne ou suit immédiatement la communion. — 2. Les joies de la sainte table peuvent aussi être empêchées par des obstacles involontaires, dont nous ne sommes nullement responsables, et qui n'enlèvent rien aux fruits essentiels de la communion. — Ces obstacles sont surtout la préoccupation de l'esprit, la souffrance physique ou morale, et un esprit naturellement distrait, dit Suarez. — Il arrive d'ailleurs quelquefois que Dieu nous prive lui-même, au moins pour un temps, des joies de la communion. Raisons très sages et très miséricordieuses de cette privation. — 3. Les joies eucharistiques, étant avant tout spirituelles, ont pour siège régulier la partie supérieure de l'âme. Elles peuvent donc exister réellement en nous, et passer comme inaperçues. — En outre, Dieu, toujours préoccupé de nos vrais intérêts, nous prive quelquefois de ces faveurs au moment de la communion, pour les réserver jusqu'à l'heure opportune où notre cœur a besoin d'être dilaté, en face de la tentation, de la lutte et de la souffrance 207

CHAPITRE VII

LA SAINTE COMMUNION
est le gage de la Vie éternelle.

§ I. — *La Communion et le Ciel.* — 1. La grâce eucharistique conduit logiquement à la gloire céleste. C'est la conséquence des propriétés qu'elle possède pour conserver, développer, restaurer et réjouir la vie surnaturelle. — 2. L'Église a toujours considéré l'Eucharistie comme le *Viatique* moralement nécessaire pour obtenir la vie éternelle. — Faits, coutumes, et pratiques des trois premiers siècles qui expriment sur ce point la croyance traditionnelle. — Traits de la vie de sainte Agnès, et du vieillard Sérapion. — 3. Episode emprunté à l'histoire des Missions catholiques. 311

§ II. — *La Communion et la Résurrection glorieuse.* — Témoignage de l'Écriture et des Pères. — La Liturgie de l'Église. — Coutume qui existait dans l'antiquité chrétienne. — Les convenances de l'action eucharistique sur la résurrection glorieuse. . . 333

Vannes. — Imp. LAFOLYE.

Victor RETAUX, Libraire-Éditeur
82, rue Bonaparte, Paris

LA COMMUNION HEBDOMADAIRE
Par le P. COUBE, S. J.
Un volume in-18 jésus (4ᵉ mille). Prix . . 2 fr. 50

LÉON XIII, PAPE

Très cher Fils, salut et bénédiction apostolique.

Au temps présent et dans l'état des choses actuel, tous les esprits droits et pieux voient avec douleur l'ardeur à confesser la foi et l'antique pureté des mœurs disparaître chez un grand nombre d'hommes. Si l'on recherche la cause du mal, on la trouve principalement dans ce fait que l'amour et l'usage du banquet eucharistique languissent chez la plupart et n'existent plus chez beaucoup. C'est ce que déplorait déjà l'Apôtre, quand il écrivait aux Corinthiens : « Voilà pourquoi beaucoup parmi nous sont faibles et beaucoup s'endorment. » A cela rien d'étonnant : car celui-là seul peut remplir les devoirs de la vie chrétienne qui a revêtu le Christ, et l'on ne revêt le Christ que par la fréquentation de la Table eucharistique. Par elle, en effet, le Christ demeure en nous et nous en lui. Ils ont donc bien raison ceux qui travaillent à l'affermissement de la foi et à la correction des mœurs, lorsqu'ils prennent à tâche d'exciter les catholiques à s'approcher le plus souvent possible de la table du Seigneur : plus on la fréquente, plus on en retire des fruits abondants de sainteté. Et puisque vous, très cher Fils, vous travaillez noblement à ce but et que vous allez rééditer les discours solennels que vous avez prononcés sur cette matière, Nous encourageons hautement votre dessein et votre zèle, et Nous souhaitons de tout cœur qu'un très grand nombre de catholiques prennent l'habitude de recevoir chaque semaine le sacrement de l'autel. En attendant, en témoignage de Notre amour et comme gage des faveurs divines, Nous vous accordons très affectueusement la bénédiction apostolique.

Donné à Rome, près Saint-Pierre, le 10 janvier 1900, la vingt-deuxième année de Notre pontificat.

LÉON XIII, Pape.

L'ÉVANGILE DE L'EUCHARISTIE ou Vie de Notre-Seigneur Jésus-Christ, Continuée et reproduite au Saint-Sacrement de l'autel. Conférences prêchées dans la cathédrale de Sens, par Mgr PICHENOT, archevêque de Chambéry, 5ᵉ édit. revue et corrigée. 1 volume in-18 jésus. 3 f. 50

Vannes. — Imprimerie LAFOLYE, 2, place des Lices.

www.ingramcontent.com/pod-product-compliance
Lightning Source LLC
Chambersburg PA
CBHW050258170426
43202CB00011B/1742